深度融合

——中国媒体融合发展年度报告(2017-2018)

人民日报社　编

人民日报出版社

图书在版编目（CIP）数据

深度融合：中国媒体融合发展年度报告：2017-2018 / 人民日报社编 .-- 北京：人民日报出版社，2018.12
ISBN 978-7-5115-5764-3

Ⅰ.①深… Ⅱ.①人… Ⅲ.①传播媒介－发展－研究－报告－中国－2017-2018 Ⅳ.① G219.2

中国版本图书馆 CIP 数据核字（2018）第 292127 号

书　　名：	深度融合——中国媒体融合发展年度报告（2017-2018）
编　　者：	人民日报社
出 版 人：	董　伟
责任编辑：	马苏娜
封面设计：	春天书装
出版发行：	人民日报出版社
社　　址：	北京金台西路 2 号
邮政编码：	100733
发行热线：	（010）65369527　65369509　65369512　65369846
邮购热线：	（010）65369530　65363527
编辑热线：	（010）65369522
网　　址：	www.peopledailypress.com
经　　销：	新华书店
印　　刷：	北京中科印刷有限公司
开　　本：	787mm×1092mm　1/16
字　　数：	374 千字
印　　张：	23.5
版　　次：	2018 年 12 月第 1 版　2018 年 12 月第 1 次印刷
书　　号：	ISBN 978-7-5115-5764-3
定　　价：	99.00 元

《深度融合——中国媒体融合发展年度报告（2017-2018）》编辑委员会

主　　任：李宝善　人民日报社　社长

副 主 任：卢新宁　人民日报社　副总编辑

　　　　　张首映　人民日报社　副总编辑

主　　编：崔士鑫　人民日报社　研究部主任

　　　　　叶蓁蓁　人民网股份有限公司　总裁

　　　　　　　　　人民日报媒体技术股份有限公司　董事

编　　委：郑　剑　人民日报社　办公厅主任

　　　　　杨　涌　人民日报社　总编室主任

　　　　　许正中　人民日报社　新闻协调部主任

　　　　　张　忠　人民日报社　地方部主任

　　　　　王慧敏　人民日报社　经济社会部主任

　　　　　温红彦　人民日报社　政治文化部主任

　　　　　赵嘉鸣　人民日报社　国际部主任

　　　　　陈家兴　人民日报社　评论部副主任

　　　　　王方杰　人民日报社　内参部主任

　　　　　崔士鑫　人民日报社　研究部主任

程庆民　人民日报社　人事局局长
宋光茂　人民日报社　计划财务部主任
陈耕耘　人民日报社　管理保障局局长
顾名贵　人民日报社　技术部主任
富子梅　人民日报社　对外交流合作部主任
李建兴　人民日报海外版　副总编辑
丁　伟　人民日报社　新媒体中心主任
寇　非　人民日报传媒广告有限公司　董事长
徐　涛　人民日报数字传播有限公司　董事长
叶蓁蓁　人民网股份有限公司　总裁
　　　　人民日报媒体技术股份有限公司　董事
余清楚　人民网股份有限公司　总编辑
董　伟　人民日报出版社　社长
胡锡进　环球时报社　总编辑
万仕同　新闻战线杂志社　总编辑
宋建武　中国人民大学新闻学院　教授

统　　筹：何　炜　人民日报媒体技术股份有限公司　副总经理
　　　　陈　颖　人民日报社　评论部主编
执行主编：张天培　人民日报社　研究部新媒体编辑组　主编
　　　　王　洋　人民日报媒体技术股份有限公司　调研部主任

编　　　辑（以姓氏拼音为序）：

　　　　段宗宝　人民日报社　内参部

　　　　耿　磊　人民日报社　研究部

　　　　黄　超　人民日报社　总编室

　　　　黄福特　人民日报社　地方部

　　　　李洪兴　人民日报社　评论部

　　　　刘　畅　人民日报社　总编室

　　　　吴　姗　人民日报社　新闻协调部

　　　　徐　丹　人民日报社　新媒体中心

　　　　张　旸　人民日报媒体技术股份有限公司

　　　　周　輖　人民日报社　国际部

主报告"深度融合"课题组：

　　　　宋建武　中国人民大学新闻学院　教授

　　　　黄　淼　中国人民大学新闻学院　博士后

　　　　王　枢　中国人民大学新闻学院　博士生

　　　　郭沛沛　中国人民大学新闻学院　博士生

　　　　郭　慧　中国人民大学新闻学院　博士生

　　　　冯雯璐　中国人民大学新闻学院　博士生

做好新形势下宣传思想工作，必须自觉承担起举旗帜、聚民心、育新人、兴文化、展形象的使命任务。举旗帜，就是要高举马克思主义、中国特色社会主义的旗帜，坚持不懈用新时代中国特色社会主义思想武装全党、教育人民、推动工作，在学懂弄通做实上下功夫，推动当代中国马克思主义、21世纪马克思主义深入人心、落地生根。聚民心，就是要牢牢把握正确舆论导向，唱响主旋律，壮大正能量，做大做强主流思想舆论，把全党全国人民士气鼓舞起来、精神振奋起来，朝着党中央确定的宏伟目标团结一心向前进。育新人，就是要坚持立德树人、以文化人，建设社会主义精神文明、培育和践行社会主义核心价值观，提高人民思想觉悟、道德水准、文明素养，培养能够担当民族复兴大任的时代新人。兴文化，就是要坚持中国特色社会主义文化发展道路，推动中华优秀传统文化创造性转化、创新性发展，继承革命文化，发展社会主义先进文化，激发全民族文化创新创造活力，建设社会主义文化强国。展形象，就是要推进国际传播能力建设，讲好中国故事、传播好中国声音，向世界展现真实、立体、全面的中国，提高国家文化软实力和中华文化影响力。

——习近平总书记在全国宣传思想工作会议上的讲话，2018年8月

目　录

第一章　主报告　深度融合

序　言 ·· 002

一、内容融合 ·· 007

（一）面向互联网的内容生产能力全面升级 ······································ 007

（二）人工智能技术应用于内容生产和分发 ······································ 011

（三）主流媒体开始探索内容聚合 ··· 014

二、渠道融合 ·· 016

（一）移动端"一端两微"传播渠道普遍建成 ······································ 016

（二）大屏端"三条网络"传播渠道各自发展 ······································ 019

三、平台融合 ·· 023

（一）建设自主可控平台的核心资源 ·· 024

（二）建设自主可控平台的五种尝试 ·· 027

四、经营融合 ·· 033

（一）体制机制改革 ·· 033

（二）商业模式创新 ·· 036

五、管理融合 ·· 045

（一）2017年我国媒体行业监管重点 ·· 045

（二）互联网内容管理法规体系和执法制度逐步完善 ······················· 050

（三）内容审核机制基本建立，相关技术开始应用 ··························· 050

结语 ·· 051

第二章 融合媒体发展之高端声音

加快实现深度融合 全力打造新型主流媒体 ⋯⋯⋯⋯⋯⋯⋯⋯⋯ 054
　　庹 震

深化媒体融合 推动广播电视高质量发展 ⋯⋯⋯⋯⋯⋯⋯⋯⋯⋯ 057
　　聂辰席

向创新要活力 ⋯⋯⋯⋯⋯⋯⋯⋯⋯⋯⋯⋯⋯⋯⋯⋯⋯⋯⋯⋯⋯ 064
　　慎海雄

加快进军网上 推动深度融合 做大做强新时代主流思想舆论 ⋯⋯ 069
　　蔡名照

在新起点上推动军事媒体矩阵深度融合发展 ⋯⋯⋯⋯⋯⋯⋯⋯⋯ 076
　　李秀宝

以科学思想引领,加快构建全媒体传播格局 ⋯⋯⋯⋯⋯⋯⋯⋯⋯ 083
　　张 政

以改革再出发精神推进媒体深度融合 ⋯⋯⋯⋯⋯⋯⋯⋯⋯⋯⋯⋯ 090
　　张小影

全力打造具有强大引领力、传播力的新型主流媒体 ⋯⋯⋯⋯⋯⋯ 096
　　郭卫民

开创网络宣传管理工作新局面 ⋯⋯⋯⋯⋯⋯⋯⋯⋯⋯⋯⋯⋯⋯⋯ 098
　　高 翔

着力打造"一库N平台"科技传播格局 促进创新驱动发展战略的落
　　地实施 ⋯⋯⋯⋯⋯⋯⋯⋯⋯⋯⋯⋯⋯⋯⋯⋯⋯⋯⋯⋯⋯⋯⋯ 101
　　李 平

坚持政治引领 推动实践探索 做好联系服务 助力推动媒体融合发展 ⋯⋯ 103
　　季星星

第三章 融合媒体发展之专家观点

传统媒体系统性升级的三大方向与三大问题 ⋯⋯⋯⋯⋯⋯⋯⋯⋯ 107
　　彭 兰

媒体融合进一步深化 ·· 121
　　郭全中
广拓深耕　大有可为
　　——2017年媒体融合观察 ·· 128
　　黄楚新　王丹丹
传统媒体，进入融合的"下半场" ·· 138
　　刘　珊　黄升民
融合的目标是提高生产力 ·· 146
　　陈朝华
融媒体新闻的新形态 ·· 151
　　李良荣　袁鸣徽

第四章　融合媒体发展之央媒之声

人民日报社：从"相加"到"相融" ·· 161
新华社："现场云"平台聚合媒体资源　构建融合生态 ················· 169
光明日报社：坚守阵地　机制创新　资源整合　融媒跨越 ··········· 174
经济日报社：整合优势资源　探索纵深融合 ································· 181

第五章　融合媒体发展之地方实践

华西都市报—封面新闻：以技术整合资源推动融合 ····················· 191
安吉新闻集团：构建大数据平台，建设"智慧城市" ····················· 199
新华日报：利用全媒体矩阵打造精品内容 ····································· 205
浙报集团：坚持党报使命，加快推动媒体深度融合
　　——数据驱动传播　智能重构媒体 ······································ 212
长江日报：深度融合提升城市主流舆论影响力 ····························· 221
西藏日报社：深度融合增强党的声音 ·· 229
上海SMG：千帆争竞奋楫者先　打造新时代新主流 ··················· 237
上游新闻：让新闻动起来 ·· 245

广州日报：打造媒体融合中央编辑部……253

第六章　融合媒体发展之突破媒介

梨视频：探索严肃内容PUGC的实现机制……263
新世相：自媒体持续转型升级的实现机制研究……269
B站：从核心用户群凝聚到泛核心用户群增长……274
新浪新闻："明日头条"与"明日"的用户阅读体验……281
财新网：严肃媒体付费阅读探索之路……286
雄安媒体中心：在融合发展中升级传播力……293
光大银行客户端："金融+媒体"移动端深度融合尝试……298

第七章　融合媒体发展之国际观察

《华盛顿邮报》转型红利逐步显现……305
移动视频成为英国媒体信息传播新趋势：以BBC、Sky News、《每日电讯报》及《每日邮报》手机App为例……310
"众筹制作+融媒体推广"：日本动漫行业面面观……315
《纽约时报》以内容优势追求"订阅第一"……319
新媒体营销的"初学者"阿迪达斯：利用数字化趋势重新定义其营销……325
智能时代　未来已来
　　——美国人工智能发展扫描……328

第八章　媒体融合大事记

一、2017年……334
二、2018年……347

第一章

主报告 深度融合

序　言

（一）主流媒体深度融合的核心是全面互联网化

习近平总书记在 2014 年 8 月 18 日中央深改组第四次会议上，对媒体融合提出了一个重要的指导思想，他指出"推动传统媒体和新兴媒体融合发展，要遵循新闻传播规律和新兴媒体发展规律，强化互联网思维"。[①] "对于近几年新闻媒体在融合发展方面的大量工作，他在肯定取得成绩的同时，认为从总体上看发展还很不平衡，有的是'+互联网'，而不是'互联网+'，只是将传统媒体和新媒体作简单嫁接，没有实现融合。"[②] 依据习近平总书记关于媒体融合的系列讲话，以及对主流媒体融合发展现状的深入调研和思考，我们认为，主流媒体进行深度融合的核心任务就是进一步推动互联网化转型。

当前我国主流媒体融合呈现出的总体特征"+互联网"已经基本实现，"互联网+"正在进行。一方面，主流媒体能够借助新兴技术创新内容生产，借助互联网平台开设的端口进行发布，形成了"互联网媒体矩阵"。另一方面，这些端口的运营没有统一到自主可控的技术后台，往往互不联通，无法建立自有的用户数据库和内容数据库，因此难以形成与互联网媒体平台同场竞争的能力。

但在过去一年中，主流媒体在内容、渠道、平台、经营和管理这五个方面的融合仍有诸多进展，形成了一些具有推广价值的经验。例如，在内容融合方面，有人民日报社的"中央厨房—全国党媒信息公共平台"模式、新华社的"现场云"模式以及原中央电视台的"央视新闻移动网"模式；在经营融合方面，有"三圈环流、移动优先"的浙报集团模式、"一报一端"的上

[①] 中共中央文献研究室：《习近平关于全面深化改革论述摘编》，中央文献出版社 2014 年版。

[②] 张明杰：《牢牢把握网上舆论工作主动权——学习习近平关于做好网上舆论工作的重要论述》，《党的文献》，2017 年第 2 期，第 19—25 页。

海报业集团模式和河南广电的"'中原云'+'新闻岛'"模式；在渠道融合方面，有湖南广电芒果TV的"多端打通，软硬一体"模式等；在平台融合方面，有以湖北广电集团"长江云"和天津广电集团"津云"为代表的"以政务服务为引导的综合服务模式"、浙江日报集团的"新闻+服务"模式和上海东方网的"精准分发+社区服务"模式。

（二）主流媒体深度融合的背景趋势

与此同时，既然深度融合的核心是主流媒体的进一步互联网化，那么互联网产业的发展动向就会给主流媒体带来挑战和机遇。因此，在深入分析主流媒体融合进展前，我们简要梳理互联网产业的三个趋势：平台业务已成生态、内容平台变现能力增强、数据资源有待开发。

1. 互联网平台多元业务已成生态

对于主流媒体而言，具备海量用户和多元应用服务的大型互联网平台，既是合作伙伴也可以提供经验借鉴。

互联网平台是指通过整合各类垂直应用和资源要素，聚集海量用户，支持多种价值交换的中介系统。随着用户规模增大和应用类型增加，平台上各种价值主体间逐渐形成共生共荣的依存关系，生态型平台由此形成。截至2017年12月，我国网民规模达7.72亿，普及率达到55.8%，超过全球平均水平（51.7%）4.1个百分点，超过亚洲平均水平（46.7%）9.1个百分点。网民规模的稳步增长和互联网服务模式的持续创新相辅相成，线上线下服务融合以及公共服务线上化正在成为互联网产业新的增长点。与此同时，手机网民规模达7.53亿，网民中使用手机上网人群的占比由2016年的95.1%提升至97.5%；另外，使用电视上网的网民比例也提高了3.2个百分点，达28.2%；台式电脑、笔记本电脑、平板电脑的使用率均开始下降，手机不断挤占其他个人上网设备的使用。[①]以手机为中心的智能设备，成为"万物互联"的基础。移动互联网服务场景不断丰富、移动终端规模加速提升、移动数据

---

① CNNIC：《第41次〈中国互联网络发展状况统计报告〉发布》，2018年1月31日，http://cnnic.cn/gywm/xwzx/rdxw/201801/t20180131_70188.htm。

量持续扩大，为移动互联网产业创造更多价值挖掘空间。

基于以上背景，一些大型互联网平台所运营的一个或多个核心应用已成为互联网使用的基础设施，具有较高的用户吸引力和黏性，使其生态系统的根基更加稳固。百度、阿里巴巴和腾讯是生态型互联网平台的代表。基于易观国际的统计数据，这三家公司旗下移动应用月度活跃人数前十位如表1所示（2018年2月数据）。从中可见，百度围绕搜索引擎和在线地图形成了互联网基础工具的生态系统，阿里巴巴以支付宝、淘宝和天猫为中心建立了网络消费生态，而腾讯则在社交服务所积累的大规模用户基础上实现了多元化产品布局。

表1 BAT互联网平台多元业务已成生态

	百度			阿里巴巴			腾讯	
1	手机百度	实用工具	1	支付宝	金融	1	微信	社交
2	百度地图	地图导航	2	淘宝	移动购物	2	QQ	社交
3	百度手机助手	应用管理	3	天猫	移动购物	3	腾讯视频	视频
4	百度网盘	商务办公	4	钉钉	企业级应用	4	王者荣耀	RPG(角色扮演)
5	百度手机输入法	输入法	5	飞猪旅行	旅游	5	应用宝	应用管理
6	百度贴吧	社交	6	闲鱼	移动购物	6	QQ浏览器	浏览器
7	百度手机浏览器	浏览器	7	口碑	生活	7	腾讯新闻	资讯
8	百度手机卫士(...)	系统工具	8	阿里巴巴	移动购物	8	腾讯手机管家	系统工具
9	百度视频	视频	9	淘票票	生活	9	QQ音乐	音频娱乐
10	百度翻译	商务办公	10	一淘	移动购物	10	全民K歌	音频娱乐

资料来源：易观国际

2. 互联网内容平台变现能力增强

内容平台是指通过提供内容产品和服务实现流量变现的互联网平台。与综合性互联网平台相比，这类平台更加深耕某一特定内容领域，例如，资讯类平台"今日头条"、短视频和直播类平台"抖音"和"快手"、知识付费类平台"得到"。通过建立多元商业模式，如内容付费、内容电商、精准化社群运营和内容IP开发，各类内容平台的商业变现能力得到提升。这些平台也为入驻自媒体提供多种变现方式，如广告分成、付费打赏和付费礼物等。总体而言，广告仍然是内容平台的主要收入来源，而多元商业模式的发展需要在继续增大流量规模的基础上,实现对用户数据的精准分析和利用,以及内容深层价值的挖掘。

(1)资讯类平台。资讯是互联网媒体消费的核心,我国网民使用率最高的三类互联网应用(即时通信、搜索引擎和网络新闻)均提供资讯类服务。[①] 互联网用户向移动端的持续转移,使移动媒体成为用户获取各类资讯的主要渠道,自2017年初至年底,移动综合资讯用户增长18.92%,基本稳定在5亿体量。[②] 在变现方式上,信息流广告是资讯类平台的主要途径。与其他广告形式相比,信息流广告与资讯内容融为一体,在用户视觉焦点中不易被忽略,在用户感知中的打扰程度较低,所以展示效果更好,带来更高的点击率和转化率。

(2)知识类平台。当下内容市场中的主要矛盾是过剩的内容与稀缺的注意力,所以内容运营的目标正在从争夺用户数量变为争夺用户时间。在此背景下,以"得到"为代表,帮助注意力稀缺和碎片化阅读的读者做减法,以"精品"和"省时"为价值点的知识付费服务受到越来越多用户的欢迎。知识类内容平台所创造的价值在于更垂直、更专业,甚至更小众的内容服务,相比于资讯类和视频类内容平台,这类平台或许没有较高的用户规模,但用户的付费意愿更高,所以随着在线知识服务精准化程度的提升,知识付费还有较大发展空间。

此外,用户打赏已成为与资讯类和知识类平台同时出现的新收入来源,尤其是在移动用户中,付费打赏的渗透率为9.1%,比例虽然不高,但用户基数庞大,所以付费打赏已形成一定规模。目前,微信公众号、知乎和微博的打赏用户占比分别为58.6%、28.34%和27.3%,[③] 是付费打赏模式较为成功的平台。

(3)短视频和直播平台。短视频和直播类平台的蓬勃发展与近年来网络娱乐用户规模的快速增长有关,强烈的市场需求、政策的鼓励引导、企业的资源支持共同推动网络文化娱乐产业进入全面繁荣期。据CNNIC数据统计,截至

[①] CNNIC:《第41次〈中国互联网络发展状况统计报告〉发布》,2018年1月31日,http://cnnic.cn/gywm/xwzx/rdxw/201801/t20180131_70188.htm。

[②] 《中国移动综合资讯市场年度分析2018》,https://www.analysys.cn/analysis/trade/detail/1001168/。

[③] 《内容创业新风向:企鹅智酷发布2017自媒体趋势报告》,http://tech.qq.com/a/20170221/007017.htm#p=22。

2017年12月，网络直播用户规模年增长率达到22.6%，游戏直播用户规模增速达53.1%，真人秀直播用户规模增速达51.9%。另有数据显示，短视频用户规模已增至2.42亿人。① 短视频和直播对用户文字水平要求较低，尤其能够将市场延伸到幼儿和老年群体，与移动传播市场拓展方向一致，所以还有上升空间。

3. 数据资源有待开发

2017年12月8日，中共中央总书记习近平在主持中共中央政治局就实施国家大数据战略进行第二次集体学习时强调，推动实施国家大数据战略，加快完善数字基础设施，推进数据资源整合和开放共享，保障数据安全，加快建设数字中国。习近平总书记提出，要构建以数据为关键要素的数字经济，重申了大数据在数字经济时代的重要性，以及发展大数据相关的产业应用，强调了发展工业互联网。② 自2015年国家发布《促进大数据发展纲要》后，大数据产业发展迅速，而国家的重视带来了新的激励。在十九大报告中，"数字中国"作为重大发展战略被提出，以云计算、大数据、移动互联为代表的数字技术应用不再局限于经济领域，而是广泛渗透公共服务、社会发展、人民生活的方方面面，需要宏观协调、总体把控、融合发展。③ 根据腾讯研究院于2018年4月12日发布的《中国"互联网+"指数报告（2018）》，2017年全国数字经济体量为26.70万亿元人民币，较去年同期的22.77万亿元增长17.26%。数字经济占国内生产总值（GDP）的比重由30.61%上升至32.28%。④

2017年底，联合国贸易与发展会议发布的《2017年信息经济报告》也提出相同观点。⑤ 在全世界范围内，数字经济已经深入了人们衣食住行的所有方面，其发展速度和方式超出人们的想象。仅在2012年到2015年之间，

---

① 《2017-2018年中国短视频产业趋势与用户行为研究报告》，http://www.iimedia.cn/60925.html。
② 《国家大数据战略谋篇布局：推实体经济和数字经济融合》，http://finance.sina.com.cn/roll/2017-12-12/doc-ifypnyqi3885029.shtml。
③ 《数字中国加速崛起，五大关键词洞悉未来》，http://www.xinhuanet.com/itown/2018-01/02/c_136866596.htm。
④ 腾讯研究院：《中国"互联网+"指数报告（2018）》，2018年4月12日。
⑤ 联合国贸易与发展会议发布《2017年信息经济报告》，http://www.cbdio.com/BigData/2017-11/09/content_5631431.htm。

全球数字经济的规模从1.6万亿美元增长到2.5万亿美元。

作为社会信息的中枢，主流媒体可以汇聚三类数据：个人数据、公共数据、政府数据。相对于商业机构，这些数据由主流媒体整合、分析和应用，具有三方面的价值。其一，主流媒体在政府监管下，能够保证数据安全和个人隐私不受侵犯；其二，通过数据资源的合理应用，主流媒体的社会和经济功能从信息总汇升级为数据总汇，可以大幅提升媒体服务的质量，尤其是本地市场中围绕新闻资讯的多元媒体服务；其三，以数据资源应用为基础的多元业务有益于"平台型媒体"的建设。[①]

一、内容融合

内容融合，是指媒体在内容生产方面，遵循互联网传播的规律，根据互联网传播的需要，按照互联网的内容生产机制，重新进行生产流程安排及技术配置，高效率生产和分发互联网内容产品。简言之即内容生产的互联网化，以符合互联网传播规律和特征的方式进行内容的生产和分发。

在过去一年中，各级各类主流媒体以建设"中央厨房"为龙头工程，报、网、端、微、视、台一体联动，直播、短视频、VR、H5等技术各尽其用，在一定程度上形成了主流媒体面向互联网传播环境的内容生产力和舆论引导力。

（一）面向互联网的内容生产能力全面升级

1. 面向网络传播的生产积极性增强

过去，传统媒体生产的内容往往只适用于传统的渠道，缺乏面向互联网进行内容生产的意识，生产网络内容产品的主力是一些传统的新闻网站，而这些新闻网站的主要内容来源都是传统媒体。如今，随着媒体融合的推进，传统媒体面向互联网进行内容生产的能力得到了大幅度提升，传统媒体正在积极适应互联网的发展趋势，主动面向互联网传播需要进行内容生产。

[①] 宋建武，黄淼，陈璐颖：《平台化：主流媒体深度融合的基石》，《新闻与写作》，2017年第10期。

从互联网平台上热点内容的来源看，主流媒体生产的内容在网上具备强大的影响力和传播力。随机选择一组数据进行验证，例如，表2是2018年4月16-22日，在网易、新浪、搜狐、凤凰、腾讯五家互联网平台上，被各类发布者转载量排名前十的新闻报道的来源。如表2所示，在这一周内，五家互联网平台上热度最高的十篇新闻报道有七篇出自主流媒体，另有三篇出自事件相关单位，主流媒体面向互联网的生产能力有所提升。

表2 互联网平台热点新闻排名TOP 10（2018年4月16-22日）

	新闻报道标题	发布渠道	内容来源	发布时间	转载量
1	中兴通讯：不能接受美国商务部制裁	新浪网	中兴通讯官网	4月20日 09:34:46	920
2	拍案｜那些年，有那么一群想抢"马云们"的男人……	江阴检察官方微信公众号	江苏检察在线	4月19日 12:04:55	817
3	中国人食盐量超标75% 快看你是不是吃太咸了	中新网移动客户端	中国新闻网	4月20日 00:02:07	732
4	我国多地立法明确独生子女护理假制度专家建议总结经验后上升至国家层面立法	法制网	法制日报	4月17日 04:19:52	601
5	人民网"求真"栏目1季度谣言热度榜：拒绝套路！揭开谣言真面目	人民网	人民网	4月16日 08:18:03	556
6	中国芯离了美国不行？人民日报聚焦中兴被制裁三大热点	人民日报移动客户端	人民日报	4月21日 19:57:41	512
7	文化和旅游部启动2018年全国旅游市场秩序整治行动	人民网	人民网	4月19日 17:05:15	507
8	排斥异己、拉帮结派、封官许愿、阳奉阴违……给"七个有之"画个像	中央纪委国家监委网站官方微信公众号	中央纪委国家监委网站	4月16日 09:39:27	488
9	星巴克宣布关闭全美店面进行"反种族歧视"培训	央视新闻移动客户端	央视新闻	4月18日 03:15:39	447
10	习近平在十九届中央国家安全委员会第一次会议上强调：全面贯彻落实总体国家安全观 开创新时代国家安全工作新局面	央视网	央视网	4月17日 19:14:39	444

资料来源：凡闻资讯

面向互联网的内容生产还体现在内容运营能力的提升。一些主流媒体开始注重"网言网语"的使用，开展与用户的良性互动。比如新华社新媒体中心运营人员围绕后来被称为"刚刚体"的一篇报道与用户展开的一系列互动，使新华社官方微信推出10分钟后点击量即突破10万，微信粉丝当天增长46万。人民日报在中国人民解放军建军90周年之际推出的H5产品《穿越时光，这是我保家卫国的样子》更是"燃爆"朋友圈，总访问量突破10亿次，创下业界单个H5产品访问量新高。

主流媒体还积极采用深受民众喜爱的信息传播方式，直播和短视频等尤为突出，这一举措贯彻了习近平总书记提出的"互联网主要是年轻人的事业"[①]的要求，大大提升了内容吸引力，增强了优质内容的传播力。在进行网络传播时，使用年轻人喜欢的方式去讲述中国故事，传递主流价值观，在直播、短视频领域的发力也正是培养潜在生力军的体现。

2017年2月19日，人民日报社新媒体中心与新浪微博、一直播合作成立全国移动直播平台——"人民直播"，这是传统媒体对"PGC+UGC"类直播平台的重要尝试，更是传统媒体利用新技术开拓传播领域的新方向，标志着媒体直播时代的正式到来。上线当天，百余家政府机构、媒体机构、自媒体人士等加入"人民直播"平台，而平台成员也将共享优质直播原创内容、全流程技术解决方案、免费的云存储和带宽支持。[②]

2016年9月上线的新京报直播平台"我们视频"坚持"只做新闻"的原则。截至2017年10月，"我们视频"共发起直播超过700场，制作短视频超过6000条，短视频播放总量近40亿，[③]并荣获中国新闻史学会应用新闻传播学研究会颁发的"2017中国应用新闻传播十大创新案例"。

[①] 中国青年报：《打造旗帜鲜明青年喜爱的网上共青团》，http://media.people.com.cn/n1/2017/0428/c40606-29241836.html。

[②] 《人民日报与微博联合推出的全国移动直播平台正式上线》，http://tech.sina.com.cn/i/2017-02-19/doc-ifyarrcc7963764.shtml。

[③] 《2017中国应用新闻传播领域十大创新案例出炉新京报我们视频入榜》，http://www.bjnews.com.cn/news/2017/10/28/462032.html。

2. 建设"中央厨房",再造生产流程

"中央厨房"的实质是"全媒体新闻生产指挥调度中心",因其具备从内容生产制作到传播效果监测的一体化能力,具有内部采编资源的统筹调度能力,具有全媒体、全流程、全天候进行融合内容生产的功能。在党和政府的支持下,几乎所有中央和省级主流媒体及部分地市级媒体都建设了具有"中央厨房"功能的内容生产平台。

2017年8月19日,人民日报社在"中央厨房"基础上建成了"全国党媒信息公共平台"。与商业互联网平台不同的是,"全国党媒信息公共平台"在保持各家入驻机构独立后台的前提下,打造一个共享的智能化数据后台,为各地入驻党媒提供相应的内容、技术、渠道、人才、盈利模式等共享机制。因此,该平台既可以解决各地媒体自建平台的成本及能力问题,又可以聚合优质内容,增强党媒党端的内容供给能力,有效突破传统媒体内容为商业互联网平台输血、给他人做嫁衣的困境,是使主流媒体摆脱对商业互联网平台依赖、依附的有力举措。截至2017年11月24日,已有包括新闻机构、政务信息平台、大型企事业单位在内的90家单位近200个党端入驻平台。① 在2018年"两会"报道中,"全国党媒信息公共平台"联动近百家党媒发起报道,由人民网牵头打造的《两会进行时——全国党媒报两会》节目,每天在80余个渠道同步播出,与今日头条、UC浏览器推出的《两会今日要闻》《全国党媒报两会》等栏目累计实现3.8亿余次的推荐量。②

互联网的发展消解了时空的边界,4G乃至5G技术的成熟及移动智能终端的普及使得"现场"与"新闻"的时滞几乎为零,媒介由语言、文字、图片向视频这种综合形式升级是技术发展的必然结果,也是新闻传播发展的必然趋势,更是新闻及时性、真实性的内在要求。2017年2月19日,新华社在其"现场新闻"项目的基础上,推出基于移动端的"现场云"全

---

① 《人民日报"全国党媒公共平台"喊你一起深度融合!》,http://www.sohu.com/a/207323870_565998。

② 《全国党媒信息公共平台助力媒体联动融合报两会》,http://www.xinhuanet.com/zgjx/2018-03/13/c_137035918.htm。

国服务平台，为媒体提供"现场新闻"功能应用。只需要一部手机，编辑记者即可实现即采即拍即传、即收即审即发，实现与用户同步"进入现场"，双面提升报道时效和用户感受。同时入驻媒体发起的"现场新闻"可在自有终端和新华社客户端同题"现场新闻"页面展示，提升地方媒体传播力和影响力。2018年2月，"现场云"发布3.0版本，着力从移动端直播工具全面升级为广大媒体开展在线生产的战略性基础设施，手机前端采集方面兼容竖屏拍摄和浏览，编辑方面支持手机快速剪辑，审核方面支持手机直观预览、一键签发，分发方面和2000多家用户终端互联互通、构建"现场云智能分发网"；桌面后端上线软件版云导播台、视频直播流同步剪辑工具和报道调度指挥系统三大"重武器"，并推出基于互联网社会化生产理念的"通讯员在线管理子系统"，助力传统媒体由"离线生产"向互联网"在线生产"转型。

在新华社推出"现场云"的同日，中央电视台上线移动融媒体新闻平台——央视新闻移动网，依托其背后新闻云生产平台，支撑记者视频回传系统（VGC）、移动直播系统（正直播）、账号矩阵系统（央视新闻"矩阵号"）、用户上传系统（UGC）等四个主要功能系统，实现电视与新媒体一体化生产与分发。依靠其强大的电视直播优势与经验，央视新闻移动网在互动、社交等功能上发力，遍布全球的央视记者及UGC功能在重大突发新闻事件中发挥着重要作用。截至2018年2月，已经有包括160家省市电视台，34家人大代表团、政协大会新闻组在内的277家"矩阵号"入驻，并通过平台进行了超过5000场移动直播。[1]

（二）人工智能技术应用于内容生产和分发

一直以来，媒体行业的发展都与传播技术的进步紧密相连。当下互联网主流的移动传播体系与人工智能技术相结合，创造出许多新的媒体消费场景，媒体智能化已成为媒体发展的主导性趋势。

---

[1] 《央视新闻移动网UGC功能正式上线》，http://mini.eastday.com/mobile/180219140316352.html。

1. 内容生产创新

目前，媒体内容生产中的智能化主要应用在使用计算机程序处理数据来生成内容文本（含视频等格式），这一过程的实质就是计算机程序参与内容生产的程度不断加深。[①] 在实践中，主流媒体也实现了从预设计算机程序编制新闻内容的"机器人写稿"模式，向使用计算机程序、借助传感器自动收集数据并生成报道文本的"媒体大脑"模式的升级。过去一年中，主流媒体积极运用人工智能、VR、AR等新兴技术生产出了一系列既符合新闻传播规律，又适应网络传播需求的优质内容。

2017年底，新华社推出智能化内容生产平台"媒体大脑"，它具备智能分析视频内容的能力，能使用传感器智能识别、检测构成新闻事件的诸要素，从而获取相关数据，快速生成文字、图片、语音、视频等格式的内容。该平台可以选取报道角度，调配地理位置、气象等多维数据，实时生产"数据新闻"，给媒体机构提供极速的、富媒体式的新闻报道，从而完成了程序化信息生产从数据采集到多种格式文本生成的一体化。

主流媒体还将人工智能技术应用在移动端的内容呈现中，显著提升了原创内容的吸引力。

VR、AR等技术的应用改变了用户以往的阅读体验，"浸媒体"的概念开始兴起。相较于之前文字、图片等传播形式，通过VR、AR获取新闻能够增加用户的现场感受度，在保证用户对时效性追求的同时，将新闻向空间方向拓展，"第一人称视角"和"亲临现场"的感受和视觉冲击，满足了用户作为主体的参与感，"在场"的体验使用户更容易与记者、与社会产生"共情"。

2. 分发方式创新

在内容分发方面，主流媒体也进行了一系列积极的探索。例如浙江日报集团、四川日报集团和上海东方网已成功将人工智能技术运用到内容分发的实践中。浙报集团通过与微软公司合作，将人工智能技术应用于新闻客户端，并于2017年推出搭载了人工智能机器人"微软小冰"的新闻客户端——浙

[①] 宋建武，黄淼：《媒体智能化应用：现状、趋势及路径构建》，《新闻与写作》，2018年第4期，第5-10页。

江 24 小时；川报集团也与微软公司合作，把"微软小冰"用于自有客户端"封面"；上海东方网则利用语义识别、图像识别等人工智能技术，打造了"东方头条"新闻客户端，它能够收集并分析用户的行为数据，发现用户潜在需求的内容信息，运用算法和信息匹配技术将信息推送给用户，实现精准分发。

上海东方网旗下的东方头条是主流媒体对精准分发的成功探索。自2015年上线以来，凭借海量的资讯库、最新的个性推荐技术以及超简单的功能用法，迅速获得千万用户的喜爱。[①] 技术上，东方头条采用个性化推荐引擎技术，将自然语言处理和图像识别技术、基于机器学习的推荐引擎和实时海量数据处理构架相结合。内容上，在"用户为王"的年代，东方头条秉承着主流价值观，发挥着主流媒体舆论引导功能的同时，打出"你就是头条"的服务宗旨，将用户体验和用户地位放在首位。与此同时，东方头条开放自媒体入驻平台，打造"东方号"，为各行的优质内容提供者创造环境，在市场竞争中，对主流媒体在移动端阵地主导地位的确立发挥着至关重要的作用。除推送新闻外，东方头条还以社区为着力点，为当地用户提供地区生活需求的一站式服务。截至2018年4月，东方头条凭借精准分发能力实现了3亿多次下载量。在中央网信办《网络传播》杂志推出的"中国新闻网站App传播力榜"上连续多月独占鳌头，在易观国际的资讯类App活跃度排行榜上长期排名前10位，突破了互联网媒体和原生于移动互联网的资讯分发平台对该市场的垄断。

2017年，主流媒体也开始在移动新闻客户端中探索通过智能问答来提供精准信息推送服务。钱江晚报的"浙江24小时"、华西都市报的"封面"都与微软公司建立了合作，其共同目标都是以人工智能技术驱动新闻资讯分发方式的升级革新。在这两项合作中，微软公司研发的人工智能问答服务机器人"微软小冰"以"机器人记者"的角色分别入驻"浙江24小时"和"封面"的移动新闻应用。基于微软公司的自然语言处理技术，结合这两家都市报的新闻内容资讯数据库，就可以为移动应用的用户提供整合了搜索和推荐两种引擎技术的资讯服务，进一步提高资讯服务的个性化价值。

---

① 《东方头条东方号：助力内容创业的又一股东风》，http://sh.eastday.com/m/20170324/u1ai10455318.html。

（三）主流媒体开始探索内容聚合

海量信息资讯与个人信息需求的精准匹配是做好移动传播服务的关键。① 对于主流媒体来说，面向互联网的内容生产能力正在发展，而仅靠主流媒体自己的原创内容生产，较难达到移动传播环境中用户对资讯丰富程度的要求。在技术实现上，精准分发所需的算法技术在实质上是大数据与机器学习的结合，而数据规模对算法运行结果的质量有很大影响。因此，主流媒体需要在加强面向互联网的原创内容生产能力的基础上，提升聚合各类社会信息并进行数据化处理的能力。实际上这也是在新的传播形势下，主流媒体的社会职能从信息总汇向数据总汇升级的题中之义。②

在实践中，中央和地方媒体单位发挥各自优势，都已开启内容聚合的项目建设。例如，人民日报社的全国党媒信息公共平台、新华社的"现场云"、央视新闻移动网、湖北广电的"长江云"、河南广电的"新闻岛"。虽然主流媒体的内容聚合大多处于起步阶段，目前聚合到的内容主要来自其他主流媒体单位，而来自公众、政府和企事业单位的用户生产内容仍然较少。但以聚合为方向的内容生产方式符合新型媒体发展规律，也与进一步互联网化的目标相一致。

人民日报社的全国党媒信息公共平台的内容聚合力体现在"百端千室一后台"的生产架构。党媒平台与全国各类媒体，以及党政机关、企事业单位的新闻宣传部门携手合作，联通数百个客户端，孵化上千个内容创新的工作室，在保持各类端口都有自己独立后台的前提下，打造一个共享的智能化数据后台，从而构建起内容共享、技术共享、渠道共享、人才共享、盈利模式紧密协作的公共平台，持续为平台内的党媒党端赋能。

新华社的"现场云"上线于2017年2月，是基于移动端的媒体聚合平台，为各级各类媒体免费提供快速实现现场新闻直播的云平台服务。作为通讯社

---

① 宋建武，黄淼：《移动化：主流媒体深度融合的数据引擎》，《传媒》，2018年第3期，第11–16页。

② 宋建武：《从信息总汇转向数据总汇——媒体业的物联网机会》，《新闻与写作》，2016年第11期，第1页。

功能的扩展，各地主流媒体在与新华社达成合作后，可以从"现场云"平台收集第一手新闻报道素材。截至2018年2月，该平台入驻机构用户2400多家，覆盖全国省级、地市级媒体，入驻记者、编辑12000多人，文图直播和视频直播总量突破35000场。①

中央电视台的内容聚合实践主要体现在央视新闻移动网的"矩阵号"。截至2018年2月，已经有包括160家省市电视台，34家人大代表团、政协大会新闻组在内的277家矩阵号入驻，并通过平台进行了超过5000场移动直播。在央视新闻移动网（www.newscctv.net）的"矩阵号"中点击内容源图标，可观看该内容源提供给央视新闻移动网的视频内容，而在"央视新闻+"客户端中则可对这些内容源进行个性化订阅。截至2018年2月，"央视新闻+"手机客户端已累计下载近3823万次，平台注册用户达到530万。其中完成手机绑定与实名认证的用户，都能够使用内容上传的新功能，记录身边的新闻事件。②

总体而言，大多数主流媒体在内容聚合方面的探索仍以"专业生产内容（professional generated content，PGC）"为主；一些主流媒体借助执政资源优势，汇聚了各级政府部门和各类事业单位作为内容源，由此产生了"政府生产内容（government generated content，GGC）"；少数主流媒体开始以实名制为前提条件引入"用户生产内容（user generated content，UGC）"，例如，央视新闻移动网的"央视新闻+"客户端，允许实名注册用户发布视频内容。从互联网平台的开放特征和精准分发服务的技术特征来看，主流媒体平台的内容聚合功能需要在增强PGC对互联网传播环境的适应能力的基础上，逐步扩大GGC和UGC的内容源数量，继续推进媒体内容的供给侧改革。

---

① 《新华社"现场云"面向智能化在线生产传播全面升级》，http://www.xinhuanet.com/2018-02/19/c_1122429745.htm。

② 《央视新闻移动网UGC功能正式上线》，http://mini.eastday.com/mobile/180219140316352.html。

二、渠道融合

渠道，一般可以理解为"网络＋终端＋接入平台"。"网络"是指信息传播经过的物理通道，而"终端"是指使最终的内容产品得到呈现的物理设备，"接入平台"即用户集聚于其上，通过它接入网络空间的平台。因为渠道融合的关键在于把传统媒体的信息传播渠道改造成互联网的信息传播渠道，所以对渠道融合的考察将主要关注移动端渠道和大屏端渠道及有线电视网络运营商的发展。

（一）移动端"一端两微"传播渠道普遍建成

1. 移动客户端

移动端已成为人们接收信息的主要渠道，CNNIC 发布第 41 次《中国互联网络发展状况统计报告》显示，截至 2017 年 12 月，我国网络新闻用户规模为 6.47 亿，手机网络新闻用户规模达到 6.20 亿。[①]

2014 年 8 月，中央全面深化改革领导小组第四次会议审议通过了《关于推动传统媒体和新兴媒体融合发展的指导意见》，提出主流媒体应"利用移动互联网技术实现弯道超车"。随着移动传播体系的形成，中央又提出实施"移动优先"战略，在移动端发力已成为媒体融合的主要发展方向。

各种客户端、应用软件林立，海量信息喷涌，作为用户接入互联网平台的主要入口，传统媒体或分散或线下的渠道已不适合用户获取信息的需求和习惯，能不能吸引用户，能不能持续为用户提供优质的信息与服务，成为考验媒体传播力和影响力的重要标准。

在自主客户端建设方面，全国各级各类主流媒体机构大多至少打造了一个移动端应用，个别地方主流媒体针对不同的应用场景打造了多个新闻

---

① 《2017 年网络新闻用户规模及应用使用情况分析》，http://www.askci.com/news/chanye/20180201/110713117389.shtml。

客户端。根据人民网研究院对全国296份中央、省级、省会城市及计划单列市的主要报纸、301个中央及省级广播频率、37家拥有上星卫视的电视台的调查显示，仅有37份报纸自身或所属集团没有建设客户端，一家广播电视台没有检索到自建客户端，其他报纸和广播电视台均建有自有客户端。①

由于当前的移动传播渠道是建立在开放、共享的互联网基础之上，所涉及的终端都是通用型的移动智能设备。因此，在移动渠道上的着力点就落在了移动接入平台的建设之上。衡量建设成效的主要指标是移动平台的日活跃用户数量和月活跃用户数量。

通过以下表格可发现，目前主流媒体建设的移动互联网接入平台虽然已经有了长足发展，但与互联网企业移动平台的用户数量之间仍然存在着巨大的差距。通过渠道融合建设互联网连接能力问题，依旧是主流媒体融合发展的主要矛盾之一。

表3　主流媒体资讯类客户端TOP5

客户端名称	月活跃人数（万人）	日活跃人数（万人）
东方头条	724.05	241.68
人民日报	423.98	74.55
央视新闻	191.94	96.52
参考消息	184.79	55.06
澎湃新闻	166.79	48.98

资料来源：易观国际

表4　互联网媒体资讯类客户端TOP5

客户端名称	月活跃人数（万人）	日活跃人数（万人）
今日头条	27843.32	14237.17
腾讯新闻	26771.43	13949.06
网易新闻	6638.80	2556.27
搜狐新闻	6573.09	1420.78
凤凰新闻	6163.32	1641.85

资料来源：易观国际

当然，在过去一年中，主流媒体的移动客户端建设也取得了一些进展。人民日报、新华社、央视影音客户端用户自主下载量均已过亿级，地方主流媒体如东方头条、澎湃新闻、浙江在线、封面新闻、南方+等客户端用户规

---

① 人民网：《2017媒体融合传播指数报告发布》，http://media.people.com.cn/n1/2018/0402/c14677-29901624.html。

模均达百万以上。

2017年"两会"期间,人民日报客户端推出H5产品《两会邀你加入群聊》,模拟微信群聊聊天场景,让网友与代表委员、政府部门负责人共处一群并互动提问,网友直呼这个群太"高大上",上线24小时点击量便超600万,人民日报客户端跟帖18万,被称为"2017年两会期间社交媒体刷屏最凶猛的新媒体产品"①。人民日报的另一款H5产品《穿越时光,这是我保家卫国的样子》更是"现象级"产品,用户上传自己的照片便可生成属于自己不同年代的军装照,在中国人民解放军建军90周年之际"燃爆"朋友圈,总访问量突破10亿次,创下业界单个H5产品访问量新高。

2018年3月,新华社客户端发布5.0版本,在平台化的基础上向智能化发展。语音交互方面,5.0版本就自然语言识别、语义分析、服务形态等功能进行了针对性的提升,此外还增加了对AR呈现的原生支持,这是国内首次将这一技术应用到新闻客户端中,用户可以通过扫描图形和物体在手机上呈现增强现实的全新报道形态,还可以在具体场景中进行交互,点击获取"隐藏"在实物背后的"新闻彩蛋"。② 同时新版客户端在提供新闻服务的基础上,向功能性政务服务延伸,为全国用户提供跨行业、跨地域的"一站式"政务服务。

央视推出的系列微视频《初心》,通过在央视新闻客户端发布后,迅速在各大网络平台刷屏,视频截取习近平总书记在陕西梁家河、河北正定、福建宁德等地生活、工作时的片段,讲述了他一路走来坚守不变的初心。每集片长都不超过8分钟,3集短视频不加一句画外音,全部用习近平总书记的自述和历史见证者的回忆。该系列微视频在播出24小时内,点击量就突破4亿,十天全网总阅读量超12.36亿。③

---

① 《龙头昂起融合升级——一年来媒体融合发展八大亮点》,《人民日报》,2017年8月19日第12版。

② 《新华社客户端新版上线从平台化迈向智能化》,http://media.people.com.cn/n1/2018/0302/c40606-29842821.html。

③ 《央视〈初心〉打造时政微视频样板总阅读量超12.36亿》,http://media.people.com.cn/GB/n1/2017/0412/c40606-29205491.html。

2. "两微"端口

在"两微"端口，即微博、微信端口的发展方面，主流媒体为扩大在互联网上的传播力和影响力，都开设了相应的官方微博和微信公众号，并取得了一定的进展和成效。总体来看，主流媒体在微博和微信端的"粉丝"规模基本都达到了百万级别，一些发展较好的主流媒体的两微端口"粉丝"规模达到了千万级别，具备了一定的影响力。

在中央三大主流媒体中，拥有微博"粉丝"最多的是人民日报官方微博，"粉丝"量达到了5720万，中央电视台的央视新闻官方微博以5444万紧随其后，新华社旗下的新华网官方微博以3219万"粉丝"位居第三。

在地方主流媒体中，也有一些主流媒体通过对"两微"端口的有效运营获得了大量的粉丝。比如上海报业集团共开设微信公众号193个，粉丝总数900万，微博账号43个，粉丝总数8828万；广东省主流媒体在"两微"建设方面也取得了一定成效，南方报业集团旗下的南方周末微博粉丝达到1043万，南方都市报微博粉丝1357万；21世纪经济报道官方微博粉丝1600万，微信公众号粉丝也达到了400万。

（二）大屏端"三条网络"传播渠道各自发展

当前，大屏作为新型数字化终端的主要使用场景是家庭的客厅。联通大屏的网络主要有三条，第一条是传统的有线电视网络，第二条是互联网专线网络（IPTV），第三条是互联网公用网络。

1. 有线电视网络与三网融合

（1）有线电视网络的双向改造

随着三网融合战略的不断推进，全国各地的广电网络公司都在积极开展对有线电视网络的双向改造，尝试开展宽带业务。实践中，中国广播电视网络有限公司（以下简称中国广电）在2017年7月，联合包括歌华有线在内的多家广电公司，共同发起设立了全国性宽带综合业务运营公司——中国广电宽带运营有限公司，企图通过组建一个全国性的宽带公司，使得全国广电网络公司能够在网络资源、技术等方面形成规模效应，共同发力宽带业务。截至2017年底，全行业有线电视双向网络覆盖用户达到了16474.9万户，占全国有线电视用户总数的68.65%，同比增长1222万户。双向网络渗透用户（已开通双向互动业务）达8251.4万户。虽然目前广电网络在积极推进自身的双向改造，但是由于双向改造的起步较晚，各地广电网络公司丧失了推广互联网业务的先机，面临着有投入、产出难的问题。

虽然各省（区、市）基本实现"一省一网"，但随着网络和数字技术快速发展，有线电视网络业务创新、转型升级受到分散运营、分割发展的制约，规模效益得不到充分发挥，急需实现各地网络资源的整合。实践中，"中国广电"正在通过一系列的战略投资，加速整合全国有线电视网络的进度，并于去年先后与5家广电公司签署了战略投资协议。截至2018年3月，"中国广电"已经与河北、青海、宁夏、内蒙古、广东、黑龙江、重庆、新疆、山东、河南等10家省级有线电视网络签订了投资合作协议，向着整合全国有线电视网络的目标迈进了一大步。

（2）网络运营企业积极介入智慧城市建设

一批国内发展较好的广电网络上市公司利用其自身可以直接到达用户的优势，突破网络运营的单一发展模式，依托数字电视网络、融合物联网、云计算等技术，建设多功能的综合信息服务平台，积极参与"智慧城市"建设。广东广电网络基于智能家庭网关探索构建家庭娱乐生态体系，逐步打造"渠道+平台+终端"的智慧家庭生态圈；浙江华数集团着力建设可与智慧城市、智慧社区系统连接的家庭智慧信息节点体系，在智能终端上承载在线教育、公共文化服务、远程诊疗、"雪亮工程"等各类新型视听服务。

（3）网络运营企业加大力度部署智能终端

过去的一年中，大部分广电网络公司都加大了智能终端的部署推进，全行业智能终端同比增长216%，总量达到1253万台，平均单季度部署量超过200万台。四川广电网络提出要在2020年实现1300万台高清视听智能终端的转换；贵州广电网络也在去年发布了智能机顶盒"广电精灵"，提出将在年底实现多彩贵州"广电云"户户用工程部署120万台的目标。

（4）网络运营企业努力提升内容生产及整合能力

广电网络公司最初的角色定位是各地广电的渠道运营商，只负责运营有线电视网络，而不参与提供内容。随着三网融合的推进，一些广电网络公司开始向内容运营商转换，参与到内容的运营当中，歌华有线、东方明珠等企业均纷纷着手提升自身的内容生产及整合能力。

实践中，歌华有线通过与百视通合作，独家享有了后者的全部内容，节目总储备量超过 120 万小时，其中包括在线电影约 5000 部、电视剧约 2 万集、动漫 1 万余集等内容。歌华有线还引进好莱坞八大电影公司，香港 TVB，韩国 MBC、KBS 电视台等传媒组织的优质内容来增加智能机顶盒的附加值；2017 年东方明珠深入推进"内容+"战略，不仅全面对接 SMG[①]内容资源，与 SMG 共同成立上海好有文化传媒有限公司，而且进一步加大了国内外优质内容采购力度。加大高清内容采购，新增点播内容中高清比例超过 60%，4K 内容储备超过 2000 小时。[②]

2. 互联网专线网络（IPTV）

总体来看，在牌照资源的支持下，主流媒体的 IPTV 业务发展良好，用户规模实现了较大的增长。截至 2017 年末，全国 IPTV 用户数达到 1.22 亿户，全年净增 3545 万户，净增用户占光纤接入净增用户总数的 53.5%。2017 年底，东方明珠 IPTV 用户规模达到 4000 万，同比增长 800 万，继续保持了 IPTV 业务市场领先优势，新设内蒙古、天津两个驻地，全国驻地规模扩展到了 28 个；[③]湖南广电旗下的芒果 TV 依托于内容和牌照资源，以"独播"战略迅速打出一片天，2017 年底，其在湖南省的 IPTV 用户规模已达 715 万，较去年同期增加 335 万。其核心业务主要由"频道直播""内容点播"两大部分组成，具有 116 路直播频道，已存储点播节目超过 10 万小时，具备每月 2000 小时高标清节目的更新能力。

---

① 上海广播电视台、上海文化广播影视集团有限公司（Shanghai Media Group，SMG）是中国目前产业门类最多、产业规模最大的省级新型主流媒体及综合文化产业集团。业务涵盖媒体运营及网络传输、内容制作及版权经营、互联网新媒体、现场演艺、文化旅游及地产、文化金融、电子商务等领域。

② 第一财经：《东方明珠"娱乐+"战略落地构建泛娱乐生态圈》，http://www.yicai.com/news/5277953.html。

③ 东方明珠：《2017 年年度报告》，http://www.opg.cn/UpLoad/MV/2018/04/20180423094556815136.pdf。

但是从管控角度来看，IPTV 行业发展还需进一步规范。目前，国家广播电视总局（原国家新闻出版广电总局）总共颁发了 12 张 IPTV 牌照，4 张全国性牌照（原中央电视台、上海文广、南方传媒集团、原中国国际广播电台）；2 张地方性牌照（浙江广电、江苏广电）；3 张省级播控平台牌照（辽宁广播电视台、广东广播电视台、湖南广播电视台）；2 张 IPTV 传输牌照（中国电信和中国联通）；1 张 IPTV 行业牌照（北京华夏安业科技有限公司）。在这 12 张 IPTV 牌照中，原中央电视台持有全国唯一的 IPTV 集成播控总平台牌照，具有对全国 IPTV 分平台播出内容的管理和审核的权力。但在实践中，电信运营商往往会为了保证自身利益的最大化，在总分平台间寻找空间，造成总分对接障碍；各地广电的分平台一方面试图通过 IPTV 实现本省内容对全国的覆盖，另一方面通过在省内对业务的实际运营管理实现 IPTV 本地化，架空总平台；互联网视听运营商则开始投入大量的资金布局硬件市场。这种行业竞争局面如果失控，可能会对播出内容的导向管理构成威胁。

3. 互联网公用网络上广电媒体自有终端和平台实现大规模增长

目前，全国一共有 7 家互联网电视集成业务牌照机构，分别是百事通、华数 TV、芒果 TV、中国国际广播电视网络台（CIBN）、未来电视、央广银河、南方传媒集团。根据广电总局下发的《互联网电视集成业务管理规范》规定，只有持照机构才可以开展互联网电视业务，并且能够对互联网电视的节目源和客户端进行有效管理。

在 OTT 业务方面，根据奥维云网发布的《2017 年中 OTT 运营大数据年报》显示，仅在 2017 年上半年 OTT 激活终端增长至 1.26 亿台，OTT 用户规模达到 3.9 亿。① 整体来看，各主流媒体 OTT 业务发展良好，一些地方主流媒体的 OTT 用户实现了较大的增长。东方明珠公司积极开展"DVB+OTT"模式，即电视与互联网的连接，并通过对一些网络运营商、上市公司的投资，借助资本纽带来签订排他性的业务合作协议，实现了 OTT 业务的迅速发展，截至 2017 年底，"DVB+OTT"业务实现了 13 个地区高清频道增落及增收，OTT

---

① 奥维云网：《2017 年中 OTT 运营大数据年报》，2017 年。

用户规模达到2100万。①

在自有终端建设方面，一些主流媒体通过与传统硬件厂商的合作，相继开发了一系列的互联网电视产品。芒果TV在2015年推出搭载自主研发的电视系统MUI电视盒子之后，又在2017年相继推出了两款智能电视"青芒"和"星芒"系列。如今的芒果TV已成为OTT硬件产品搭载最多的内容供应商，通过"原创内容+互联网电视牌照资源+自主硬件"的方式将自身打造成为跨屏联动的互联网平台。截至2017年底，其互联网电视各类终端激活用户已经达到6500万，初步具备了与互联网企业竞争的实力；东方明珠集团也通过与兆驰股份有限公司合作，打造了自身的智能电视一体机——风行电视，目前出货量已经超过百万台。

三、平台融合

互联网的发展具有强烈的平台化趋势，用户在一个应用平台上的互动（互换信息与资源）以及平台整合资源满足用户多方面需求是当前互联网发展的主要特点。所以，平台融合的核心问题是如何建构一个拥有海量用户和多种资源、功能强大的平台，并在这个平台上使用户的需求得到充分的满足，从而使平台具备强大的黏性。

过去一年中，在多家主流媒体集团的平台化实践中，大数据和云计算等先进互联网技术得到了普遍运用。通过梳理2017年各地主流媒体的云平台建设项目，我们发现主流媒体的云平台建设水平参差不齐。大部分主流媒体的云平台只是实现了自身内容资源的聚合，即内容数据库建设。一些云平台通过运营政务服务吸引到了一定规模的用户，但提升用户黏性的能力，以及把用户数据与内容数据打通应用的能力，仍有待加强。

---

① 东方明珠：《2017年年度报告》，http://www.opg.cn/UpLoad/MV/2018/04/20180423094556815136.pdf。

表5　2017年国内主流媒体新建云平台项目

名　称	运营主体	时　间	服务内容
现场云	新华社	2017年2月	基于"现场新闻"技术平台，向全国新闻媒体开放"现场新闻"功能应用，提供"一站式"整体解决方案
广西云	广西日报传媒集团	2017年2月	新闻舆论引导与意识形态管理、政务信息公开、智慧民生服务
广电云	贵州广电网络	2017年3月（升级）	网上就医、智慧教育、智慧旅游、视频会议、电子商务、电子政务等多功能应用
津云中央厨房	北方网新媒体集团	2017年3月	内容聚合平台、网络舆论管理、大数据与网上政务大厅、社会公共服务平台
丝路云	陕西广播电视台	2017年8月	为入驻单位快速定制并打通PC网站、手机网站、手机客户端，提供微博微信生产管理工具，建立省、市、县三级媒体参与的"统一共享云稿库"
封面云	四川日报集团 阿里巴巴集团	2017年9月（升级）	为纸媒、网媒、自媒体和媒体技术开发人员搭建的技术、数据、应用交易平台
冀时云	河北广播电视台 阿里巴巴集团	2017年10月	搭建媒体资源、政务资源、服务资源聚合的平台
富春云	浙报数字文化集团股份有限公司	2017年12月	为客户提供服务器托管、增值业务、行业云、私有云等专业IDC服务，并通过模块化建设，为行业性客户、大客户提供定制化数据中心产品、针对性服务

资料来源：综合网络资料整理

平台融合是主流媒体实现深度融合的基石，平台化发展是一个资源耗费较大的长期过程，需要调集和整合主流媒体内外的各种资源。因此，主流媒体建设自主可控平台的规划，应从明确平台融合所需的核心资源着手。

（一）建设自主可控平台的核心资源

1. 内容资源

优质原创内容一直以来都是主流媒体的核心优势，而在以全面互联网化为实质的深度融合语境下，在以建设自主可控平台为目标的融合实践中，内容资源主要包括两个方面：面向互联网的内容生产能力和满足个人化信息需求的内容分发能力。

主流媒体面向互联网的内容生产能力在近年间有显著增强。如本报告第一部分内容融合所述，在媒体融合国家战略的促动下，主流媒体以适应网络传播为目的的内容生产积极性不断增强，通过建设"中央厨房"重构内容生产流程，通过向政务服务的拓展，实现内容聚合能力的提升。

内容分发能力的提升方向是更好地满足个人化的信息需求，其中的技术基础是内容数据库与用户数据库的打通。而这两方面的资源建设，主流媒体都有待加强。

在内容数据库的建设上，主流媒体必须打破传统媒体资源库的思维定式，以坚持主流媒体所承担的网络舆论引导使命为基础，以适应互联网内容分发对数据资源的调用需求为目标，研发出适用于主流媒体的内容标签体系。在此过程中，可以参考互联网内容分发平台面向用户需求的内容标签建构，但也应突出主流媒体主导舆论和服务社会的重要职责。

目前只有少数主流媒体刚刚开始涉足内容数据库和用户数据库的整合，例如浙报集团的"天目云"项目正在计划把浙江政务服务网的用户数据资源与浙报集团趋近成熟的用户数据库进行整合。

2. 政务资源

在内容资源的运营面向互联网化的基础上，用户资源是影响自主可控平台建设水平的关键。就我国主流媒体而言，建设生态级平台的基础是利用党政资源，借助"互联网+政务"的发展，把人民变成网民，把网民变成用户。从马克思主义新闻观的角度出发，新型主流媒体要做新的社会生活的建设者、组织者，就要把媒体功能从信息传播扩展到政务服务、文化娱乐和城市生活等多个领域。

在建设区域性媒体平台的实践中，通过政务服务获得用户资源较为成功的地区是浙江省和湖北省以及天津市。在省委、省政府的支持下，浙报集团建成了"新闻+服务"的平台模式，而湖北广电集团和天津"津云"则探索出了"以政府服务为引导的综合服务"模式。

浙报集团的浙江政务服务网，建立了以政务为主体、服务为主线，全省统一架构、五级联动的新型电子政务平台，积累了1800余万政务服务用户的大数据。目前，浙报集团正在着手将政务服务网的功能与自身媒体的功能相结合，深入推进"新闻+服务"战略，力求形成一个更加强大的新型媒体智能传播服务平台。

湖北广电的"长江云"基于"新闻+政务+服务"的发展策略，与湖北省内各市、州、县、区上百家媒体机构合作，建设了117个"云上系列"移动客户端，汇聚全省各地网络和"两微一端"产品8112个。

天津"津云"客户端开设"津云号"和"津云·云上系列"，先后吸引了天津市内177家党政机关入驻，打造了一个集网络问政、政策查询、便民服务于一体的综合型应用平台。

3. 牌照资源

在主流媒体的融合实践中，主流媒体可以运营国家颁布的播控总平台资质，在互联网视频领域，对视频内容进行监控和审查，整合内容和生产平台。从原中央电视台具有的牌照资源看，覆盖了几乎全部渠道上的视频内容播控（审核与分发）业务，如果能对这些运营资源统一规划，既可以保障原央视本身内容资源统一运营，防范侵权，又可以借此整合与控制终端设备，牢牢地抓住用户，并有可能迅速扩张用户规模。而且，原中央电视台不仅拥有全国IPTV内容播控总平台的牌照，也具备广电总局颁发的互联网电视集成播控平台牌照和内容服务平台牌照。因此，原央视可以利用这种管控权力，依托技术能力，将互联网上所有的视频内容都整合到自身的平台上来，在实现对内容审核的同时带动自身平台的发展。

4. 资金资源

建设自主可控平台，除了顶层设计之外，最需要的就是充足的资金支持。从融合工作开展较好的几家主流媒体来看，充足的资金主要来自两方面。

一方面是借助自身上市公司的强大资金支持。实践中，浙报集团依托旗下上市公司浙数文化的资金优势，募集资金19.5亿元，推进包括"富春云"互联网数据中心、浙江大数据交易中心、"梧桐树+"大数据产业园和大数据产业基金"四位一体"大数据产业生态圈；湖北省广播电视台依托上市公司湖北广播电视信息网络，发展了一批新媒体品牌，完成了"长江云"技术平台的建设，构建了一体化发展新格局。

另一方面是来源于各自设立的投资基金。在中央媒体的实践中，人民日报社与招商局集团在 2016 年 8 月联合设立了的"伊敦传媒投资基金"。基金采取市场化方式管理，主要以股权的方式投资于媒体、互联网、科技等相关的内容、技术、渠道、平台等，以及与前述领域相关的新兴领域和交叉领域。基金由人民日报媒体技术股份有限公司和招商局资本联合设立的招商金台资本管理有限责任公司管理运营，既可支持传统媒体间的重组，也可助力传统媒体和新兴媒体、媒体技术企业之间的融合发展，实现跨区域、跨行业、跨所有制的并购。对于传媒、内容领域内有价值的项目，进行资本注入，带动媒体和生产机构共同走向资本市场。截至 2017 年 12 月，伊敦基金在文化传媒、人工智能、TMT、教育、新能源、共享经济等领域已完成了系统性研究，着力打造"投资＋投行"等投资服务体系。储备调研项目三百余个，已投资金额近 3 亿元，涵盖了国际、国内股权项目及二级市场项目，并在积极推进与上市公司合作并购等业务。

在地方媒体的实践中，北京日报集团旗下的京报长安资产投资管理有限公司与中国工商银行、交通银行、华夏银行共同设立了一只规模 50 亿元的产业基金，用于京报集团媒体融合及多元化发展；上海报业集团也于 2017 年 11 月主导发起了一只市场化运作的文化产业母基金——众源母基金，该基金总规模 100 亿元人民币，主要投向依托互联网和移动互联网发展的新媒体产业；广东四家省级媒体集团与海通证券联合设立的广东南方媒体融合发展投资基金，目前实投资项目 10 个，金额 3.45 亿元。

（二）建设自主可控平台的五种尝试

主流媒体建设自主可控的互联网平台，需要解决三个方面的问题，即用户导入、技术支撑和资本支持，而核心问题是用户从哪里来。总体来看，各级各类主流媒体在平台建设方面的发展程度存在较大差异，国家级和少数省级媒体集团走在平台化实践的前沿，但大多数地区的媒体集团距离建设自主可控平台仍有较大差距。国家级媒体平台在前文已经介绍，在这里我们整理了地方媒体集团目前较为成熟的五种平台化尝试。

五种尝试的代表案例涵盖了报业集团、广电集团和主流媒体网站。在具体方式上,湖北广电和天津的案例体现出主流媒体集团在政务服务方面的优势,浙报的案例提供了新闻业务与城市智慧服务相结合的可行路径,芒果TV的案例呈现了广电媒体打通产业链上下游、实现多元业务共生的平台生态,上海东方网的案例代表着移动传播环境中主流媒体进行精准信息分发的领先尝试,东方明珠的案例则呈现了主流媒体集团在文化创意产业领域的积极探索。这五种尝试代表着主流媒体以实现深度互联网化为平台建设方向,对其他主流媒体集团有重要的参考价值。

1. 湖北广播电视台的"长江云"[①]和天津"津云"[②]:以政务服务为引导的综合服务

在以政务服务为引导的综合服务中,具有代表性的是湖北广播电视台的"长江云"和天津"津云"。

湖北广播电视台打造的"长江云",在湖北省委、省政府的支持下,通过"新闻+政务+服务"的发展策略,与湖北省内各市、州、县、区上百家媒体机构合作,建设了117个"云上系列"移动客户端,汇聚全省各地网络和"两微一端"产品8112个。目前,"长江云"正在建设一条"媒体云—政务云—商务云—产业云—区域云"的生态链,并着手将湖北省内所有的媒体资源都聚合于"长江云"平台之上,为用户提供的服务也都汇集在"长江云"平台中,使其成为一个汇集内容服务、政务服务、电商服务等各类用户服务的综合型接入平台。

"津云"在实践中整合天津市主流媒体,包括天津日报、天津广播电视台、今晚报、北方网等的优质资源,形成广播、电视、报纸、杂志、网络的全媒体融合。依托"津云"客户端,开设"津云号"和"津云·云上系列",先

---

① "长江云"是湖北广播电视台于2014年开启的媒体融合项目。2016年湖北省委根据中央的媒体融合战略,决定以长江云为基础,建设全省统一的移动政务新媒体云平台,该平台联通了全省各级各类媒体和党政机构的新闻和政务信息发布渠道,还将成为各类政务服务和社区服务的平台。

② "津云"是在中共天津市委的战略部署下,以天津市内各家主流媒体为对象的融合项目,目前已经建成适合全媒体融合的新闻生产机制和指挥调控体系,即"中央厨房",已上线了"津云"移动客户端。

后吸引了天津市内177家党政机关入驻，打造了一个集网络问政、政策查询、便民服务的综合型应用平台。2017年12月天津市委宣传部印发《天津津云新媒体集团组建方案》，整合全市新媒体资源，进一步推动传统媒体和新兴媒体体制机制融合发展。津云新媒体集团的建立体现了天津市委在打造拥有强大实力和传播力公信力影响力的新型媒体集团的决心。当前媒体融合已进入向纵深推进的关键阶段，天津建立津云新媒体集团亦是希冀创新工作理念思路、深化媒体内部体制机制改革，推动传统媒体和新兴媒体从相"加"迈向相"融"的步伐。

2. 浙报集团[①]**："新闻+服务"**

浙报集团首先打造了"媒立方""中央厨房"，使集团具备了统一采集、多种生成、多元分发的能力。随后在"媒立方"二期工程中，重点开发基于媒体大数据的智能化服务，并为全省媒体和其他机构提供云服务，实现了将"中央厨房"升级为云平台"天目云"的目标。依托云平台集大数据、人工智能与云计算于一体的强大技术支持，浙报集团不仅通过"浙江新闻"移动客户端实现了浙江省11座城市"新闻+服务"功能的全覆盖，还通过承接浙江政务服务网的运营，建立了以政务为主体、服务为主线，全省统一架构、五级联动的新型电子政务平台，积累了1800余万政务服务用户的大数据。目前，浙报集团正在着手将政务服务网的功能与自身媒体的功能相结合，深入推进"新闻+服务"战略，力求形成一个更加强大的新型媒体智能传播服务平台。

2016年，"媒立方"进一步升级为媒体云平台"天目云"，成为集大数据、人工智能与云计算于一体的新型媒体智能传播服务平台。它以按需使用、免费迭代、等保安全、稳定可靠、生态共赢为原则，从内容、渠道、平台、经营、

---

① 2000年6月25日，成立浙江日报报业集团。2009年，成立浙报传媒控股集团公司。现有浙江日报、钱江晚报等传统主流媒体33家，新兴媒体300多个，网络注册用户共6.6亿、活跃用户5000多万、移动用户3000多万，独立法人单位135家，现有职工6800余人。2011年，集团媒体经营性资产在上海证券交易所成功上市，是全国第一家媒体经营性资产整体上市的省级报业集团。2018年，浙报传媒控股集团有限公司连续两年获得"全国文化企业30强"称号，为国内唯一入选的报业集团。

管理五个方面推动媒体融合。"天目云"新型媒体智能传播服务平台一期项目于2016年12月获浙江省信息经济技术进步奖；2017年7月，获国内新闻界最高科技奖项"王选新闻科学技术奖"特等奖。

由浙江省政务委托、浙报集团承建的浙江政务服务网是"新闻+服务"理念在政务垂直领域的有益探索。服务网建立了以政务为主体、服务为主线，全省统一架构、五级联动的新型电子政务平台，2016年3月31日实现全省乡镇（街道）服务站全覆盖，被喻为浙江地区的"政务淘宝"。浙江政务服务网大力推进权力事项集中进驻、网上服务集中提供、政务信息集中公开、数据资源集中共享，逐步实现全省政务服务在线统一导航、统一认证、统一申报、统一查询、统一互动、统一支付、统一评价，以此打造全天候的网上政府、智慧政府，促进政府治理现代化。

此外，浙报集团还依托技术、资本优势，在2017年打造完成了华东地区单体最大的数据中心——"富春云"互联网数据中心，可以提供服务器托管、多线网络、机房定制、云计算等大量服务。

3. 芒果TV[①]："多端打通，软硬一体"

湖南广播电视台旗下的芒果TV通过"多端打通，软硬一体"的路径，构建起了拥有海量用户的互联网平台。目前，芒果TV的全平台月独立用户已经达到了2.8亿，移动端下载量突破5.5亿。

所谓多端打通，指的是芒果TV利用自身优质内容资源优势，同时发力移动端和大屏端，并通过芒果TV数据基础平台实现了移动端和大屏端内容数据和用户数据的打通。

所谓软硬一体，指的是芒果TV优质内容和自主硬件一体化的发展。芒果TV依托湖南卫视丰富的优质内容资源以及互联网电视牌照资源，以"独播"与"自制"作为两大核心内容战略，打造出了全新的互联网电视内容体

---

① 芒果TV，由湖南快乐阳光互动娱乐传媒有限公司（以下简称快乐阳光）负责具体运营。公司系湖南广播电视台全力发展网络视频业务的唯一新媒体机构。快乐阳光成立于2006年5月，自2008年开始启用芒果TV作为视频平台呼号，通过数年发展，形成以"芒果TV"为品牌的产业格局，包括芒果TV（互联网电视、PC、Phone、Pad），运营商业务以及移动增值业务等全终端业务。

系；在大力实施内容战略的同时，芒果TV还联合多家终端硬件生产商，开发了一系列终端产品，并通过内容捆绑硬件的方式，大力推广硬件产品，构筑了互联网视频用户平台，在相关领域用户规模及活跃度名列前四名。

在IPTV业务方面，得益于湖南卫视的内容和牌照资源，芒果TV以"独播"战略迅速打出一片天地。截至目前，芒果TV的覆盖用户已经达到6010万，此外，芒果TV还联合运营商进行多机位直播、互动投票、节目弹幕，重点挖掘O2O互动活动，深入开展线上线下互动，实现本土化特色运营，推出了广场舞大赛、芒果美食、视频电商等诸多颇受欢迎的业务；在OTT业务方面，同样依托于湖南广电的优质内容和牌照资源，芒果TV在2015年之后就已经成为OTT硬件产品搭载最多的内容供应商，截至2017年底有互联网电视终端激活用户6500万。

4. 东方网[①]："精准分发+社区服务"

在构建平台的实践中，东方网始终坚持以媒体业务为主体，社区民生服务为支撑的战略布局，通过"精准分发+社区服务"的模式，积累了海量的用户数据，为自身用户平台的建设打下了坚实基础。

在精准分发方面，东方网利用个性化推荐技术、大数据技术、语义识别技术和图像识别技术，打造了国内主流媒体中首个具备精准推送能力的移动端新闻客户端——东方头条，并通过精准分发能力实现了3亿多次下载量，以及700多万的月活跃用户数量；在社区服务方面，东方网打造了智慧社区线上服务端口——智橙生活。目前，智橙生活已经完成了全市16个区所属街（镇）及行政村的信息数据采集，并在上半年完成了与食药监、税务局、公安局交巡警总队、市政府外办等政府部门城市服务对接，积累了海量的用户数据。

通过将东方头条具备的精准分发能力与智橙生活具备的社区大数据采集能力相结合，东方网正在构建自主可控的用户平台。精准推送的信息服务为

---

① 东方网是全国重点新闻网站，上海市主流媒体之一，拥有120余个频道，中、英、日三个语种版本，业务涵盖新闻发布、舆论交互、数字政务、电子商务、市场广告、技术运营、投资业务等多个领域，并通过互联网、报纸、手机、移动电视、互动电视、楼宇电视、电子站牌等传播载体，实现影响力的立体覆盖。

东方网带来了海量用户，而社区服务则在一定程度上增强了平台用户黏性。

5. 东方明珠[①]：智慧驱动"文娱+"

2017年，东方明珠深入推进"娱乐+"战略，实现了从"娱乐+"向智慧运营驱动"文娱+"的战略优化升级。截至2017年底，东方明珠已经拥有4000万的IPTV业务用户，2100万户OTT业务用户，5200万有线数字电视付费频道用户及超过3000万的移动终端月活跃用户。

东方明珠提出智慧运营驱动"文娱+"的战略优化思路，具体而言，即通过OPG云的升级、融合媒体平台的建设以及文娱消费生态的布局完善，以实现业务、用户、服务的连接与贯通。

在智慧驱动方面，公司汇集AI、大数据等智能技术，全面提升产品化能力、业务中台能力以及数据化处理能力，实现技术平台的打通、多业务用户的打通、产品服务的打通，建立了广电行业内领先的智慧运营平台——OPG云，以数据触碰、抓取、运营、互动、价值变现的系统智能手段，打通用户、服务、渠道，在全面融合的基础上，实现文娱消费的最佳体验和价值最大化。

在"文娱+"实践中，东方明珠全面布局电子竞技市场，推动"文娱+电竞"的发展，并于2018年4月宣布牵头成立电子竞技联盟——G联盟，成员涵盖内容方、平台方及赛事合作伙伴等诸多产业，通过资源共享，谋求快速发展，实现多方共赢。

在积极推进"文娱+"战略的同时，东方明珠还在2017年重构了业务逻辑，将原先14大事业群的架构完全拆解、重组，将目光进一步聚焦主业，剥离了诸如数字营销、广告等非核心业务，公司业务最终整合为媒体网络、影视互娱、视频购物以及文旅消费四大事业群。新组建的四大事业群正好对应上市公司的四大核心业务，实现了四大业务板块间的横向有机连接、纵向垂直闭环。

---

① 东方明珠新媒体股份有限公司（股票代码：SH.600637），是上海广播电视台、上海文化广播影视集团有限公司（SMG）旗下统一的产业平台和资本平台，拥有国内最大的多渠道视频集成与分发平台及丰富的文化娱乐消费资源，为用户提供丰富多元、特色鲜明的视频内容服务及一流的视频购物、文旅消费、影视剧及游戏等文娱产品。

四、经营融合

经营融合是指主流媒体根据媒体融合发展需要,在以互联网为基础连接方式的传播环境中,对其以广告为主的传统商业模式进行变革,并创新体制机制,形成可依托市场资源良性运转的新商业模式和运营模式。换句话说,经营融合需要做好两件事:体制机制改革和商业模式创新。

（一）体制机制改革

主流媒体的体制机制改革,从20世纪90年代的市场化到21世纪初启动的文化体制改革,一直以来都是我国主流媒体面临的重要课题。而在媒体融合过程中,新业务、新技术、新人才以及新资本结构等因素的出现,凸显了加快体制机制改革的必要性。主流媒体集团以什么样的体制机制发展新媒体？如何实现主流媒体的一体化转型发展？过去一年中,各地主流媒体都有一些探索和实践。

1. 新旧媒体部门的一体化发展

新旧媒体部门融为一体,指的是面向新旧媒体端口的内容生产方式、工作流程和相关人员的考核方式,在技术和制度的支持下形成统一标准,在组织结构层面移除了媒体融合过程中新旧业务形态的融合障碍,各地在实践中主要形成了四种模式。

（1）"三圈环流、移动优先"的浙报模式

浙报集团坚持以"移动优先"为基本原则,投入大量资金,打造了由核心圈、紧密圈、协同圈"三圈环流"形成的新媒体矩阵。其中,核心圈是由"浙江新闻"移动客户端、浙江手机报、浙江在线和浙江视界构成的"四位一体",以传播主流新闻为核心；紧密圈由边锋网新闻专区、边锋互联网电视盒子、钱报网、腾讯·大浙网新闻板块、云端悦读Pad客户端以及各市、县门户网站构成,负责发布浙江省重大新闻,壮大主流舆论阵地；协同圈包括微博、微信等第三方网络平台和专业移动客户端,用于连接商业网站既有平台，通过积极渗透抢夺话语权，为核心圈和紧密圈的产品导流。

浙报集团在抢占互联网信息高地时，不仅通过搭建新平台实现其自身内容的网络化，还积极汇聚集团内外的新媒体资源，将它们一一纳入"三圈环流"的体系中，体现了互联网时代的聚合精神，也提升了媒体矩阵的构建效率。

（2）"一报一端"的上报模式

在主流媒体一体化转型发展过程中，上报集团坚持"一报一端"战略，即每家报纸集中优势力量打造一个新媒体客户端产品，目前集团媒体共有移动客户端12个。

在具体的实践中，解放日报、上海观察率先迈入"一支队伍、两个平台"的一体化运作新阶段；澎湃新闻依托原有东方早报的优势资源，定位时政和思想，经过三年多的发展具备了强大的影响力，位居国内主流媒体创办的新媒体的第一阵营。

通过落实"一报一端"模式，上报集团新媒体业务的"涨势"有效对冲了报刊业务的"跌势"，2017年，集团媒体业务总收入扭转了连年下降的态势，自2014年以来首次实现反弹增长，同比增长4.89%。

（3）"云平台+地方端口"的湖北广电模式

湖北广播电视台（集团）通过整合旗下网络广播电视台、手机电视、移动电视、IPTV、城市电视等多家新媒体资源成立了湖北广电长江新媒体集团，并将节目的新媒体版权运营及所有对外新媒体合作事宜都交由新媒体集团负责。新媒体集团打造了全国首个省级新媒体云平台"长江云"，其最大的特色在于，它所聚合的新媒体产品不仅限于湖北广电集团内部，还包括湖北省内各级媒体资源，试图以这种方式带动、帮助全省各级媒体实现融合与转型，为省内各级媒体提供技术、内容和经营等支撑。该平台以"共建、共享、共赢"的理念，得到了省内市（州）、县各级报社、电视台、政府部门等50多家单位的响应，共建单位的不断加入，为构建湖北省的新媒体生态圈打下了良好基础。

（4）"中原云"+"新闻岛"的河南广电模式

在主流媒体的一体化转型发展过程中，河南广电以"中原云"大数据为技术支撑，依托大象融媒的新闻岛"中央厨房"，实现了全台媒体资源共享。

新闻岛是一个全媒体、全天候、全覆盖的新闻发布中心，也是一个实现了所有计算、存储与交换都在云端，所有生产、生成、发布都在终端的技术融合云平台，其功能主要依靠中原云平台实现。

通过"中原云"+"新闻岛"的模式，河南广电为集团内部数十个媒体平台建立起了统一的支撑体系，集团内各媒体所有的信息汇聚、内容制作、数据交换和分发渠道均建立在融媒云平台之上。这种架构彻底改变了以往电台、电视台办新媒体时所采取的以传统发布渠道为主，新媒体作为补充的模式，真正做到了所有媒体形式的资源平等和同步发布。

河南广电还与全省18个地市的广电媒体开展合作，18个地市的广电媒体都已入驻大象融媒的新闻岛，实现了对全省范围内所有广电媒体资源的共享。

2. 通过上市推动新媒体发展的体制机制再造

党的十九大以后，中央再次提出，鼓励重点新闻网站上市。调研中发现，多家主流媒体集团在过去一年间都有将新媒体业务上市融资、增强融合发展资本实力的举措。例如，四川新闻网、重庆广电数字传媒股份有限公司均进入发行审批阶段，湖南日报集团重启了华声在线股份公司的上市进程，湖南广播电视台旗下的"芒果TV"等新媒体业务注入了湖南快乐购物股份有限公司，即将完成上市进程。以大众网为主体组建的山东互联网传媒集团，基本完成A股上市工作，但受上市政策突变的影响，上市进程暂时搁置。

就上述情况而言，多家主流媒体的新媒体业务都未能顺利过会，或由于政策调整而中止上市进程。这些实践表明，主流媒体的新媒体业务的盈利能力还有待增强，业务的市场化程度还有待提升。因此，把上市融资作为融合发展的目标之一，需要主流媒体的新媒体业务在盈利能力、组织结构等多方面达到市场要求，经历这一过程在客观上有利于主流媒体对新媒体业务的管理水平和市场竞争能力的提升。

2017年2月，作为国内唯一互联网业务收入达到主营收入一半以上的主流媒体上市公司，浙报传媒启动并完成了重大资产重组，向控股股东浙报控股出售所持有的新闻传媒类资产，进一步全面深化体制机制改革，推进公司战略转型，全力建设国内领先的互联网数字文化产业集团。此次重组完成后公司获得了充足的流动资金支持，有利于继续依托上市公司资本平台和国有控股股东的背景、资源和优势，拓展互联网业务范围、提升盈利空间。4月10日，浙报传媒发布公告称，鉴于公司战略定位和主营业务的调整，公司名称由"浙报传媒集团股份有限公司"变更为"浙报数字文化集团股份有限公司"，简称由"浙报传媒"变更为"浙数文化"。

资产重组和公司更名的举措，有助于上市公司摆脱纸媒业务下滑的影响，集中实力聚集互联网业务发展。例如，在大数据业务方面，浙报传媒在2016年开始建设的浙江大数据交易中心、"富春云"互联网数据中心、大数据创客中心、大数据产业基金；2017年6月，浙数文化与创新工场签署战略合作协议，建立基于高标准IDC基础设施的生态平台，为用户提供行业云、私有云等云计算服务以及大数据流通、增值服务。在上市公司的引领下，浙报集团成为媒体行业中大数据业务的领军者。

3. 薪酬和激励机制创新

在考核和激励机制方面，囿于主流媒体的事业单位管理体制，目前绝大多数的主流媒体都没有探索出一套有效的、针对新媒体业务发展的薪酬和激励机制，这也是造成各地主流媒体新媒体业务发展相对缓慢的原因之一。但也有一些主流媒体集团大胆探索薪酬和激励机制的创新，以吸引人才。比如，浙报集团在人力资源管理方面，借鉴互联网公司成熟经验，推出P序列岗位管理和KPI考核，按能力业绩定岗定薪，量化绩效指标考核，由原先的岗位管理变为能力评价管理，初步实现了岗位等级能上能下、薪资能高能低、人员能进能出。上海东方网公司也在开发"东方头条"的过程中，探索了与骨干技术团队合组技术研发公司、技术骨干在其中持股的新体制。薪酬和激励机制的创新，一方面可以激发员工积极性、提升职业归属感和成就感；另一方面更重要的意义在于吸引互联网技术人才，实现技术资源的有效导入，从而增强主流媒体与互联网媒体同场竞争的能力。

（二）商业模式创新

在当下的媒体商业中，商业模式创新的本质是建构更多的用户变现方式。

在过去一阶段的媒体融合发展中,由于未能充分掌握互联网传播规律,大部分传统媒体的融合发展尚未达到党和政府的期待,也无法应对来自互联网产业的挑战。其中,没有建立起可持续的新型商业模式是重要问题。

根据 CTR 研究机构对 2017 年中国广告市场的回顾,整体市场增长 4.3%,其中传统广告市场增长 0.2%。在传统媒体中,电台广告逆势上扬,刊例收入增长 6.9%,电视广告平稳发展,刊例收入增加 1.7%,报纸和杂志广告刊例价格继续大幅下滑,分别下降 32.6% 和 18.9%,传统户外广告在面积减少 15.3% 的情况下刊例收入减少 0.4%。[①] 但也有一些传统媒体集团正在探索平台型媒体的建设,在做强传统媒体主营业务的基础上,不断将多元业务整合到媒体平台中,并积极采用大数据和算法技术,驱动媒体业务从信息和内容向数据和服务升级。后文将详细介绍在经营融合方面进展显著的主流媒体单位案例。

在当下媒体产业格局中,主流媒体进行商业模式创新的动因有二。

一是信息传播方式从一对多的大众传播向个性化的移动传播的演进,而广告是基于大众传播模式的媒体盈利方式,所以必然向精准化转型。导致传统媒体广告收入下滑的另一个原因是互联网平台的去中介化效应,互联网用户的注意力集中到内容分发平台,原创内容媒体随之失去了在广告市场中的议价能力。

二是新型传播技术和数据技术带来了媒体商业运营的新契机,例如基于数据库技术的精准营销,再如实时互动与在线支付结合的用户打赏。尽管商业媒体拥有技术优势,但建立新型媒体商业模式仍然需要有优质原创内容和品牌影响力的支持,领先发展的主流媒体已取得一定成绩,且仍有较大发展空间。

概言之,传播方式改变带来服务模式转变的必然性,而技术创新则提供了实现这一转变的可能性。在过去一年中,主流媒体探索过的商业模式创新主要有四种:政务服务和社区服务、技术服务、媒体电商和用户付费。

1. 政务服务和社区服务

政务服务和社区服务具有高度的关联性。除了前文中提到的浙报集团承

---

① CTR:《2017 年中国广告市场回顾》,http://www.199it.com/archives/685351.html。

接了浙江政务服务网，湖北广电的"长江云"建设移动政务新媒体平台之外，还有一些地方主流媒体也开始通过政务服务聚集用户。如安徽日报集团的"中安新闻"客户端定位"新闻产品 + 政务服务"，专注聚合全省政务新媒体资源，为公众提供及时、权威的政务服务信息。

2. 技术服务

在技术服务方面，许多主流媒体在具备一定的互联网技术能力之后，还尝试通过外包技术服务的形式，帮助各级各类政府部门运营政务网站和"两微一端"。

目前，上海东方网公司、河南大河网络集团等在这方面收效明显，既取得了一定的经济收入，又得以借助该渠道打通政务资源和政务服务数据。浙报集团的"天目云"项目，也为丽水、衢州等地市级党政机构提供了媒体技术服务。

3. 媒体电商

基于对中国的媒体融合发展和媒体产业转型的长期跟踪观察和多角度深入研究，我们认为，媒体电商是未来媒体的主要商业模式。这一判断不仅在媒体管理和传媒经济的理论推演中可以成立，事实上也已经被一些媒体电商先行者的实践成果所证实。在世界范围内，美国的《纽约时报》和英国的《卫报》都在最近几年开始发展媒体电商业务。

为什么媒体可以做电商？与其他社会电商形式相比，媒体电商的优势包括：丰富的用户资源、广阔的社会资源、以媒体公信力和权威性为后盾的品牌力。与此同时，媒体人先天拥有的平台思维、策划思维和产品思维，也能够在产品营销方面形成独特的竞争优势。实际上，从广告到电商，从帮人卖到自己卖，媒体人只不过是把自己的产业链向前推进了一步。

为什么媒体必须做电商？首先，在新的传播技术冲击下，新的传播格局正在形成，传统媒体旧的商业模式，正面临严峻的挑战；而新的经济环境，加剧了传统媒体所面临的危机。传统媒体一方面需要创新商业模式，创造商业价值，以维持生存；另一方面更需要稳固现有受众，并把他们转化和培育成对媒体平台忠诚度和参与度更高的用户群体。其次，实践证明新闻媒体的融合发展，必须走向"互联网 +"，才能真正融为一体。这就要求传统媒体互联网化，而媒体电商的目标就是打造传统媒体与电子商务融合共生的营销平台，恰好能够契合国家媒体融合战略对传统媒体转型的要求。

开展媒体电商业务的意义和价值，还在于它为传统媒体提供了重建用户连接，从而实现用户价值变现的新途径。在大型互联网平台的冲击下，传统媒体不但失去了具有一定垄断性质的信息分发渠道，更失去了与目标受众群体的直接联系。在传统广告模式中，内容价值和受众注意力是媒体价值变现的关键，但这两个要素的价值都在快速缩减。而在媒体电商中，内容生产力可以为电商产品附加文化创意价值，受众注意力可以变成用户购买力，不仅直接为媒体实现用户价值变现，还可以增加与用户的接触点，积累用户数据，增强用户黏性。

根据媒体平台对内容、用户和商品这三项要素的不同整合程度，我们将媒体电商划分为内容电商和数据库电商两个阶段。就目前而言，主流媒体的电商业务大多处于整合内容创意与商品销售的初级阶段，而数据库电商需要以强大的用户数据库运营能力为基础，所以主流媒体的技术能力仍有待提升。

（1）内容电商

内容电商是指把商品销售场景内嵌到相关资讯内容的阅读过程中，媒体用户既可以获取实用资讯，又可以直接购买相关商品。这一模式使媒体服务兼具资讯和消费两项功能，并由此创造了三种新的价值：媒体用户的体验升级、内容生产者的价值补偿、商品销售者的营销转化。

湖南广电集团与飞鹤乳业在2017年合作实施的"台网融合、传·销一体①"计划是我国主流媒体探索内容电商业务的代表案例。"台网融合"指的是打通湖南广电内外媒体渠道，实现飞鹤品牌的全媒体营销闭环，促成媒体受众群和用户群向品牌消费群的转化。内部渠道包括：湖南卫视、芒果TV、芒果互娱、快乐购；外部渠道包括微博微信、新闻门户、视频直播等网络全媒体。对湖南广电而言，这是首次全线整合旗下媒体资源并完成商业变现的尝试。其中，湖南广电王牌节目《快乐大本营》与飞鹤乳业的创新型合作获评"中国广告长城奖·年度经典营销传播案例"。《快乐大本营》针对飞鹤的

---

① "传·销一体"指的是从商业传播到商品销售的一体化营销模式。

目标用户群体，把品牌相关的话题设置具体到每一期节目内容中，将节目内容与品牌内容同步传递，让用户目光在锁定快本节目的同时也认知品牌。策划团队将飞鹤品牌的"更适合"理念与《快乐大本营》的"快乐"理念结合，打造"更适合，更快乐"的主题传播，通过举办亲子互动线下活动"飞鹤&快本快闪嘉年华"，精准锁定《快乐大本营》粉丝中的目标用户，并通过全媒体渠道推广"更适合，更快乐"的主题，实现了媒体受众和用户向消费者的有效转化。

湖南广电此次营销业务创新的成功，与其子公司快乐购在媒体电商领域多年深耕所积累的经验有关。快乐购由湖南广播影视集团与湖南卫视于2005年合资成立的湖南快乐购物股份有限公司运营，以家庭购物为主营业务，继承并放大了"电视湘军"在媒体内容策划、制作、展示和创意上的传统优势，并且对不同形式媒资管理和视频内容分发具有优秀的技术支撑和控制能力。快乐购在媒体电商行业内首创原产地大直播的行动营销新模式，仅2017年内就开展了22场原产地直播，销售额超过1亿元。为适应移动互联时代的消费环境，快乐购以"视频+KOL（关键意见领袖）+品质生活"为理念，把媒体内容制作优势延伸到用户社区，打造"我是大美人"内容电商平台，包括电视节目、App、微信公众号等产品，为女性用户提供时尚、美妆一站式解决方案，聚集网络红人，以"美妆直播+视频"的方式实现直播互动、视频、购买、社区功能，和达人近距离做朋友，形成从内容到购买的闭环。①

（2）数据库电商

数据库电商是在内容电商的基础上加入用户数据库运营，实现更精准的商品信息推送，以及更个性化的商品消费场景。具体而言，通过建立强大的供应链和借助数据库能力对用户需求的精准把握，将供应链数据库与用户数据库匹配、打通，就能够在精准把握用户需求的基础上实现数据库电商。

移动传播体系下，作为互联网平台的新型主流媒体的商业逻辑将转为基

---

① 《快乐购物股份有限公司（股票代码：300413）2017年度报告》，http://data.eastmoney.com/notices/detail/300413/.html。

于数据库的对用户个体价值的变现。因此，新型主流媒体的商业模式将主要体现在精准营销和数据库电商方面的创新。移动传播体系的形成和互联网应用的平台化，带来了即时性的数据传输、个人化的数据生成和综合性的数据分析能力。而支持这三种能力的终端、网络和平台构成了数据流通的闭环，这同时也是用户价值变现的闭环，有效利用数据资源，可以缩短商业决策的周期，提高商业活动的效率。因此，数据库运营是未来媒体商业模式重构的关键，决定着内容数据资源、用户数据资源能否有效变现。

目前在数据库电商方面较为成功的探索是今日头条与京东合作的"京条计划"，双方分别提供资讯平台用户的阅读兴趣数据和电商平台用户的购物数据，目的在于双向提升品牌广告的投放效率。今日头条的阅读兴趣数据可以涵盖10种以上用户行为分析、超过220万兴趣标签关键词定位，类型包括基本属性、用户行为和兴趣关注；而京东的购物行为数据则包括基本属性、购物偏好和行为轨迹，具体如表6所列。实际上，今日头条在"京条技术"中提供的用户数据与其前文介绍过的精准营销能力是一脉相承的。例如，在"惠普—京条计划合作案例"中，目标人群分为三类：核心人群、次核心人群和高相关人群，实施不同层次的商业资讯推送，最终实现直接点击转化订单量288单，直接点击转化ROI为0.8，而间接曝光转化包括：高强度品牌印记、产品页面浏览认知和新增加购人群等。

表6 "京条计划"的用户数据构成

	今日头条的阅读兴趣数据	京东的购物行为数据	
基本属性	年龄、性别、地域、位置、机型、网络等	性别、会员等级、活跃度等	基本属性
用户行为	文章阅读、评论互动、头条号关注、分享转发、加入收藏、广告点击、活跃时段等	浏览、搜索；关注、加购；下单、成交等	行为轨迹
兴趣关注	一类：社会、娱乐、游戏、汽车等 二类：民生、明星八卦、单机游戏、智能出行等 三类：奇闻趣事、阴阳师、特斯拉等	价格偏好、行业偏好、支付偏好等	购物偏好

资料来源：网络公开资料整理

4. 用户付费

用户付费是作为内容生产者的媒体与作为消费者的用户之间直接进行价值交换的商业模式，相比于广告和电商，媒体的用户付费商业模式是对其文化传承者和知识创造者社会职能的回归。在移动传播时代，这一回归有四方面背景因素：一是我国居民的消费习惯升级，可以且愿意支付学历教育之外的知识消费，如在线教育和付费阅读，以及更加个人化的娱乐消费，如家庭大屏端和移动终端上的付费视频；二是以支付宝和微信支付为代表的移动支付工具已经渗透到各类互联网应用，使在线支付更加便捷和安全，2017年我国移动支付用户规模持续扩大，用户使用习惯进一步巩固，网民在线下消费使用手机网上支付比例由2016年底的50.3%提升至65.5%[1]；三是互联网中内容市场的激烈竞争催生出差异化、精品化、具有付费价值的精品内容，其中也有传统媒体人转型互联网内容创业的贡献；四是监管层面加强对数字内容的版权保护，也提升了民众的知识产权意识和付费意愿。

互联网内容付费的类型可根据产品形态划分为：视频付费、文学付费、问答付费、电台付费、音乐付费和资讯付费，[2] 基于媒体融合的趋势，且就主流媒体商业模式转型方向而言，以下把用户付费的媒体产品分为知识型和娱乐型进行案例梳理。

（1）娱乐型

目前互联网内容付费市场中的娱乐型内容主要有视频、音乐和文学，而网络视频市场的规模最大，且付费意愿也较高。据统计，基于海量用户规模和日益便利的网络支付，2017年国内网络视频用户付费比例达到42.9%，同比增长7.4%。[3] 网络视频付费的动机，除上述内容付费所共有的四个因素外，还有一个重要驱动力——互联网平台的激励作用。在平台主导下，围绕流量和质量等指标在平台方和内容方之间逐渐形成了一套共享共赢的收益分成机制，以市场化手段促进了内容供应的生命力。

---

[1] CNNIC：《第41次〈中国互联网络发展状况统计报告〉发布》，2018年1月31日。
[2] 《中国互联网内容付费市场专题分析2017》，https://www.analysys.cn/analysis/trade/detail/1001103/。
[3] CNNIC：《第41次〈中国互联网络发展状况统计报告〉发布》，2018年1月31日。

芒果TV是湖南广电集团旗下发展网络视频业务的唯一新媒体机构，由湖南快乐阳光互动娱乐传媒有限公司负责运营，自2006年成立，通过数年发展形成以"芒果TV"为品牌的产业格局，包括芒果TV（互联网电视、PC端应用、手机和平板电脑的移动端应用），运营商业务以及移动增值业务等全终端业务。2014年4月，在湖南广播电视台"芒果独播"战略的版权政策支持下，芒果TV进入了前所未有的迅猛发展时期，打破了多年来电视台为视频网站提供版权内容的配角身份，直接参与视频网站的竞争。据湖南快乐阳光互动娱乐传媒有限公司在2018年4月发布的2016年、2017年审计报告及财务报表，芒果TV 2017年营业收入约33.85亿元，较上年增长86%，净利润4.89亿元，同比增长270%。各项收入增长迅猛，广告、会员、运营商服务收入相比2016年分别同比增长65%、126%、99%，成为国内主流视频市场中第一个实现盈利的综合性视频平台。[1] 从营收模式上看，多元化的收入结构凸显出芒果TV的融合发展态势。与目前市场上排在最前列的视频平台相比，芒果TV虽然并非营收体量最大，但拥有广告、会员、运营商服务、内容运营收入等更多元健康的收入来源。广告、会员、运营商服务及内容运营收入占总收入权重98%，其中会员收入权重12%，较同期提升2个百分点。由此可见，传统广电媒体在探索内容付费的道路上，至少拥有内容原创能力和专业内容独播版权这两方面的优势。

爱奇艺是网络视频平台中的领军者，其在App Annie2017年上半年中国iOS应用商店在线视频应用收入排名中位居第一，[2] 在易观国际的综合视频类移动应用月活排行中也位列第一，其2018年4月的活跃用户数超过5.1亿，位居其后的是腾讯视频（4.8亿）、优酷（4.3亿）、芒果TV（6200万）、搜狐视频（3500万）。爱奇艺设立了多层次用户付费体系——黄金VIP会员、钻石VIP会员、白银会员和文学包月，提供多样化的付费选择，可以满足不同类型的用户需求和付费意愿。其中，爱奇艺为VIP会员提供视频观看之外的

---

[1] 《芒果TV官方网站公布的公司业务动态》，http://corp.mgtv.com/news/dynamics/。
[2] 《中国互联网内容付费市场专题分析2017》，https://www.analysys.cn/analysis/trade/detail/1001103/。

多元服务，包括超值电影票、爱奇艺商场购物折扣、游戏特权以及线下参与明星见面会、首映会和综艺录制等特权，进一步增强用户黏性。此外，爱奇艺的内容精品战略还体现在六个层次的网剧合作分账模式，根据网剧的质量水平，采取不同程度的风险共担、收益共享标准，以达到激活内容生产力，供应更多有价值内容的目的。

近年来快速发展的短视频和直播也在探索用户付费模式，例如对视频创作者和主播的打赏。总体而言，内容付费在短视频市场的发展仍处于初始阶段，主要集中在课程教学与各类细分领域的咨询服务方面。实际上，短视频由于时长较短，在内容深度上有较大的限制，内容直接变现的实施难度较大，还需要更多地尝试鉴定其可行性。[1] 尽管如此，2017年短视频市场中的黑马"抖音"基于算法推荐技术的个性化视频推送，将会带来更精准的用户触达，或许有助于促进用户付费。

（2）知识型

知识型内容付费可以从两方面定义。从供给方来说是"知识变现"，即知识生产者通过互联网平台分享自己的知识并获得报酬[2]；从需求方来说是用户处于明确求知目的，对在线碎片化知识服务的付费购买行为[3]。据统计，2017年中国知识付费产业规模约49亿元，长尾市场占据40%营收份额，[4] 这与移动传播时代个人化的内容消费特征是一致的。基于这一背景，创造优质内容是知识生产者、知识产品聚合平台以及知识消费者共同的诉求，而将优质内容精准推送给有相应需求的用户，促成用户付费行为，是知识付费商业模式亟待解决的关键问题。得到、知乎和喜马拉雅是目前知识付费市场中运营较为成熟的平台级产品，以下将逐一分析其用户付费模式。

---

[1] 《2017年上半年中国短视频市场研究报告》，http://www.iimedia.cn/56105.html。
[2] 《突破—整合—发展：2017年知识变现平台分析》，https://www.analysys.cn/analysis/trade/detail/1000964/。
[3] 《2018中国在线知识付费市场研究报告》，http://report.iresearch.cn/report_pdf.aspx?id=3191。
[4] 《2018中国在线知识付费市场研究报告》，http://report.iresearch.cn/report_pdf.aspx?id=3191。

得到 App 自 2016 年上线以来，持续邀请优质内容生产者入驻，形成了订阅专栏、每天听本书、大师课、精品课、电子书和知识新闻等知识服务体系，目前的核心业务是订阅专栏和每天听本书两个模块。前者提供版权及内容，通过辅助讲师传递知识；后者提供知识转述版权，通过专业讲师的转述，帮助用户快速扫描书籍内容。得到 App 还为用户提供知识学习工具，例如学习记录和知识清单等功能，并且通过用户站内收听和浏览行为进行用户轨迹分析，提供个性化学习进程管理。

知乎于 2011 年上线运营，是国内较早出现的知识分享平台，从 2016 年开始设立知识付费业务。目前，知乎 Live 是其付费业务的核心，用户基于对已有个人影响力的品牌答主的信任，付费进入问答现场，参与答主短时、单场次的实时互动。此外，还有针对较为专业问题的付费咨询服务，以及针对系统性知识的电子书购买，在 2017 年 9 月上线的知乎私家课，则提供优秀答主以"文字 + 音频"形式的在线课程服务。

喜马拉雅上线于 2012 年，是国内较早的音频分享平台，2015 年 11 月上线付费精品专区，首个产品《好好说话》首日销售额达到 500 万元。喜马拉雅在有声书、相声等休闲内容付费领域有多年经验积累，为在线课程和书籍解读的新业务奠定了基础。在产品形态上，平台上兼有免费和付费的多元业务，还发布了自产智能硬件，将知识付费服务渗透到更多用户群体和消费场景中。

五、管理融合

管理融合有两层含义，一是指国家相关管理部门针对互联网内容的法规体系和执法制度逐步完善，对民营互联网企业和主流媒体发布的内容实现统一尺度管理；二是主流媒体集团要对其网上网下的传播内容"统一管理度量衡"。

（一）2017 年我国媒体行业监管重点

1. 网络版权保护日益规范

移动互联网时代，网络版权的创作传播更加丰富、交易使用更加便捷、应用转化更加广泛，版权已成为互联网产业发展的重要基础性资源。网络视频、网络游戏、优质 IP 凸显了版权资源的价值，充分证明了网络版权行业的发展前景。《2017 中国网络版权发展报告》显示，中国网络版权产业规模大幅增长。2016 年中国网络核心版权产业的行业规模突破 5000 亿元，比 2015 年增长了 31.3%，2017 年网络版权行业更加呈现出快速增长的发展态势，产业结构多元化发展，用户付费内容发生结构性转变，迎来了发展过程中的黄金时期。

行业的快速发展推动了网络版权监管力度的加强。2017 年，国家版权局继续开展对 20 家大型视频网站、20 家大型音乐网站、8 家网盘、20 家大型文学网站版权的重点监管。责令 16 家网站下架侵权作品 1128 部，公布 11 批共计 182 部重点作品版权保护预警名单，下线盗版链接 24845 条。

对新闻版权内容保护制度的缺失，不仅严重侵犯了新闻媒体的权益，降低了新闻工作者的积极性，阻碍了新闻媒体在融合发展过程中的探索创新，更加影响了整个传媒行业的健康发展。针对这一问题，2017 年 4 月 26 日，在"2017 中国网络版权保护大会"上，由人民日报社、新华社、中央电视台等 10 家主要中央新闻单位和新媒体网站联合发起了"中国新闻媒体版权保护联盟"。该联盟将在新闻作品版权统一管理、制定版权合作规则、组织共同议价、支持成员单位维权等方面发挥重要作用，并将积极帮助成员单位依托现行法律规定，进行有效的版权保护，实现资产权益的最大化。同日，全国有 115 家报纸、期刊、电台、电视台共同发布了《关于加强新闻作品版权保护的声明》，该声明明确了各大媒体机构重要的版权资产，强调新闻媒体、网络服务商和个人应严格遵守著作权相关法律法规，对于未经许可使用新闻作品的违法行为严格依法追究侵权责任。

2017 年 7 月 25 日，由国家版权局、国家互联网信息办公室、工业和信息化部、公安部在京联合启动的"剑网 2017"专项行动，聚焦新闻出版影视行业的网络版权保护，电子商务平台和移动互联网应用程序（App）领域的版权整治，以规范影视和新闻作品网络版权秩序为重点任务，严厉打击各类网站、移动客户端、自媒体传播侵权盗版作品行为，集中整治电子商务平台、App 商店版权秩序，巩固网络文学、网络音乐、网络云存储空间、网络广告联盟版权治理成果。该专项行动共检查网站6.3万个，关闭侵权盗版网站2554个，删除侵权盗版链接71万条，收缴侵权盗版制品276万件，立案调查网络侵权盗版案件543件。不仅强化了互联网企业的主体责任，而且维护了良好的网络版权秩序。

2. 互联网新闻信息监管逐步完善

（1）监管制度逐步完善

2017年6月1日，新版《互联网新闻信息服务管理规定》正式实施。该规定将微信公众号、网络直播等各类新媒体纳入了管理范畴，指出通过互联网站、应用程序、论坛、博客、微博客、公众账号、即时通信工具、网络直播等形式向社会公众提供互联网新闻信息服务，均应取得互联网新闻信息服务许可，禁止未经许可或超越许可范围开展互联网新闻信息服务活动。在内容管理方面，强调互联网新闻信息服务提供者及其从业人员不得通过采编、发布、转载、删除新闻信息，以及干预新闻信息呈现或搜索结果等手段谋取不正当利益。

《互联网信息内容管理行政执法程序规定》同日开始施行，对违反有关互联网信息内容管理法律法规规章的行为实施行政处罚，要求互联网信息内容管理部门建立行政执法督查制度。

（2）监管政策开始落地

政策规定的出台，需要通过落地执行，才能推动行业的有序发展。2017年，地方网信办积极推进政策执行，并取得了有效成果。2月4日，北京市网信办、市公安局、市文化市场行政执法总队赴梨视频开展联合执法检查，责令其立即停止违法违规行为，进行全面整改。经查，由北京微然网络科技有限公司运营的梨视频在未取得互联网新闻信息服务资质、互联网视听节目服务资质情况下，通过开设原创栏目、自行采编视频、收集用户上传内容等方式大量发布所谓"独家"时政类视听新闻信息。

3. 互联网直播服务监管规范化

2017年我国网络直播市场整体营收规模达到了304.5亿元，较2016年增长了39%，成为网络文化市场的重要组成部分。但截至2017年末，从事或开展网络直播服务业务的公司，比2016年减少了近百家。面对乱象丛生的网络直播市场，陆续出台的法律法规和查处行为无疑使互联网直播服务监管更加规范化。

（1）行业整改推动健康格局逐步形成

继 2016 年《互联网新闻信息服务管理规定》《网络出版服务规定》《文化部关于加强网络表演管理工作的通知》《关于加强网络视听节目直播服务管理有关问题的通知》《网络表演经营活动管理办法》《互联网直播服务管理规定》等法律法规的相继出台，2017 年成为直播行业整顿洗牌的重要一年。

2017 年 2 月 21 日，根据《互联网文化管理暂行规定》等相关法律法规，上海市网信办会同市文广局、市网安总队、市文化执法总队，就直播中的低俗色情问题依法联合约谈熊猫直播和全民直播，要求上述直播网站进行全面整改。4 月 2 日，国家网信办协同有关部门依法依规在应用商店下架并关停了包括"红杏直播""蜜桃秀"等在内的 18 款直播类应用。4 月 18 日，北京市网信办、市公安局、市文化市场行政执法总队联合约谈今日头条、火山直播、花椒直播，责令上述网站立即停止违规行为并限期整改。5 月 8 日，北京市网信办针对新浪、网易、凤凰、腾讯等网站屡次在互联网直播中违规提供互联网新闻信息服务，责令网站立即停止违法行为，关停违规功能，限期整改。6 月 29 日，文化部对 50 家主要网络表演经营单位进行集中执法检查，依法查处虎牙直播、YY 直播、龙珠直播、火猫直播、秒拍等 30 家内容违规的网络表演平台。7 月 12 日，国家网信办发出通知，要求全国互联网直播服务企业自 7 月 15 日起，向属地互联网信息办公室进行登记备案工作。此次备案主体为从事互联网新闻信息转载服务、传播平台服务的互联网直播服务企业（包括开办直播栏目/频道的商业网站新闻客户端），以及其他类互联网直播服务的企业。

（2）网络直播服务监管有待完善

首先，虽然相关法律法规都明确了平台的主体责任，并在审查方面提出了详尽的要求，但实际效果并不理想。由于现有法规对内容审查制度的规定过于笼统，对许多网络直播或提供直播服务的平台难以做到事前或即时审查直播内容，一旦出现问题，其主要通过删除视频或开除主播的方式逃避平台自身的责任，不利于监管工作的开展。

其次，现阶段互联网直播监管主要强调对直播平台和网络主播的监管而忽略对用户的监管。实际上，互联网直播服务的参与主体也包含观看直播节目并参与互动的用户。对此，《互联网直播服务管理规定》指出，"用户在参与直播互动时，应当遵守法律法规，文明互动，理性表达"，而实际监管过程中，对用户的参与行为仍缺乏明确的规定和实际的管控。

此外还存在监管缺位问题。《网络表演经营活动管理办法》明确禁止使用未取得文化行政部门内容审查批准文号或备案编号的网络游戏产品，进行网络游戏技法展示或解说，而在虎牙等各大直播平台仍存在大量未经批准的游戏专区，境外游戏尤为严重。

4. 互联网平台责任意识显著提升

互联网平台企业是网络监管过程中的重要主体，伴随互联网行业的规范化和平台企业的规模化发展，互联网平台自身责任及自律意识逐步增强，积极承担部分治理责任，在自身建设和用户管理方面进行创新探索。

（1）平台规则制定逐步完善

互联网平台主动对平台秩序和用户进行管理。2017年9月8日，微博官方发布《关于微博推进完成账号实名制的公告》明确指出，9月15日之前（包含2011年之前注册的用户）均需要完成实名微博认证，否则无法再发送新微博以及评论。与此同时，新浪微博将向第三方开放授权登录服务，使用微博授权登录等同于该用户在第三方实名登录。此种"前台自愿、后台实名"的方式，能够在一定程度上保护公民的个人信息，同时提升网络信息的真实性，净化网络环境。在此之前，新浪微博还发布了《微博社区娱乐信息管理规定》，就用户发布娱乐信息做出规范，演艺人员在发布娱乐信息时应避免恶意炒作。对于以跟踪、偷拍等为噱头，以组织化公司化形式低俗炒作渲染的，一经发现直接予以删除内容或关闭。

（2）平台强化内容监管力度

国家层面对互联网内容监管的高度重视，促使互联网平台加强了内容监管力度，通过利用技术提高内容审核效率、改进内容管理机制等方式，进一步提升互联网平台的企业形象，维护网络公共安全。

2017年6月9日，QQ公众平台发布《对于娱乐质量违规账号的处罚通告》，指出打击问题包括不限于：渲染演艺明星绯闻隐私；内容低俗媚俗；造谣、传播虚假内容；借娱乐话题内容插入营销软文广告；标题党，蓄意夸张，过度解读等。

12月20日，腾讯发布《2017腾讯公司谣言治理报告》，显示截至2017年底，腾讯辟谣文章阅读总次数达8亿次，拦截谣言超5亿次，辟谣榜单研究报告累计发布76个，辟谣专家和机构合作方达1304家。

12月21日，今日头条发布报告称，2017年今日头条每天识别疑似侵权视频5万余条，累计处罚抄袭11253次，封禁抄袭账号2056个，全网累计确认抄袭侵权超过22万篇，维权成功超过16万篇，帮助创作者完成维权赔偿累计超过18万元。

（二）互联网内容管理法规体系和执法制度逐步完善

近年来，我国互联网内容监管的政策和规定日臻完善，《互联网新闻信息服务管理规定》《网络安全法》《互联网信息搜索服务管理规定》《互联网直播服务管理规定》《互联网跟帖评论服务管理规定》和《互联网论坛社区服务管理规定》等法规相继出台，其监管范畴已基本涵盖互联网内容业务的方方面面，监管部门和互联网平台在互联网内容监管中各自的责任和义务已基本明确。

实践中，监管部门在执法层面也进行了一系列创新，先后实施了"约谈制度"和"封号处罚"等监管手段。自2015年4月中央网信办正式发布《互联网新闻信息服务单位约谈工作规定》以来，"约谈制度"已经成为我国互联网主管部门"事中监管"的主要措施；另外，对于一些长期存在导向不正、格调低俗等问题的互联网平台和产品，监管部门根据《网络安全法》和《互联网新闻服务管理规定》也给予了封号等严厉的处罚。

（三）内容审核机制基本建立，相关技术开始应用

目前，国内主流媒体针对自身生产的全媒体内容建立了严格的审核把关制度，对新媒体端口上发布的内容比照传统媒体实行了"三审三校"，一些主流媒体对涉及重点人物和话题的新媒体内容还实行了"四审"制度，并且

针对新媒体端口的内容发布专门制定了一系列内部规章制度，严格落实主体责任，严防导向差错。

在内容审核管理技术的应用方面，目前各地主流媒体应用较多的依旧是传统的敏感词过滤技术。也有一些地方主流媒体已经开始利用大数据进行内容传播效果的实时监控和舆情风险提示。比如南方报业集团的财经全媒体，就在2018年"两会"前引入南方舆情数据研究院的专项技术，实时跟踪集团旗下媒体刊发稿件的转载传播情况，重点分析传播热度增长较快的稿件，提前感知舆情风险，最大限度避免导向管理出现漏洞。

结　语

在习近平总书记关于互联网发展和媒体融合战略思想的指引和推动下，我国主流媒体在内容、渠道、平台、经营和管理等五个融合方面积极探索，一些主流媒体集团在实践中形成了具有一定推广价值的经验。如前文所述，在内容融合方面有人民日报社的"中央厨房—全国党媒信息公共平台"模式、新华社的"现场云"模式以及原中央电视台的"央视新闻移动网"模式，也有"三圈环流、移动优先"的浙报集团模式、"一报一端"的上海报业集团模式和"中原云"＋"新闻岛"的河南广电模式；在渠道融合方面有湖南广电芒果TV的"多端打通，软硬一体"模式等；在平台融合方面有以湖北广电集团"长江云"和天津广电集团"津云"为代表的"以政务服务为引导的综合服务模式"、浙江日报集团的"新闻＋服务"模式和上海东方网的"精准分发＋社区服务"模式。在新时代的深度融合中，这些成功模式可以作为各地各级媒体的参考经验。

在调研中我们也发现，有相当一部分主流媒体在融合发展方面仍停留在"＋互联网"阶段，忽视了互联网时代，媒体与社会，特别是与人民群众建立普遍而稳固的、基于互联网的连接的重要性，没有深刻认识到"互联网＋"是实现媒体融合的根本点，没有以互联网的技术为基本技术、互联网连接为基本连接、互联网平台为基本平台推进媒体融合。这是主流媒体在深度融合阶段应当吸取的教训。

以往的实践告诉我们，只有通过"互联网+"来推动媒体深度融合，才能实现建设现代传播体系的战略目标。为此，我们需要从多方面完善政策供给，为深度融合提供人、财、物等资源的制度保障。我们还应支持主流媒体实现核心技术突破，引导主流媒体加强在算法、内容识别和管控等技术和应用方面的自主研发能力，这样才能实现在同量级和同源技术手段支持下与互联网平台同场竞争。

当前互联网发展平台化、移动化和智能化的趋势正以相辅相成的作用力，重新定义人类信息传播和媒体活动的基本形态。对主流媒体而言，有自主可控的平台才能汇聚各方数据，有移动端口才能源源不断地创造数据，有智能技术才能高效高质地应用数据。主流媒体机构在深度融合发展过程中，需要继续遵循新闻传播规律和新兴媒体发展规律，继续强化互联网思维，从前期实践中吸取经验教训，以建设自主可控平台为目标，进一步扩大和巩固主流媒体在网络空间中的阵地，提升主流媒体对于网络舆论的引导力和控制力。

（2018年5月）

第二章

融合媒体发展之高端声音

加快实现深度融合　全力打造新型主流媒体

◎ 庹　震

党的十八大以来,以习近平同志为核心的党中央作出推动传统媒体和新兴媒体融合发展的战略部署,习近平总书记多次就推动媒体融合发展发表重要讲话,作出深刻阐述,提出明确要求,为我们在新形势下推进媒体融合发展指明了前进方向,提供了根本遵循。

近年来,人民日报认真贯彻落实习近平总书记重要讲话精神,在中宣部精心指导下,深入推进媒体融合发展,取得了显著成效,实现了全媒体平台新闻生产策划、采集、编辑、发布流程一体化,搭建起了支撑优质内容生产的全媒体平台"中央厨房"。人民日报客户端累计下载量达2.48亿,法人微博总粉丝数近1.1亿,微信公号关注人数超2000万,在主流媒体中均位居前列。人民网日常传播覆盖超过2.58亿用户。"人民数字"2万余块电子阅报栏遍布全国各地。改版后的人民日报英文客户端,成为海外受众了解中国的崭新窗口。海外社交媒体建设也取得长足进展。借力融合发展,人民日报涌现出一批提笔能写、对镜能讲、举机会拍的多面手,推出了《中国一点都不能少》图解新闻、《军装照》H5、《两会夜归人》短视频、《中国很赞》手指舞等一批广泛传播的现象级、标杆性产品,激发了新闻生产力创造力。人民日报这几年融合发展的实践证明,党中央关于推进媒体融合发展的决策部署是完全正确的。媒体融合发展前景广阔,大有可为。

2018年6月15日,习近平总书记在致人民日报创刊70周年的贺信中,对构建全媒体传播格局提出明确要求,人民日报将不辜负习近平总书记的殷切期望，在巩固已有实践成效基础上，学习借鉴各兄弟媒体的好经验好做法，加强与各类具有社会责任感的、优秀的互联网企业合作，借力新技术发展成果，再接再厉，开拓进取，努力在媒体深度融合上再上新台阶。

一是坚持以正确舆论导向引领融合发展。习近平总书记在全国宣传思想工作会议上指出，"要把握正确舆论导向，提高新闻舆论传播力、引导力、影响力、公信力，巩固壮大主流思想舆论"。作为主流媒体，我们推进融合发展的方法、路径可以多种多样，推出的融媒体产品可以千姿百态，流程、渠道、技术、经营和管理方法可以不断变化，但坚持正确舆论导向永远不能变。我们要增强"四个意识"，坚定"四个自信"，坚持正确的政治方向、舆论导向、价值取向，自觉承担起举旗帜、聚民心、育新人、兴文化、展形象的使命任务，紧紧围绕"两个巩固"的根本任务，紧紧围绕党的基本理论、基本路线、基本方略和党中央重大决策部署，做大做强正面宣传，通过深度融合，推出更多融媒体产品，深入宣传阐释习近平新时代中国特色社会主义思想，精心组织主题宣传、形势宣传、政策宣传、成就宣传、典型宣传，科学有效开展热点引导和舆论监督，形成强大主流舆论场，努力使正能量更充沛，主旋律更响亮。

二是坚持以内容优势赢得发展优势。习近平总书记指出，"对新闻媒体来说，内容创新、形式创新、手段创新都重要，但内容创新是根本的"。对于主流媒体，优质内容永远是最核心的竞争力。我们要遵循新闻传播规律和新兴媒体发展规律，强化互联网思维，以新思维、新制作、新业态改造内容、提升质量，把高质量发展的要求落实到各方面、全流程，全面提升内容生产水平，打造更多具有主流媒体气质和品格的新闻产品。要坚持不懈改善优质内容供给，打造专业、深入、独家、权威的优质内容，让新闻内容有思想、有温度、有品质、接地气，让人们想看、爱看，让党的声音直抵人心、温暖人心、鼓舞人心、凝聚人心。要增强用户意识、受众意识，用网民喜闻乐见的语言，易于接受的方式，用个性化制作，可视化呈现，互动化传播，提升优质内容阅读率、到达率、点赞率、转发率，使我们的用户规模不断扩大、用户黏性不断增强。

三是坚持以开拓创新推动深度融合。习近平总书记指出，"要研究把握现代新闻传播规律和新兴媒体发展规律，强化互联网思维和一体化发展理念，推动各种媒介资源、生产要素有效整合，推动信息内容、技术应用、平台终端、人才队伍共享融通"。融合发展是媒体的一场自我革命，同时也是实现巩固壮大主流思想舆论目标的机遇。我们要不断开拓创新，紧抓历史机遇，研究把握互联网传播规律，不断探索深度融合发展新径，打造顺应时代趋势、适合自身实际和特点的体制机制。要紧跟信息化发展趋势，始终保持新技术敏感性和前瞻性，瞄准先进技术、实用技术，以技术更新业态，以技术丰富表现，以技术促进融合。截至 2018 年 6 月，我国网民规模达到 8.02 亿，其中手机网民规模达 7.88 亿，绝大多数网民通过手机接入互联网。这提示我们，移动端是未来融合发展的制高点。要把创新的重点放到移动端上来，把人财物等更多投入到移动端上来，开发大数据，运用云计算，加速构建新的技术支撑体系，构建适应移动采编和移动管理的新模式，重点建设好、使用好、管理好新媒体聚合平台，发挥人民日报"中央厨房"的作用，增强吸纳能力，提升服务水平，推出更多适应移动端的、具有聚合效应的现象级产品，更好地吸引用户、赢得用户。

（作者为人民日报社总编辑）

（在 2018 媒体融合发展论坛上的致辞，2018 年 9 月）

深化媒体融合
推动广播电视高质量发展

◎ 聂辰席

党的十八大以来,以习近平同志为核心的党中央高度重视媒体融合发展,习近平总书记作出一系列重要论述。习近平总书记在党的十九大报告中强调,要"坚持正确舆论导向,高度重视传播手段建设和创新,提高新闻舆论传播力、引导力、影响力、公信力",进一步为深化融合发展指明了方向、提出了任务、明确了要求。国家广播电视总局深入学习贯彻习近平新时代中国特色社会主义思想,特别是习近平总书记关于媒体融合发展的重要论述,深入贯彻党的十九大精神,牢固树立"四个意识",把媒体融合作为关系广播电视前途命运的战略工程,牢牢把握高质量发展的根本要求,推进全国广播电视媒体增强危机感紧迫感,在思想认识上再深化,在资源配置上再倾斜,在工作推进上再抓紧,在方法举措上再创新,尽快从"相加"迈向"相融"。2017年6月,总局发布行业"十三五"发展规划,把融合发展作为"十三五"广播电视全面转型升级的突破口,对融合发展项目给予重点支持。2018年,总局以机构改革为契机,更加聚焦广播电视高质量发展和融媒体发展,坚持分类指导,完善顶层设计,加大融合项目建设力度,强化融媒体内容创作生产传播。当前,广播电视媒体融合发展的基础更加扎实、机制更加完善、效果更加显著,广播电视主流媒体的传播力、引导力、影响力、公信力进一步增强。

一、坚持正确方向，增强习近平新时代中国特色社会主义思想的融合传播能力

习近平总书记强调，构建网上网下同心圆，巩固全党全国人民团结奋斗的共同思想基础。把握习近平总书记的重要要求，总局在指导推进广播电视媒体融合进程中提出，无论媒体格局如何变化，都必须坚持党性原则，坚持党媒姓党，坚持喉舌性质，切实履行党的新闻舆论工作"48"字职责使命，让近平新时代中国特色社会主义思想和党的十九大精神深入人心，确保主流舆论阵地不断壮大、主旋律正能量更加强劲。

一是坚决维护核心、深入宣传核心，始终让党的主张成为时代最强音。这是各类广播电视媒体的首要政治任务。总局推进各级广播电视把习近平总书记核心地位宣传放在首位，强化广播电视媒体"头条"建设和视听新媒体"首页首屏首条"建设，全媒体展现习近平总书记的领袖风范、雄才大略、为民情怀和非凡魅力。全网推送的原创时政微视频《初心》总阅读量达12.36亿，创下时政微视频传播新纪录。新媒体品牌栏目《习声回响》全媒体开展总书记相关报道，在海内外广泛传播。

二是深化主题主线融合宣传，唱响时代主旋律。媒体融合极大拓展了广播电视重大宣传报道的平台和渠道。去年以来，总局围绕迎接宣传贯彻党的十九大这一主线，贯穿全国"两会"、香港回归20周年、建军90周年、金砖国家领导人会晤等党和国家重大宣传节点，实施融媒体宣传报道一体化统筹，推动各级广播电视传统媒体和新媒体同频共振，全方位、多层次、多媒体开展重大主题宣传。比如，十九大期间，全国有5.62亿观众通过电视和视听新媒体等多种方式收看开幕会直播，4.07亿用户收看新一届中央政治局常委记者见面会直播，均创收视新纪录；广东台融媒体产品"触电新闻"的"十九大频道"发布6234条相关内容，点击量达2.2亿次。今年，中央广播电视总台以全媒体形态开展博鳌亚洲论坛和上合组织青岛峰会宣传报道，产生了良好传播效果。

三是采取多样化表达，提升正面宣传吸引力感染力。强化广播电视融合思维，适应分众化需求，丰富宣传手段，形成多层次、多声部、差异化、特色化的主流舆论矩阵。去年以来，全国广播电视运用丰富多样、感染力强的节目形态和技术手段，掀起学习宣传习近平新时代中国特色社会主义思想和党的十九大精神的热潮。中央三台推出了《新时代》《党代表的圆桌会》《中国大格局》等一批有特色有创意的融媒体主题报道，反响热烈。上海台"阿基米德FM"推出《听总书记讲故事》《同心圆》等短音频，在"学习同心圆"社区中投放，营造了基层学习十九大精神的良好氛围。河北台"冀时云"推出《十九大代表来电话了》等15个系列H5原创作品，总点击量近4000万。观众普遍反映，融合报道更接地气、更好看了。

二、坚持创新为要，加快打造广播电视智慧融媒体

习近平总书记指出，做好宣传思想工作比以往任何时候都更加需要创新，强调要坚持先进技术为支撑、内容建设为根本，打造一批新型主流媒体。总局贯彻落实习近平总书记重要指示，围绕打造智慧融媒体，践行新发展理念，推动内容创新、产品创新、手段创新，努力增强广播电视媒体内生动力、释放发展活力、壮大整体实力。

内容创新就是围绕提升核心竞争力，打造融媒体传播内容精品。内容是深化融合的基础，媒体融合成果最终也要通过内容体现出来。总局坚持内容为王，推动广播电视发挥传统优势，创新运用微视频、移动直播、互动产品、动画、H5等多种表现形式，不断推出适合融媒体传播的优质内容。时政微视频《习近平为你描绘"新时代"》以总书记原声、三维抠像、三维包装、航拍等多种艺术技术表现形式，让网民300秒看懂十九大报告。创意H5《习近平的运动手环》，以动画呈现习近平总书记五年来改革攻坚和开创大国外交的"路线图"，两天便获得网民点赞850万次。《老外在中国》系列微视频，以独特国际视角展现中国发展成就。浙江台"中国蓝新闻"以热点新闻、热门事件为主要内容，在"准""新""微""快"上下功夫，打造与主流媒体

品格和气质相一致的移动新闻精品。

产品创新就是围绕扩大新闻传播覆盖面,打造特色融媒体产品。指导各级广播电视媒体坚持移动优先战略,顺应多元化、碎片化传播趋势,从"两微一端"迈向"三微一端",打造移动化、立体化传播矩阵,创新推出具有广电特色的融媒体产品。湖南台上线新闻类客户端"芒果云",推出20余个内容丰富的视频版块,开展100多场直播。山东台上线"闪电新闻"客户端,以权威发布、视听直播、可视化表达为特色,突出资讯发布的快速、准确、权威、多样,积极占领移动互联网舆论阵地。广东台上线移动音频应用"粤听",致力打造全球最大的粤语移动电台。各级广播电视各类"三微一端"产品或立足本地化垂直服务,或提供分众化视频服务,或开展社区化运营,已逐渐成为新闻传播的重要平台。如广东花都台微信公众号粉丝量超过25万,成为当地群众掌握本地资讯的第一渠道。

手段创新就是围绕提高融媒体制播能力,加快融媒体平台建设。鼓励支持有条件的广电机构建设融合媒体制播云平台和服务云平台,提升平台建设、内容生产、分发传播、协同覆盖、智能终端、优质服务全流程智能化水平。2018年1月,总局发布《广播电视台融合媒体互动技术平台白皮书》,加强技术领域的顶层设计。全国各级广播电视因地制宜,融媒体平台建设明显提速。以中央人民广播电台"中国广播云采编系统"、中国国际广播电台"中华云"系列和中央电视台"央视新闻移动网"为代表的"国家队"融媒体建设成效显著。融媒体中心建设在大部分省份全面铺开,北京、上海、浙江等具有先发优势的省(市)级融媒体中心不断完善升级,如江苏台推进"荔枝云"常态化应用,公有云和私有云产品服务更加丰富;其他省份如四川"云里"、吉林"天池云"、江西"赣江云"等一些特色鲜明的融媒体中心也逐步落成。

三、坚持以科技进步为支撑,加快"智慧广电"建设

习近平总书记强调,要把握数字化、网络化、智能化融合发展的契机,

以信息化、智能化为杠杆培育新动能。广播电视媒体融合根植于科技创新，新形势下必须坚持以科技创新引领行业融合发展、优化升级。总局深入实施"智慧广电战略"，推动互联网、大数据、云计算、人工智能与广播电视有机融合，打造全媒体全功能服务，实现存量转型、增量更新、质变重塑，努力夯实广播电视融合发展的物质技术基础。

一是着眼提高融合业务承载能力，加快下一代广播电视融合网建设。广播电视网络是融合发展的基础设施。总局统筹有线、无线、卫星，向天地一体、互联互通、宽带交互、智能协同方向发展，加快构建宽带、融合、安全、泛在的新一代广电信息基础设施。全国有线数字电视双向网络覆盖用户已超过1.59亿，下一代广播电视网（NGB）覆盖用户超过5500万，双向业务用户超过1500万。扎实推进全国有线电视网络整合和有线电视互联互通平台建设，加速全国有线电视网络业务、内容、平台、网络、终端共融互通，开展有线无线融合网试验，提升跨域服务能力、跨网传输能力和整体竞争能力。

二是着眼提供更高端更优质视听体验，加快高清、超高清电视制播能力建设。高清及超高清视频是广播电视的发展方向。总局把握趋势，加大电视高清化推进力度，力争高清频道尽快成为主流播出模式；鼓励有实力有条件的电视台开展4K超高清试验和服务，鼓励支持4K超高清内容制作生产，同时加快技术标准体系建设，夯实4K超高清电视发展基础。目前全国已批准开办151个高清电视频道，广东等地广电机构积极推进4K超高清电视研发与应用，已建成支持4K超高清电视播出的直播与点播平台，具备全程全网4K超高清电视播出与传输能力。高品质数字电视、双向交互高清电视逐步成为电视服务主流。

三是着眼拥抱万物互联和智慧社会，加快广电智慧生态圈建设。在信息技术和社会生活融合度越来越高的今天，广播电视已经从信息的生产者、传播者转型升级为生活方式的倡导者、组织者、提供者。总局鼓励支持广电机构探索推进广电特色新型家庭信息中心建设，既发挥电视终端大屏优势、提升视听体验、占领客厅阵地，又积极开发基于电视机顶盒、广电智能操作系统、广电智慧家庭App等的智慧家庭服务，通过大数据、物联网、VR、AR、人工智能等新技术实现科技沉浸、产品创新、智能交互，以丰富的业务、多样化的服务满足群众智慧家庭美好生活需求。同时，推动广电系统开发智慧社区、智慧城市服务，致力于打造"无时无疆"的智慧广电愿景，拓展新空间、形成新增长点。

四、坚持以改革促发展，推动媒体融合向纵深发展

媒体融合是广播电视行业的重大改革，必须坚持以改革精神来推进落实。总局认真贯彻习近平总书记关于全面深化改革的重要思想，以深化行业供给侧结构性改革为主线，以提升质量、提高效率、转换动能为重点，推动体制机制改革创新，为媒体融合向更深层次推进提供支持。

一是推进媒体内部架构流程再造。媒体融合发展，更重要的是实现生产方式上的融合。总局推动各级广播电视媒体强化互联网思维，打通制作生产、传播分发、内部管理各环节，努力实现制作流程一体化、资源共享便捷化、内容产品融媒化、传播推送个性化。中央电视台推进节目采集、制作、播出和分发流程再造，逐渐建立一体化协同制作、多渠道协同分发、多终端互动呈现、全媒体精准传播的新媒体传播体系。北京电台部分频率采编业务平台已实现全网全终端全媒体移动采编审、资源云存储、内容生产管理等功能。河南、山东、贵州等地的融媒体中心探索提供集中指挥、采编调度、高效协调、信息沟通等功能，实现了广电媒体管理扁平化、功能集成化和产品全媒化。

二是推进联合发展、互利共赢。引导支持广播电视媒体把握互联网传播规律，跨界跨地区开展合作，拓展融合方式和渠道。在广电系统内，既有"央媒搭台、大家唱戏"——"央视新闻移动网"吸引入驻矩阵号244家；也有省级范围内的联合发展，浙江广电以"中国蓝云"为依托构建全省县市融合传播体系，"视听甘肃"面向省内17个市县广电单位、省级职能部门提供内容发布平台；还有以市县为主体的地方广电跨区域联合发展，如山东台旗下的"轻快"手机台为基层特别是中西部地（市）县广电媒体融合发展、转型升级提供解决方案、技术支撑和服务平台。此外，广电媒体积极与其他类型

媒体以及商业平台加强联动，如山西台和山西日报共同组建"山西媒体智慧云"平台；广电媒体在新闻直播、短视频等领域与腾讯、微博以及优酷等视频网站开展合作，加强全覆盖的矩阵式直播报道。

三是推动管理改革创新。习近平总书记在十九大报告中强调，落实意识形态工作责任制，加强阵地建设和管理。深化媒体融合，既要加强管理，又要改进管理。总局着眼于管得到、管得住、管得好，深入实施管理创新工程，坚持网上网下一把尺子、一个标准，坚持日常监管和专项治理相结合、行政管理和行业自律相结合，确保融媒体导向正确、内容安全。今年上半年，严厉整治微视频等网络视听节目低俗之风，对"今日头条""快手"等进行了查处，维护风清气正的网络视听空间。总局加快融合监管系统建设，推进"全方位、全过程、全覆盖、全天候"监测监管，努力提高管理网络化、协同化、智能化水平，为融合发展提供保障。

总的来说，去年以来广播电视媒体融合取得了新进展新成绩，但必须看到，与中央的要求相比，与新媒体发展日新月异的速度相比，广播电视融合发展不平衡不充分的问题还比较突出。全国广播电视系统必须进一步增强责任感和紧迫感，以时不我待的精神加大融合力度，加快广播电视高质量发展，不断壮大主流舆论阵地，为服务党和国家工作大局作出新的更大的贡献。

（作者为中央宣传部副部长，国家广播电视总局局长、党组书记）

（2018年7月）

向创新要活力

◎ 慎海雄

2018年是改革开放40周年,也是新中国电视事业诞生60周年。这一年,中央广播电视总台成立,中国广播电视事业站在了一个新的起点上。习近平总书记致信祝贺中央电视台建台暨新中国电视事业诞生60周年,要求我们锐意改革创新,壮大主流舆论,努力打造具有强大引领力、传播力、影响力的国际一流新型主流媒体。习近平总书记的重要指示,为我们进一步加快创新发展指明了方向。

随着新媒体、新技术的迅猛发展,媒体融合进入了一个关键时期。媒体融合是媒体改革创新发展的大趋势,也是一场深刻的自我革命。曾经有个说法——大象也要学会跳街舞,用来形容技术革命引发的适应性变革。这个比喻也同样适用于媒体融合变革。中央广播电视总台作为目前全世界规模最大的主流媒体,在这一场变革中,必须赢得主动权、主导权,就像大象学会跳街舞一样,做到"大而强""大而活""大而美"。媒体融合要成功,大象要跳好街舞,我们认为关键是要提高以下五个方面的能力:

一是以内容创新为根本。习近平总书记指出,"对新闻媒体来说,内容创新、形式创新、手段创新都重要,但内容创新是根本的"。内容生产是媒体的看家本领,内容建设始终是媒体建设的重中之重。媒体融合深入发展,为内容生产开辟了更广阔的空间,也提出了更高的要求。我们要打破原有形态束缚和路径依赖,真正面向各类媒介载体、传播渠道生产适配内容,打造融媒体拳头产品和品牌;我们要紧跟分众化、差异化趋势,根据用户需求推动内容供给侧结构性改革，通过用户画像、场景匹配、智能分析等技术手段，为用户提供精准化、定制化、个性化的内容产品；我们要转变思维理念，创新话语表达，不断增强脚力、眼力、笔力、脑力，打造更多喜闻乐见、出新出彩的精品内容和新媒体产品，在满足需求中赢得受众，在提升供给中引领风尚。

总台组建以来，发挥国家媒体优势，聚力打造总台"头条工程"，从《新闻联播》头条延伸到"新媒体首页首屏首条"，确保新思想和习近平总书记风采"天天见、天天新、天天深"。把打造视频精品作为深化融合提升内容生产力的重要突破口，推出一系列精品时政微视频。其中，《初心》《公仆之路》最近获得了第二十八届中国新闻奖一等奖。抓住新媒体反应迅速的特点，精心打造了以移动端为主打、以"真短快活强"为特点的时政评论"央视快评"和国际问题评论"国际锐评"，做到了重要讲话、重大活动、重大事件必发声，发挥主流媒体"压舱石""定音锤"的重要作用。加强内容融合创新，先后推出《平"语"近人》《国家宝藏》《经典咏流传》《朗读者》《挑战不可能》《加油向未来》《中国诗词大会》等弘扬传统文化和时代精神的精品节目，在电视和新媒体上形成热播热议，在媒体融合的大环境下，以价值引领塑造精神高地，让主旋律成为时代最强音。升级"CCTV国家品牌计划"，开展"广告精准扶贫"和"国家重大工程公益传播"，以公益传播服务国家战略效果显著。

二是突出技术引领。习近平总书记指出，"推动媒体融合发展，要将技术建设和内容建设摆在同等重要的位置"，要"不断提高技术研发水平，以新技术引领媒体融合发展、驱动媒体转型升级"。技术是融合发展的重要推动力，也是广电媒体亟待补齐的短板。推动媒体深度融合，必须紧紧抓住大数据、云计算、人工智能、5G网络、4K8K超高清等新技术带来的发展契机，加快内部资源整合，构建总台统一的内容资源与用户数据共享库，努力提升核心技术的创新应用能力，为变革发展提供不竭动力。

目前，总台加快实现原中央三台信息内容、技术应用、平台终端、管理服务共享融通，全力打造媒体云IT基础资源支撑平台、新闻一体化云制作平台、大数据平台等技术支撑体系，建立电视及新媒体数据采集和分析平台，利用新技术抢占舆论制高点。深入研究运用人工智能、4K 超高清、5G 网络等新技术，全力推进 4K 超高清电视技术体系建设，开展 4K 超高清节目制作，努力实现跨越式发展。今年 10 月，我们开通了全国首个 4K 超高清试验频道，未来两年内实现主要电视频道 4K 超高清改造播出；2021 冬奥会前开通 8K 超高清试验频道。

三是打造自主平台。媒体要实现融合发展，首要的是打破自我设限，打造新型媒体平台。我们理解，新组建的"总台"已不再是传统意义上的广播电台、电视台的"台"，而是一个包含各种媒介、多种业务的超大型"媒体平台"。主流媒体不是自封的，要由用户说了算、影响力说了算。因此，一定要把平台打造成为一项系统工程，既要吸引用户、聚集用户，更要服务用户、沉淀用户；既要推出优质产品，更要着力构建内部可打通、外部可聚合的平台支撑体系；既要打造统一云平台，更要顺应渠道多元化、用户社群化的趋势，以内容品牌为核心，做好产品矩阵化、垂直化布局，有效运用商业网站、各类平台，更广泛触达用户，更深入服务用户，着力将总台各类媒体的传播优势切实转化为平台的用户优势。

半年多来，总台在原中央三台丰富的多媒体传播平台基础上，全力打造互联网站、客户端、手机电视、IPTV、互联网电视、户外电视等新媒体平台，构建一键多发、载体多样、渠道丰富、覆盖广泛的全媒体传播矩阵。其中，央视新闻新媒体总用户达 3.3 亿，央视影音客户端总下载量 7.4 亿，央广中国之声客户端播放量 4.6 亿，国广移动端总下载量 3.4 亿，中国国际电视台（CGTN）多语种全平台粉丝总数达 1.34 亿，英西法阿俄多个国际频道已在全球 150 余个国家和地区落地播出。世界杯期间，总台赛事总触达用户达 353.84 亿人次，其中新媒体端触达用户 232.86 亿人次，充分显示了总台全媒体平台矩阵的传播力。在今年的博鳌论坛、上海合作组织青岛峰会等重大报道中，三台合力，多终端联动，彰显总台全媒体传播力、影响力，获得中央领导的肯定和用户的认可。下一步，要做大做强新闻新媒体和视频新媒体旗舰平台，打造具有较强国际影响力的外宣旗舰平台，进一步壮大传播网络，抢占舆论制高点。

四是提高生态链接力。媒体行业已经由一个边界清晰、分工明确的行业，变成了一个由传统媒体机构、互联网平台、机构新媒体以及自媒体等多个角色构成，相互影响、相互依存的生态系统。互联网的竞争也是生态圈的竞争。生态系统的生存法则是协同共赢，必须着力提升"生态链接力"，打造完整的、良性的、有效的产业链和生态圈。生态链接不仅需要开放合作的意愿，也需要规则匹配、实现连接的能力。习惯于事业体制运作的广电媒体，更需要以积极开放的姿态，在广泛合作中补课学习、拓展优势、补足短板、实现共赢。

半年多来，总台广泛接触地方政府、互联网企业、电信运营商和国内外媒体同行，与阿里巴巴签订技术合作协议，为总台的云平台、大数据、移动客户端、信息化平台建设注入力量；与中国移动开展合作，在5G技术研发、4K超高清频道建设、内容分发等方面强强联手；与上海市政府构建全方位、深层次的战略合作关系，建立长三角总部、上海总站，并在内容生产、版权开发、产业拓展等方面探索协同共赢的新模式。

五是向体制机制改革要活力。中央领导同志在中央广播电视总台揭牌仪式座谈会上强调，要"依靠改革来疏通破解事业发展的堵点、难点，有什么问题就解决什么问题，怎样有利于工作就怎样解决"。媒体融合在不断取得突破和成绩的同时，我们也切实感受到了制约发展的"天花板"，如内部生产流程、技术架构、管理制度和新媒体发展还不够匹配，广电媒体和所属新媒体企业还存在未做到优势互补、协同发展等深层次矛盾和问题。总台推进媒体深度融合，进军互联网主阵地，就不能局限于在传统的机制上修修补补，不能在原有平台内绕圈子、打转转，要有壮士断腕的决心和勇气，勇于跳出条条框框，敢于打破瓶瓶罐罐，全面推进组织架构、资源配置、业务流程的改革重塑，尽快建立与之相适配的考核评估、人事用工、薪酬分配等管理体系和机制，确保融合出亮点、出成果。

总台组建以来，我们认真贯彻落实中央关于推进媒体融合发展的部署要求，努力探索广播与电视、传统媒体与新兴媒体、对内宣传与对外宣传、产业与事业融合发展的新路径、新机制，打破原有部门壁垒，实施跨媒体、跨领域、跨专业重组，实现融为一体，合而为一，持续产生"1+1+1>3"的"化学反应"。按照"台网并重、先网后台"的发展思路，在机构设置、职能设置、资金投入方面向新媒体更加倾斜。在中央批复的总台三定方案中，有三个中心都与新媒体有关，大幅提升了新媒体战略比重，全力把互联网这个最大变量变成最大增量，形成融合发展的全新格局。

"不日新者必日退。"跳好街舞既要有四肢的灵活运用，又要有全身的高度协同。媒体融合给媒体发展带来了广泛而深刻变革，我们要重点推进内容、技术、平台、生态、组织等五个方面系统性的变革与创新。我们要海阔天空去想，脚踏实地去干，坚持守正创新，真正拿出自我革命的勇气和劲头，努力学会跳街舞、跳好街舞，将总台打造成朝气蓬勃、充满活力、人人自豪的国际一流新型主流媒体。

（作者为中央宣传部副部长，中央广播电视总台党组书记、台长）

（2018年12月）

加快进军网上 推动深度融合
做大做强新时代主流思想舆论

◎ 蔡名照

推动传统媒体和新兴媒体融合发展,打造具有强大影响力、竞争力的新型主流媒体,牢牢掌握网上舆论主导权,是以习近平同志为核心的党中央作出的重大决策部署。习近平总书记在今年4月召开的全国网络安全和信息化工作会议上强调,要主动适应信息化要求、强化互联网思维,不断提高对互联网规律的把握能力、对网络舆论的引导能力、对信息化发展的驾驭能力、对网络安全的保障能力。习近平总书记对推进网上宣传理念、内容、形式、方法、手段等创新提出明确要求,对我们加快创新发展步伐、推动媒体深度融合,具有十分重大的指导意义。我们要深入学习贯彻习近平总书记重要指示精神,立足互联网、进军互联网、深入互联网,集中力量向移动端拓展,全面推进新闻传播系统化创新,努力走出一条具有中国特色的媒体融合发展之路。

一、推动媒体融合发展,必须深入学习贯彻习近平新闻思想,始终坚持正确的政治方向

党的十八大以来,以习近平同志为核心的党中央立足党和国家兴旺发达、长治久安,从理论和实践结合上深刻回答了新时代党的新闻舆论工作一系列根本性、战略性、全局性重大问题，形成了符合新时代需要、具有新时代特点的习近平新闻思想，为我们做好新闻舆论工作提供了根本遵循，指明了前进方向。习近平总书记在致新华社建社85周年的贺信中，勉励我们传承红色基因，弘扬优良传统，锐意改革创新，加快融合发展，扩大对外交流，加快建设国际一流的新型世界性通讯社。我们推动媒体融合发展，必须深入学习贯彻习近平新闻思想，落实习近平总书记对新闻舆论工作的重要指示精神，切实用以武装头脑、指导实践、推动工作。

一要筑牢思想政治根基。习近平总书记指出，要承担起新的时代条件下党的新闻舆论工作的职责和使命，必须把政治方向摆在第一位。当今世界传媒业正处于百年未有的大发展大变革大调整中，但无论生产模式、产品形态、传播手段如何变化，媒体所固有的政治属性是不会改变的。我们推动融合发展，必须始终把政治建设摆在首位，牢固树立"四个意识"，切实增强"四个自信"，自觉在思想上政治上行动上同以习近平同志为核心的党中央保持高度一致。对于新闻媒体来说，就要把宣传习近平新时代中国特色社会主义思想作为头等大事，在新闻报道中旗帜鲜明地突出核心、拥戴核心、维护核心。新华社2016年成立习近平总书记报道专门机构"第一工作室"，集中全社力量加强习近平总书记报道，两年多来播发各类稿件2万余条，特别是着力加强融媒体产品生产制作，推出了《习近平关心的六件事》《领航》《誓言》《梁家河的新生活》《礼物》等一批浏览量过亿的"现象级"产品，在海外社交媒体平台推出的英文视频《习近平的成长之路》浏览量近5000万次、互动超过100万次，产生"刷屏之效"，有力推动习近平新时代中国特色社会主义思想深入人心。

二要坚持正确舆论导向。习近平总书记强调，新闻舆论工作各个方面、各个环节都要坚持正确舆论导向。我们推动融合发展，根本目的是壮大主流思想舆论，为实现党中央确定的奋斗目标提供强大思想保证和舆论支持。要牢牢把握正确的舆论导向，把创新摆在党和国家工作大局中来谋划、来部署，以"两个巩固"为根本任务，坚持团结稳定鼓劲、正面宣传为主，大力宣传党的理论和路线方针政策，大力宣传改革开放和现代化建设取得的历史性成就、发生的历史性变化，努力营造团结奋进的主流舆论氛围，让党的主张成为时代最强音。在党的十九大报道中，新华社充分发挥全媒体报道优势，播发各类稿件23000余条，近百篇稿件被超过1000家媒体采用，对外报道被美联社、路透社、法新社等100多家西方主流媒体转引，30多个融媒体产品浏览量过亿次，其中《点赞十九大，中国强起来》互动产品浏览量超过30亿次，均创下历次重大报道之最，在海内外产生广泛影响，为党的十九大胜利召开营造了浓厚热烈的舆论氛围。

三要着力推动深度融合。习近平总书记指出，推动传统媒体和新兴媒体融合发展，要遵循新闻传播规律和新兴媒体发展规律，强化互联网思维，坚持传统媒体和新兴媒体优势互补、一体发展，形成立体多样、融合发展的现代传播体系。融合发展是新闻业一场前所未有的深刻变革，它涵盖了现今所有媒介形态，并赋予新闻传播新的内涵和外延。推进融合发展，要发挥传统媒体和新兴媒体各自优势，实现优化整合、深度融合，推动信息内容、技术应用、平台终端、人才队伍、管理服务共享融通。近年来，新华社着力推动新闻传播系统化创新，按照全媒体采集、编辑、发稿、传播的要求，实现通讯社业务整体优化升级，构建起涵盖各种产品形态、满足不同用户需求的现代全媒体传播体系。我们深入推进通讯社供稿线路改革，推出基于互联网的全媒体供稿平台"新华全媒"，为用户提供全方位一站式服务，受到普遍欢迎。整合做强通稿线路，升级改造新媒体专线，推出以原创内容为主的短视频专线，对各类用户的覆盖面显著提升。以供稿线路改革为抓手，新华社正在实现从传统通讯社向新型通讯社的转变。

二、推动媒体融合发展，必须加强传播手段建设和创新，加快占领网上舆论阵地

互联网作为一种泛在的基础设施，重塑了人们的思维方式和行为模式，深刻改变了社会生活的面貌，也深刻改变了新闻传播的格局。截至2017年底，我国网民达到7.72亿，互联网普及率达到55.8%，超过世界平均水平4.1个百分点。互联网已经成为人们获取信息的主渠道、新闻舆论工作的主阵地、

意识形态斗争的主战场。我们推动融合发展，必须把主要力量放到网上来，让分散在网下的力量尽快进军网上、深入网上，把更多人财物投向互联网、投向移动端，加快建设占据网络舆论主导地位的新型主流媒体。

一是把握互联网传播规律，唱响网上正面声音。互联网已经成为新闻传播的新空间，也应当成为凝聚共识的新空间。要深入推进网上宣传理念、内容、形式、方法、手段等创新，适应网民分众化、差异化特点，研究网民的阅读心理和接受习惯，提高网上宣传针对性和有效性，营造风清气正的网络空间。近年来，新华社推出了《四个全面》《红色气质》《大道之行》《大国强军梦》等一大批弘扬主旋律、传播正能量的融媒体产品，仅2017年就有50多个融媒体产品浏览量超过亿次，实现了权威优质内容与先进传播手段的有机结合，在网上营造了正面舆论强势。在国内外媒体中率先推出"现场新闻"全媒体直播态产品，全面应用于党代会、全国"两会"等重大时政报道和国内外重大突发事件报道中，实现记者在线采集、编辑在线加工、终端在线展示，第一时间带给受众全方位的新闻现场体验。依托"现场新闻"搭建"现场云"媒体资源聚合平台，已经吸引2600家主流媒体入驻，平均每天开展近300场网上直播报道，以主流声音唱响了网上主旋律。

二是把握智能化发展潮流，创新生产传播模式。人工智能技术将人从简单劳动中解放出来，为提升新闻生产传播效率提供了物质和技术上的可能，极大解放和发展了新闻生产力。加快人工智能在新闻传播中的应用，抢占智能化时代媒体发展的先机，成为媒体竞争新的着力点。2017年底，新华社发布了国内媒体首个人工智能平台"媒体大脑"，提出建设智能化编辑部，引起国内外新闻界高度关注。哈佛大学尼曼新闻实验室、哥伦比亚大学陶氏数字新闻研究中心等研究机构纷纷发表评论称赞，"当美国媒体还在缓慢引进人工智能技术，中国的新华社早已大步向前"。2018年全国"两会"报道中，"媒体大脑"生产了6期视频产品，总阅读量超过1200万，总覆盖量超过1亿人次。2018年6月，"媒体大脑"2.0版推出，形成强大的智能化视频生产能力，并成功运用于世界杯报道。当前，我们正在以新媒体中心为试点，构建以智能技术为基础、以人机协作为特征、以大幅提高生产传播效率为重点的智能化编辑部，努力探索智能化新闻生产的标准和范式。

三是把握新媒体用户需求，加大全媒产品供给。顺应互联网发展大势，新华社提出建设面向新媒体用户的"网上通讯社"，努力为各类网站、客户端、社交媒体等用户提供内容丰富、技术先进、功能便捷的供稿服务。我们在总社编辑部和国内外分社全面推行新媒体产品源头端策划生产机制，打造专职的新媒体采集生产队伍，着力提升全媒体供稿能力。全媒体新闻栏目"新华全媒头条"年均发稿 300 余组，平均被 315 家媒体采用，网上平均浏览量近 250 万次，2017 年成为首个获得中国新闻奖特别奖的融媒体栏目。依托中国照片档案馆 1000 多万张馆藏照片打造图片视频化产品《国家相册》，已推出的 94 期在网上总浏览量超过 20 亿，荣获中国纪录片学院奖"最佳微纪录片奖"。新华社还积极拓展面向海外的全媒体供稿能力，目前英文全媒体供稿线路平均每天被用户采用超过 3000 条次，今年 1 月新推出的日文全媒体供稿线路稿件被共同社、朝日新闻、读卖新闻等日本主流媒体和华尔街日报、纽约时报、BBC、CNN、彭博社等西方媒体日文版广泛采用。

四是把握移动端发展趋势，加强终端集群建设。截至 2017 年底，我国手机网民达 7.53 亿，占网民规模的 97.5%。随着智能手机等普及，人们越来越依赖移动设备获取新闻信息，媒体也越来越重视通过移动端发布新闻信息，传播终端向移动化发展的趋势更加明显。推动融合发展，必须坚持移动优先战略，把资源、技术、力量向移动端倾斜，努力构建具有强大传播力影响力的移动终端集群，使新闻信息更大范围直接送达终端受众。近年来，新华社加大移动端发展力度，适应新媒体可视化、智能化、社交化、数据化发展趋势，推动各类传播终端突出特色、错位发展，互融互通、形成合力，着力在扩大用户规模、提升活跃度上下功夫，综合影响力显著提升。新华网充分发挥网上宣传主力军作用，以融媒体、多终端、多语种进行立体化传播，在全球网站中的排名稳定在前 100 位。新华社客户端坚持常改常新，综合运用各类新技术新工具，智能化程度大大提升，用户黏性不断增强。"新华视点"法人微博账号积极应用直播、秒拍等功能模块，粉丝量超过 3300 万。新华社法人微信公众号强化内容创新和运营推广，订阅量超过 1600 万。在脸书、推特、优兔、Instagram 等国际知名社交媒体平台的总粉丝量超过 8400 万，位居世界主流媒体第一方阵前列。

三、推动媒体融合发展，必须深入推进体制机制创新，加快实现优化整合、深度融合

融合发展是传媒业一场前所未有的深刻变革，其深刻性就在于它不是局部的改良，而是从内容产品、机制流程、组织架构到支撑保障的全方位革新。实践证明，靠旧体制发展新业态，靠老机制激发新活力，一时一事可以，持续发展不行，整体推进不行。推动媒体融合发展，必须从根本上着眼，准确把握新闻传播规律，准确把握媒体变革方向，准确把握技术发展趋势，努力构建与之相适应的体制机制。

一是深度整合信息资源。 媒体融合的基础是各类信息资源的整合，这就要求打破传统架构下按照报道门类分割信息资源的格局，实现资源的充分共享和有效利用。要构建集中统一、融会贯通、高效共享、技术先进、安全可靠的基础数据库，建立统一的数据库架构，集纳媒体内部资源和UGC、PGC、OGC等资源，完善各类资源入库共享机制，规范工作流程，统一技术标准，破除"信息孤岛"。要建立完善资源转化机制，有效利用信息资源进行多次加工、多元适配，生产出适合不同终端的报道产品，切实把资源优势转化为报道优势。在全面整合信息资源基础上，要按照积极稳妥、有序推进的原则逐步理顺体制机制，推动媒体融合向纵深发展。

二是强化技术引领作用。 当前，以互联网为代表的网络信息技术日益成为创新驱动发展的先导力量，技术建设深度嵌入新闻传播，越来越成为媒体的核心竞争力。我们推动媒体融合发展，必须把技术建设摆在更加重要的战略位置，科学布局、超前谋划，推动技术建设与业务建设深度融合，以技术创新抢占融合发展制高点。要顺应网络信息技术多学科融合、群体性变革的发展趋势，紧密跟踪云计算、大数据、物联网、人工智能等技术发展前沿，加大先进技术在新闻传播中的应用力度，充分利用新技术研发新产品、开创新业态。要在确保核心技术自主掌控的前提下，积极搭建对外开放合作平台，建立联合创新、共同研发、深度共建等机制，大胆吸收借鉴国内外技术创新

成果，充分利用外部力量突破技术瓶颈。

三是优化人力资源布局。 推动媒体融合发展，必须建立一支政治坚定、业务优良、结构合理、知网懂网的全媒体人才队伍。要加大全媒型、复合型领军人才培养力度，集中力量培养在新媒体领域具有发展潜力的优秀人才，打造能够担当融合发展重任的中坚骨干。要充实新媒体队伍力量，加强采编人员全媒体技能培训，创新培训理念和方式方法，突出实践导向，推广应用案例式、互动式、体验式教学方法，引导采编人员注入"新"的基因、培养"智"的观念、增强"融"的能力。要根据业务需求调整岗位设置，结合新媒体发展需要，探索设置新闻算法师、智能数据师等新型岗位，更加灵活地配置人力资源。

四是完善考核激励机制。 调动新闻队伍的积极性主动性，形成人人参与创新的氛围，必须建立完善的考核激励机制。要树立"以奋斗者为本、以贡献者为本"理念，强化正向激励的政策导向，推动形成"奋斗者必有所获、获得者必有贡献"的良性循环，切实增强优秀人才的成就感和获得感。要完善绩效工资分配体系，进一步打破平均主义、"大锅饭"，根据实际贡献合理拉开收入差距，向骨干人才和关键岗位倾斜，让开拓者、创新者、奋斗者获得与贡献相匹配的待遇。要完善考核奖励办法，建立与融合发展相配套的采编业务考核体系，树立鼓励创新的鲜明导向。要建立完善容错机制，进一步明确容错认定的总原则，制定容错免责的制度办法，努力营造宽松、宽容、和谐的创新创业环境。

（作者为第十九届中央委员会委员，新华社党组书记、社长）

（2018年6月）

在新起点上推动军事媒体矩阵深度融合发展

◎ 李秀宝

党的新闻舆论工作始终和中国特色社会主义伟大事业紧密联系。中国特色社会主义进入新时代，习近平主席关于加强新闻舆论工作的一系列新观点新论断新要求，为做好新时代新闻舆论工作提供了根本引领和科学指南。解放军报作为党在军队的喉舌，必须全面贯彻习近平关于新闻舆论工作重要论述，认清战略地位和政治任务，牢记历史使命和责任重托，在新起点上推动媒体深度融合发展，努力建设"政治上更强、传播上更强、影响力上更强"的世界一流军事媒体。

一、着眼履行新时代使命任务，构建现代军事传媒矩阵

党的十九大作出了"坚持走中国特色强军之路，全面推进国防和军队现代化"的战略部署，提出了把人民军队全面建成世界一流军队的战略目标。

面对强军兴军时代要求，需要与之相称的中国军队媒体，发出中国军队的时代强音，在全面推进国防和军队现代化的伟大进程中，深入宣传习近平新时代中国特色社会主义思想和习近平强军思想，展示国防和军队现代化建设伟大成就，讴歌全军官兵矢志强军时代风貌，树立中国军队良好国际形象。

聚力打造拥有强大实力的新型军事传媒"航母"，是深化国防和军队改革的重要组成部分，是推动军队媒体深度融合发展的关键一招，是讲好中国

军队故事、建设世界一流军队的战略之举。我们根据习近平主席和军委改革决策部署，探索融合报刊、通讯社、广播、电视、网络新媒体、出版等传播平台，推动军事新闻传播由平面向立体、由静态向动态、由单向向交互转变，着力打造全媒体编组、全天候传播、全要素集成的军事传媒矩阵，有效实现"合而为一"。这个"一"，是军队媒体整体形态的一体多面，是舆论宣传格局的一元多维，是体系传播能力的一专多能。解放军报社组织开展的纪念红军长征胜利80周年"雄关漫道"融媒体报道、"军报带你看西沙"VR呈现，与解放军三军仪仗队国旗护卫中队共同举办的"同升一面旗 共爱一个家"主题活动等创新实践，标志着新时代军队媒体"合而为一"传播事业启航远行、开新图强。

推动军队媒体深度融合发展，需要以新流程倒逼新机制、催生新改革。着眼横向打通、纵向整合，坚持以互联网思维和互联网规律谋划布局，强力推进人力资源聚合、生产流程融合、采编力量整合、网上网下结合，努力实现做精内容、做优技术、做广用户、做大平台相统一，有力推动军事融媒体新矩阵从资讯型到应用型、从媒体型到社交型、从受众型到用户型的拓展革新。建立融合机制，突出把握五个重点：一是强化传统媒体与新媒体集中统一管理，在建设方向和舆论导向上，坚持"一个标准、一把尺子、一条底线、一体推进"，严防新媒体成为"舆论特区""舆论飞地"。二是明确各平台职能定位、发展目标和建设重点，通过统一指挥调度、科学编组力量、优化生产流程、相互转发推介，推动全媒体融合联动。三是打破职能设置部门的管理方式，代之以业务流程为中心，重构信息传播管理过程，实现新闻信息一体化指挥、一次性采集、N次加工、梯次生成、多元适配、多渠道发布、全终端传播、全媒体覆盖。四是建立传播效果评估反馈机制，完善激励制度和绩效管理，不断优化传播方式和产品形态。五是建立与军外媒体合作共赢机制，持续扩大军事新闻传播覆盖面和影响力。

在推进融合发展实践中，我们深感真正的媒体融合，一定是内部血脉的互通相融。2017年《解放军报》全新改版，版面和内容焕然一新，打破了军报沿袭60多年的人员编制界限。解放军报社"融媒体指挥中心"和"全媒体采编系统"建成使用后，军事新闻"中央厨房"初具规模。我们将报纸、网站、微博、微信、客户端等不同媒体的新闻选题策划、任务布置、内容采编、稿件发布等新闻生产环节，统一在"中央厨房"集约化生产，这成为推进军媒深度融合的标志性举措。在"中央厨房"助力下，今年"两会"期间，《解放军报》"报网端微"发稿量较去年提升6倍，"100万+"原创稿是去年的5倍，今日头条推荐量增加4倍，"两会"宣传成为军事媒体融合报道产品的大集结、融合发展成效的大展示。随着军队新闻单位调整改革的深入推进，我们将彻底打破各平台和部门之间的业务壁垒，围绕"中央厨房"创建扁平化、栅格式、蜂窝状的融合结构和一体多元化的生产流程，创新"产品孵化室、创意工作室"的组织形态，切实提升军事媒体融合度。

二、发挥全媒体传播优势，占领军事舆论引导制高点

新闻舆论工作，要获得传播力，首先要有生产力。《解放军报》作为中央军委机关报，始终坚持以宣传习近平新时代中国特色社会主义思想和习近平强军思想为根本，及时做好重要信息发布、重点理论阐释、重大活动报道，充分发挥"风向标""压舱石""主心骨"作用。始终坚持聚焦备战打仗，紧贴基层官兵，重点加强深度报道、权威解读、思想引领，着力增强针对性指导性。始终坚持群众办报，牵头搭建军媒业务共享平台，吸纳各媒体优质产品，丰富版面内容，打造精品力作，努力成为军媒传播的一面旗帜。

军事新媒体，正在助力军事传播发出时代强音。媒体融合，关键是传统媒体的互联网化。占领不了互联网信息传播的制高点，就站不稳新闻舆论工作的新高地。我们持续加力新媒体建设，建成全国第一个军事新闻VR频道，办出全国第一张全媒体AR报纸，中国军网已经进入中央重点新闻网站序列并跻身十强，军报"两微一端"进入全国主要新闻网站移动端五强，军报微博微信粉丝达4000万级，《战斗宣言》《中国力量》《八月一日》等新媒体"现象级"产品广受赞誉，实现了军事新媒体的覆盖优势向用户优势转变。在纪念建党95周年、建军90周年、红军长征胜利80周年等重大宣传活动中，军事新媒体精心推出一系列重大策划、重要报道和重点文章，各类视频被美

联社、BBC等国外知名传媒多次关注。继成功推出解放军报客户端后，2017年8月，"国防在线"客户端上线运行，短短几个月下载量即突破1420万，军事新媒体立体传播态势基本形成。

构建军事全媒体传播格局，是时代的需要，也是我们的优势。军队新闻单位调整改革后，我们形成包括两报、两频道、八网、十刊、三家出版社和近百个微博、微信、客户端等新媒体的大型综合性军事传播平台，拥有全媒体传播的优势条件。解放军报社坚持传统媒体与新兴媒体融合并用，建立"一报制作、全媒传播"机制，深度参与融媒体产品创意策划、生产发布、分享推介等环节，研究制作数据新闻、融合新闻、定制新闻等多样化产品，充分利用广播、电视、网络和微博、微信、客户端等全媒体传播方式，切实把中国军队的声音、中国军人的故事更广更好地传播开来。

我们时刻清醒地认识到，在推动军媒融合发展的道路上，对于内容建设，不仅须臾不能松，而且要抓得更紧。在信息爆炸的当今时代，众声喧哗中需要有思想的"坐标系"，乱云飞渡中需要确立价值的"主心骨"。我们注重巩固身在军队、报道军队的独特优势，在涉及国防和军队建设的重要政策、重大事件和重要行动中，准确发布信息，传播权威声音。注重利用军事新闻采编队伍的专业优势，深入挖掘军事新闻资源，精耕细作，推出思想性可读性强的深度报道，不断提升信息内容品质。注重弘扬战地记者特别能吃苦、特别能战斗的传统优势，在重大任务中走进现场、深入一线，快速播发新闻，抢占舆论先机，满足受众需求。

三、注重多措并举，建强融合传播人才方阵

习近平主席指出，媒体优势核心是人才优势。发出中国军队好声音、讲述中国军人好故事，需要我们立足自身、着眼全军、面向社会，拓宽视野，广开渠道，综合培养，着力打造以现役军人为骨干、文职人员为主体、聘用人员为补充、部队报道员为后备、专家力量为智库的融合传播人才方阵。

立足内部挖潜，加快全媒人才培养。一方面，紧紧扭住素质转型这个关

键,大力培养既精通传统媒体又熟悉新兴媒体,集采、编、发、摄、录、传、审于一体的"全媒体""全能型"编辑记者,实现既可集团作战又能单兵突击。另一方面,善于抓住知名度影响力这个重点,下力打造一批在业界具有重要影响的名记者、名编辑、名评论员、名播音员、名主持人、名制片人、名网络宣传专家,用他们的智慧、技术和影响力,提升军队媒体融合发展的整体实力和质量水平。下一步,随着军队文职人员政策的落地实施,注重发挥其生力军作用,安排优秀军官转改文职后担任文职岗位领导,面向社会招收文职人员,采取岗前培训、结对帮带、任务锤炼等方式,缩短岗位适应期,确保文职人员队伍能够稳得住、顶得上。

强化联动协作,激活全军报道员队伍活力。在军事斗争准备一线单位探索设立记者点,从基层报道员队伍中选拔兼职记者作为主要力量,探索建立基层新闻人才数据库,构建记者点、记者站、各传播平台三级联动协作机制,搭建快捷高效的新闻发稿平台。从2019年开始,每年组织1期全军报道骨干培训。

坚持广纳贤能,抓好招才引智工程。从全军选调骨干人才,返聘新闻宣传经验丰富的退休老同志,充实加强采编一线力量。增加招聘优秀人员数量,拥有更多具有互联网思维、懂数字开发、懂产品设计、懂用户体验、懂互动交流的军事媒体新生代。借鉴中央媒体的做法,积极探索在驻外机构员工、留学生中拓展兼职记者队伍。依托军地资源构建人才协作代培机制,创建"名家"工作室,承担重大选题创作、人才孵化培养任务。成立军事新闻传播研究智库,精选新闻出版、舆论引导、技术应用等领域军地专家,组成平时服务、战时应战的智库团队,加强对重点课题、重大宣传等集智攻关。

四、加强技术创新应用,推动融合发展全面升级

实现媒体深度融合发展,技术创新驱动是关键支撑和重要引领。军队媒体必须加快推动技术建设由支撑性保障向引领性保障转变,积极利用大数据、云计算、移动互联、人工智能等新技术,全面提升打造平台、创新产品、服

务用户、拓展渠道的层次水平。

用好新技术新装备。在纪念建军90周年宣传中，我们研发推出的快闪H5产品《你收到的是1927年8月1日发来的包裹》融入"强军火炬"传递活动，组织线上线下互动，参与人数达6000多万。中国军网开设《回眸90年这些军旅镜头让你念念不忘》专题，利用3D展厅展示感人瞬间，各界反响强烈。今后我们将大力推动军事新闻传播移动化智能化，为编辑记者配备智能可穿戴采编设备，为发布平台安装人工智能校对、用户画像系统和写稿机器人、高端智能化网络爬虫等软硬件，不断提升军媒综合竞争力。

打造大数据融平台。我们的融媒体指挥中心经过几年的建设完善，已经具备数据采集、分析、反馈和整合能力。通过大数据分析，精准推送、精准评估，数据与内容的融合互动正成为军事融媒体的新常态。下一步，我们将瞄准国内外一流标准，建设集生产云、分发云、媒资云等于一体的现代化"中央厨房"媒体融合云。依托军事媒资库、强军网、中国军网、全军教材工作网络办公系统等平台，建成以习近平强军思想数据库、军事新闻制作素材等为主要内容的全媒体大数据平台，为军事新闻出版生产提供数据支撑。着力打造入驻式聚合平台，为部队媒体、社会媒体和军事自媒体提供个性化服务。构建侧重服务军外受众的国防教育大数据，推出《强军公开课》等融媒体节目，创意呈现，强化互动，办出品牌。加强与新闻传播评估机构合作，建设具备涉军舆情、用户反馈、传播效果等综合分析功能的评估分析系统，为军事新闻生产实现敏感调节和精准调控提供依据。

加强军民融合协作。通过军民深度融合，盘活存量，创造增量，吸引各种渠道的信息资源融入军队媒体，是有效提升军队媒体整体实力的重要途径。未来，军队媒体与技术公司开展合作、购买通用传媒技术服务，将成为军队媒体融合突破的重要举措。我们计划依托相关国有和地方企业建设新一代云数据中心，构建全媒体采编发综合业务底层技术平台；依托部队专业力量和其他中央级媒体、地方大型网络信息企业，对国防部网和中国军网的安全防护体系进行升级改造；与更多知名商业网站建立战略合作关系，形成"内外聚合、平战结合、军民融合"的互联网军事传播新格局。我们还将借助其他中央媒体海外资源，探索在全球军事热点地区布设军事新闻采集力量，逐步实现记者驻点采访，保证新闻速达、讯息速通，不断开创全方位、多层次、多声部的对外军事传播新局面。

习近平主席指出："只有与历史同步伐、与时代共命运的人，才能赢得光明未来。"历史与时代为军事媒体创新融合提供了难得的发展机遇。我们正站立在实现中华民族伟大复兴的时代征程上，正置身于新时代强军兴军的伟大实践中，推动媒体深度融合发展、打造世界一流军媒矩阵，具有无比广阔的实践舞台和美好前景。我们将始终坚持军媒姓党、坚持强军为本、坚持创新为要，锐意进取、攻坚克难、埋头苦干，努力为实现中国梦强军梦提供有力思想舆论支持。

（作者为解放军报社社长）

（2018年12月）

以科学思想引领，加快构建全媒体传播格局

◎ 张 政

2017年是党和国家事业发展具有特殊重要意义的一年，中国共产党第十九次全国代表大会胜利召开，开启了全面建设社会主义现代化国家新征程。新时代赋予了中央媒体新的历史责任和时代担当。加快构建全媒体传播格局，是党中央交给我们的重大政治任务，是新时代中央媒体面临的重要课题，也是开拓未来事业发展空间的关键一步。

党的十八大以来，习近平总书记对加强和改进党的新闻舆论工作提出一系列富有创见的新观点新论断新要求，形成了体系完整、科学系统的新闻思想。中央全面深化改革领导小组会议、党的新闻舆论工作座谈会、网络安全和信息化工作座谈会等一系列重要会议为做好党的新闻舆论工作指明了发展方向。在2018年的全国网络安全和信息化工作会议上，习近平总书记对"推进网上宣传理念、内容、形式、方法、手段等创新""构建网上网下同心圆"等作出重要部署。在《人民日报》创刊70周年之际，习近平总书记在贺信中对"构建全媒体传播格局"等作出指示，为我们提供了重要遵循。

新时代呼唤新作为。作为面向知识界的思想文化大报，我们要以习近平新时代中国特色社会主义思想为指引，深入学习领会习近平新闻思想、网络强国战略思想，顺应移动化大趋势，研究新媒介技术，注重受众需求、突出特色定位、创新传播形式，探索移动化、视频化、分众化、智能化、智库化的产品生产和传播模式，按照构建全媒体传播格局的总体要求不断奋进。

一、移动化传播:"造船出海"与"借船出海"

习近平总书记指出,"要坚持先进技术为支撑、内容建设为根本","充分运用新技术新应用创新媒体传播方式"。

当前,信息传播呈现新态势、新特点,"终端随人走、信息围人转",面对新形势,既要"固本",又要"开新"。固本,就是以内容创新为根本,2017年《光明日报》发行量突破百万大关,我们要突出《光明日报》近70年积累的内容优势、人才优势以及宝贵的受众群体优势;开新,就是强化互联网思维,以客户端为重点平台,广泛加强平台和渠道合作,推进全媒体传播格局建设,加快网上宣传理念、内容、形式、方法、手段等创新,改进生产流程、产品样式、传播方式。

把握好重点与全局的关系。客户端建设是"牛鼻子",是构建全媒体传播格局的重要发力点。客户端是光明日报新闻理念和核心价值在移动平台的延伸、拓展和丰富,是我们在移动互联网的主阵地。多技术实现场景、海量信息承载的优点,为客户端提供了巨大发展空间。以"端"带面增强用户黏性,推进光明日报官方微博、微信公号、各编辑部"两微"建设,以脸书、推特账号为切入点,提升光明日报国际传播能力,共同打造"知识分子网上精神家园"。

把握好自主与合作的关系。一方面要"造船出海",加快理念、内容、形式的创新,提高自有平台和渠道的影响力;另一方面要"借船出海",在更大格局拓展全媒体传播方式,放大发展格局,通过多平台、多渠道、多领域、多层次的合作,扩大优质内容和优质品牌的影响力。2017年,光明日报社与腾讯公司、今日头条等开启社企党建共建,以党建促业务形成多赢局面。我们全面加快平台建设与战略合作,拓展传播渠道,推进内容嵌套、创意及技术合作,紧盯人工智能等新技术做好研判及跟进,结出了丰硕成果。

把握好质量与数量的关系。一方面,加快平台建设。充分利用光明日报的优势领域,围绕目标人群精准组织有针对性的重点活动,提高用户基数,加快启动客户端品牌推广计划，推动形成与百万大报事业发展相匹配的新媒体矩阵。另一方面，做优品质。好的产品才能带来流量，才有传播的影响力。在构建全媒体传播格局的过程中，深耕内容依然是法宝，做优产品，做好体验，才能赢得受众，让作品走进百姓心里。

把握好特色与优势的关系。移动互联网时代，手机直播是所有媒体常用的互动传播形式。直播什么？谁在看直播？我们坚信，特色就是竞争力。2017年，光明日报首次尝试"高校招办主任光明大直播"，选择光明日报传统的优势领域，通过光明日报客户端、光明网，并借助多个移动直播平台联动发力，让高校招生信息"零距离"呈现在考生和家长面前。2018年的"招办主任光明大直播"覆盖120所高校，不到一个月，观看直播的网友总数已超过5000万。除了商业直播平台主动参与合作传播外，脸书等也联动推广，实现境内外多平台、多语种的立体化传播。一些西部地区的高校因此获得更多关注，西安交大的直播，共有来自30多个国家的网友观看63.2万次。宁夏大学的直播，有来自25个国家的网友观看。从"高校招办主任光明大直播"到"世界智能大会手机直播"，从"非遗手机直播""博物馆手机直播"到"回家·过年"手机系列直播，光明日报形成了具有特色的手机直播品牌，深度聚焦教育、文化、科技等领域，把主旋律、正能量内容通过手机直播平台推送，适应了移动化传播大势，有效增强了光明日报的用户黏性，同时也让直播阵地更加风清气正。

二、视频化传播："爆款产品"与"内容为王"

习近平总书记强调，随着形势发展，党的新闻舆论工作必须创新理念、内容、体裁、形式、方法、手段、业态、体制、机制，增强针对性和实效性。2017年，微视频已经成为互联网发展新风口。互联网时代的高频率、快节奏使得"碎片化阅读"流行，微视频时长短、传播快、内容精的特点正好契合了受众需求。

从党的十九大到全国"两会"，主流媒体在短视频领域集中发力，浏览量过亿的"现象级"产品不断涌现。今年"两会"召开之际，光明日报推出"光明的故事"系列微视频，短时间实现10.4亿的触达量和1.4亿的浏览量。五个微视频印刻着"光明"的鲜明烙印，讲述的是"光明"的特色题材。《朋友习近平》微视频的创意源于光明日报曾刊发的习近平总书记悼友旧文《忆大山》，体现了习近平总书记在河北正定工作期间与作家贾大山结下的深厚友谊。同样，《光明的故事》微视频的创意内容也是基于此前光明日报对黄旭华、姚玉峰人物故事的深入报道和发掘，讲述了习近平总书记为中国核潜艇之父黄旭华"让座"背后的故事。用真情叙事凸显大主题，用小故事体现大情怀，这是党报新媒体传播的不变坚守。

实践也证明，创作者用心，作品才能走心。"光明的故事"系列微视频获得好评背后，是流程机制的优化创新，是光明人对内容品质的不懈追求——

从机制上激活内容生产力。光明日报融媒体中心在今年"两会"前成立重大题材工作室，致力于重大题材融媒体产品的策划、制作与推广。工作室人员好比"尖兵团"，既有视频制作的骨干，又有文字功底扎实、善于撰写脚本的报纸编辑部的优秀人才加入。依据不同题材内容，以项目特点凝聚人才，以灵活组团形式打破部门与部门的界限。

在实战中练就全媒型记者。采访、编辑、录像、摄影，除了这些技能，今天的全媒型记者有时还需要是导演、编剧、主持人等。一个走心的脚本，是微视频作品打动人的关键。微视频《要为人民做实事》采用了散文诗式的脚本，由资深记者撰写，以"不变的信念"为主线，彰显立意高度。微视频《握手》脚本由优秀评论员撰写，从十八洞村里习近平总书记和村民的握手，到国际舞台上大国之间的握手，主题层层开掘，揭示了握手背后的深刻意义。

在合作中凝聚优质资源。微视频后期制作采用与专业技术公司合作模式，完成后期渲染包装，从专业拍摄到后期动效的精心打磨，有力提升了作品表现力。好的作品也成为商业平台竞相追逐的目标，有效弥补了商业平台优质内容不足的"短板"。多平台多渠道合作联动，提高了好作品的传播力、影响力、公信力。商业平台在短视频战场竞争之时，主流媒体在主旋律的引领之下，重构互联网内容生态，以优质的内容彰显重大题材的魅力。微视频的探索也证明，新媒体在主旋律宣传领域大有可为。

三、分众化传播："量身定制"与"精准推送"

习近平总书记指出，要适应分众化、差异化传播趋势，加快构建舆论引导新格局。

同样主题、多样传播，才能达到"大珠小珠落玉盘"的效果，才能形成全方位多层次多声部的主流舆论矩阵。作为主要面向知识界的思想文化大报，光明日报有着自己的特色定位和品格坚守。我们的新闻服务重点对象是广大知识界，"量身定制"与"精准推送"瞄准的正是我们独特的受众群体。

分众化传播，首先需要进行分众化的内容设计。在党的十九大召开前夕，我们紧扣主题，量身定制，策划了十九大报告解读的不同版本。2017年10月18日，党的十九大开幕当天，光明日报推出十九大报告解读的大学生版、小学生版、军人版、农民工版、"一带一路"版。如果你是大学生，可以通过"十九大报告解读大学生版"尽览重点，如果你是军人，可以通过"十九大报告解读军人版"领会报告精神。每个版本都包含专家解读视频、图文、人工智能小明读新闻等多种元素，腾讯新闻、今日头条、各高校新媒体平台广泛推介，获得不俗的点击量。

分众化传播，还需要在"数据诊断"中动态调适。2017年1月，今日头条发布头条媒体榜。榜单综合发文量、阅读量、收藏量、分享量、评论量各项指标，得出新榜指数并据此排名，"光明网"一举摘得冠军，周阅读量近亿。结合今日头条大数据分析，光明网头条号启用"数据诊断"功能，根据传播时段、读者的阅读体验，随时将光明网内容调整为更符合传播规律的形式。同时引用"双标题"功能，根据读者的点击率实时反馈，及时将标题调整为更加适合大众传播的形式。运用新技术手段，精准把握用户需求，动态调整内容形式，成为扩大传播力的有力支撑。十九大报道过程中，光明日报融媒体团队与腾讯新闻平台紧密对接，每天进行标题的优化设计，内容筛选贯穿差异化思路。光明日报十九大专题在腾讯平台的浏览量短时间达到7800

万，提高了主旋律作品的影响力。

四、智能化传播："智媒时代"与"集成创新"

习近平总书记指出，现在，媒体格局、舆论生态、受众对象、传播技术都在发生深刻变化，特别是互联网正在媒体领域催发一场前所未有的变革。

察势者智，驭势者赢。当前，智媒时代已经来临，人工智能与传媒业相结合，新技术与设备带来新的互动关系与新的连接模式，衍生出许多新形式、新内容。只有紧跟前沿技术，才能赢得主动，有所作为。目前，国内主流媒体都将目光锁定在云计算、大数据全媒体平台等技术运用上。

人工智能技术运用，让新闻服务更加智能化——2017年"两会"期间，光明日报推出"小明AI两会"人工智能新闻信息服务，融合人脸识别、图片识别、语言识别、数据挖掘等技术，以40多万篇历年"两会"报道大数据为基础，通过人工智能进行系统梳理和数据挖掘，为用户提供代表委员的履职情况、"两会"热点话题等内容。"两会"期间，网友通过"小明AI两会"查询"两会"信息达1828万次，被查询的代表委员超过2900人。以"小明AI两会"为基础，我们进一步探索人工智能技术在重大主题报道中的应用：在2017年"一带一路"高峰论坛期间，推出了"小明AI一带一路"；党的十九大召开后，推出了"AI学习通"，将AI技术应用于习近平新时代中国特色社会主义思想的宣传与学习。此外，成立人工智能新闻应用实验室，力图为优质内容的传播提供更智能的手段和方式。

硬件集成创新，让传播方式更加多元化——2017年，"钢铁侠"多信道直播云台首次应用于全国"两会"报道，"钢铁侠直播两会"相关信息传播量超过5亿次。作为全媒体报道设备，该云台集新闻信息采集、发布于一体，只需一名记者就能快速实现多种媒体产品在同一平台的快速生产聚合，可同时为16家平台提供高达3K画幅、4M码流的视频和VR信号。此外，光明日报"十九大学习手机卡"的推出，将十九大报告、资讯、解读多种样式有机结合，拉近了新闻报道与受众的距离。

大数据研判热点，让表达方式更加年轻化——借助大数据，研判热点动态，做好舆论前瞻预判，加快运用算法推介等技术。从过去的凭感觉创作，转为借助大数据有的放矢，才能从根本上改变"用大炮打蚊子"，从主题上找准用户关注点，运用富有时代感的表达方式，契合年轻人的关注视野，才能让作品、产品走心、入心。

站在新时代，我们将以习近平新时代中国特色社会主义思想为重要指引，始终坚持正确政治方向，坚持先进技术为支撑、内容建设为根本，在实践探索中不断总结规律，进一步转变思想观念，结合光明日报特色定位，推动理念、内容、形式、方法、手段等创新，在构建全媒体传播格局中不懈努力，为不断巩固壮大党的宣传思想文化阵地作出应有的贡献。

（作者为光明日报社总编辑）

（2018年6月）

以改革再出发精神推进媒体深度融合

◎ 张小影

一

新时代的新闻舆论工作特别是主流媒体的主阵地在哪儿？答案很清楚。受众在哪里，阵地就在哪里。党的十八大以来，包括经济日报在内的主流媒体深入学习习近平总书记关于做好新形势下新闻舆论工作的重要思想，认真贯彻落实中央关于推进传统媒体与新兴媒体融合发展的战略部署，加强顶层设计，积极构建平台阵地、深化体制机制改革、坚持创新内容与传播手段并重，整体传播力、引导力、影响力、公信力明显提升，在净化网络舆论环境、壮大网上正能量、引领网上舆论导向等方面发挥了重要作用，有力有效地改变了网上舆论格局。

在实践中，经济日报也逐步走出了一条"移动优先、特色为要、改革推动、技术支撑、内合外联"的路子，开始尝到了融合发展带来的甜头。目前，经济日报已从传统的纸媒发展成为集报、网、端、微于一体的新型媒体集团，形成了"报刊集群＋新媒体矩阵"的工作布局，不仅主报发行量连年增长，2018 年已超过 91 万份，新媒体各平台账号用户总量也突破 3500 万人次，加上中国经济网的 PC 端和移动端，每天通过报网端微各平台阅读经济日报各类新闻报道的受众近亿人次。在有关方面推出的全国党报及中央重点新闻网站传播力排名中，经济日报的新媒体和中国经济网的传播力均位居前列。我们正在朝着经济领域舆论引导工作"压舱石"的目标前进。

经过5年的接续奋斗，主流媒体融合发展的成效很明显。对此，必须充分肯定。但是，相对于我国8亿多网民、近8亿手机互联网用户群体，包括经济日报在内，主流媒体目前投入的力量还只算是"先遣队"，主力军还没有完全进入主阵地。几组数据告诉我们，主阵地上的主力军数量还不多，阵容不够强大。截至2018年6月，微博月活跃用户达到4.31亿，而媒体微博账号仅3万多个；微信公众号超过2000万个，但在机构运营的微信公众号中，媒体公众号的数量占比不到1%；中国市场上检测到的移动App在架数量达到了415万款，媒体App尚无具体统计，相信占比也非常低。各类媒体在融合发展方面虽然已做了大量富有成效的工作，但要实现在主战场上掌握主动权主导权，还有大量艰苦的工作要做。以经济日报为例，新媒体仍然是与报纸并列的一个独立部门，目前的报网端微融合方式主要是对主报内容的二次转发，策采编发馈一体化还停留在若干重大报道的运用上，队伍力量仍然是分散的，指挥调度依然是行政手段为主，融合发展的体制机制障碍不少。

传统媒体与新兴媒体融合发展，是传播技术变革带来的时代课题，也是媒体人迈向新时代的历史使命。推进媒体深度融合，既事关媒体自身的生存发展，更是在互联网背景下增强媒体传播力、引导力、影响力、公信力的必然选择。当前，传播技术和传媒形态迭代创新的速度不断加快，互联网正在加速重构媒体格局和舆论生态，主流媒体必须更加深刻地认识当前的形势任务，更加准确地聚焦融合发展下一步的工作重点。这就是深度融合、整体转型。我们必须坚决贯彻落实习近平总书记的指示要求，以义无反顾、勇往直前的勇气和决心，把我们的主要力量、主要资源投入网络传播领域、融合发展这个主阵地。这是当前推进媒体深度融合的战略性要求。

二

实现深度融合、整体转型，难度不小。对于大多数主流媒体来说，有四关必须要过。

第一关：观念关。推动融合发展，统一思想认识是基础。当前，媒体融合是大势所趋，在要不要融的问题上已有共识。但在融到何种状态、以何种方式融的问题上，却仍需进一步加强共识。总体来看，主流媒体已经普遍完成了新媒体的建设，基本实现了报网端微的布局。但是，必须看到，对于主流媒体来说，仅仅做到"有你有我"是远远不够的，即便是进入传统媒体与新媒体"你中有我、我中有你"的状态，距离真正意义上的融合发展也还有相当距离。什么是真正意义上的融合发展局面？就是习近平总书记最近一个时期反复强调的主力军要挺进互联网主战场，主流媒体与新媒体要实现"融为一体、合而为一"，做到"你就是我、我就是你"，使互联网这个最大变量变为事业发展的最大增量，从而使主流媒体在网络传播阵地上拥有强大的话语权。坦率地说，在这个问题上，统一思想的任务还不轻。

第二关：体制机制关。体制机制是管根本、管长远的，是推进媒体深度融合更基本、更持久的力量。与其他领域的改革一样，目前主流媒体的融合发展也已经进入深水区。实现传统媒体与新兴媒体"融为一体、合而为一"的深度融合，是对既有利益格局的重新调整和体制机制的改革创新，涉及新闻生产力布局、采编流程再造、干部人事制度改革、考核评价体系优化等一系列重点领域和关键环节的改革。没有体制机制改革的深化，主流媒体的深度融合发展难以有效推进。

第三关：技术引领关。在融合发展过程中，新平台阵地的打造、新业态新产品的创新、新模式新思路的探索等，无不需要技术创新的支撑和驱动。但技术是传统媒体的短板和制约。目前，绝大多数媒体建设的自有平台影响力微弱，只能依托技术力量强大的第三方平台来延伸自己的影响力。这极大地局限了主流媒体在互联网上的舆论主导权。近年来，传统媒体深刻认识到这一点不足，通过加强对外合作、借用外力、引进消化吸收再创新等方式，逐步补齐技术短板。但客观地讲，在增强技术创新实力方面，传统媒体任重道远。

第四关：队伍能力素质关。媒体深度融合发展，除了需要技术支撑、体制机制保障外，离不开建设一支政治过硬、本领高强、求实创新、能打胜仗的全媒型队伍。高质量的采编队伍曾是传统媒体的最大优势，在融合发展背景下，这支队伍的思维方式、内容采集加工方式、传播方式等都出现了明显的不适应，迫切需要进行整体转型，特别是强化具备"全天候报道、全终端发布、全媒体呈现"的能力。

这四关是媒体深度融合必须迈过去的坎，否则传统媒体和新媒体之间依然还是两张皮，主力军挺进主阵地的任务就不会落实到位。

三

推进媒体深度融合，是一项复杂的系统工程，涉及面广、工作头绪多、任务艰巨，必须找准方向，抓住重点，在关键处发力。习近平总书记在全国宣传思想工作会议上强调，要"在基础性、战略性工作上下功夫，在关键处、要害处下功夫，在工作质量和水平上下功夫"。这"三个下功夫"，就是我们推进媒体深度融合的"方法论"。

第一，加强平台阵地建设，是主流媒体基础性、战略性的工作。在意识形态工作领域，传播平台阵地永远占据着最重要的基础性、战略性地位。当前舆论格局发生深刻变化的重要原因之一，就是主流媒体的新媒体平台阵地迅猛发展。推动媒体深度融合，最重要的任务就是要进一步巩固和拓展新的传播平台和舆论阵地，让主流声音实现最大覆盖，并在网络传播主阵地占据主动和主导。近年来，主流媒体在网络传播平台阵地建设方面加大力度，基本完成了新媒体平台阵地建设的布局，与传统平台阵地形成了遥相呼应的局面。但客观地说，当前包括经济日报在内的大多数主流媒体在平台建设上存在两大问题，一是自有平台的建设力量分散，主平台普遍不够清晰；二是新建的新媒体平台相对独立，多是作为传统平台内容的二次传播工具，尚未与传统平台融为一体，更谈不上一体化运营，难以实现传统媒体和新媒体影响力传播力"此长彼长"的效果。为了推进深度融合，目前经济日报正在实施"平台建设工程"，以现有"全媒体中心"为支撑，统筹内容、技术、资金、人力等资源，差异化确立自己的主平台方向，逐步构建一个涵盖报网端微多个自建平台，并且可以对接多个第三方平台和渠道，具备较强孵化能力和聚合能力的平台型媒体矩阵。这一方面符合传媒形态发展趋势、满足广大受众信息和社交需求，另一方面通过体制机制的改革创新，将传统平台的优势和影响有效延伸、移植到新媒体平台，实现"1+1>2"的"化学反应"，在主战场上构建自己的坚固阵地。

第二，壮大新的核心竞争力，是主流媒体的关键处和要害处。分析近年来移动传播领域出现的各种"新面孔"，有一个共同点，就是都拥有自己的核心竞争力，或技术实力，或模式创新，或服务精准……必须清醒地看到，当前各类最有影响力的技术平台并不在主流媒体手里，即便加大创新力度，短时间内自建平台成为主流媒体核心竞争力的可能性不大。对主流媒体来说，内容生产仍然是自己最大的优势。当然，传统的内容生产模式和呈现方式，并不能自动转化为移动传播时代的核心竞争力，必须把坚持守正创新作为根本原则，既始终坚守本源，又持续大胆创新，使内容产品适应移动传播的新语境新特点新规律，才能把最大的优势转化为新的核心竞争力。守正，最根本的就是守坚持党对新闻舆论工作的领导之正，守坚持正确政治方向之正，守坚持正确舆论导向之正，任何时候都不能忘记主流媒体的职责使命；创新，最重要的就是创新融合发展的路径模式，创新传播技术和媒体形态并发挥引领作用，创新内容产品和表达方式提升传播效果。下一步，经济日报将遵循平台建设和内容分发并重的思路，继续坚持特色为要，以经济特色和专业优势引导内容生产和呈现形态、表达方式的创新，坚持主流媒体的积极作为和主动担当，在舆论引导的关键时刻及时发声亮剑，解疑释惑、正本清源，将原有的权威性、公信力转化为移动互联环境下的传播力、影响力；同时当好"内容提供商"，借助第三方平台，使优质内容尽快通过更多平台和渠道进行传播。

第三，坚持问题导向、实践导向、效果导向，是主流媒体提高融合发展质量和水平的关键。媒体融合发展不是一时之功，而是事关党的新闻舆论工作和媒体自身发展的长远之计，一定要坚持久久为功、扎实推进。当前，融合发展仍处在探索之中，特别是"合而为一、整体转型"的经验还不多。对别人的好做法好经验，可以参考借鉴，却不宜全盘照搬。必须从实际出发，结合自身的职能定位和现实条件，制定既符合中央要求又可以有效推进的工作方案，使媒体深度融合取得高质量高水平的实际效果。

近年来，经济日报深入分析自身面临的形势，梳理优势和不足，确立了做经济领域新闻舆论工作"压舱石"的努力目标，在融合发展中明确了"稳打稳扎、奋勇向前"的工作思路，坚持探索符合自身实际的融合发展道路。在新媒体建设方面没有"全面开花"，而是以新闻客户端为主体重点推进；在内容发布方面没有搞"全口径"，而是强调突出经济特色；在技术支撑与流程再造方面也以符合自身需求为主导，通过打造全媒体中心、新闻客户端、"中经云端"等技术平台，初步实现了内部资源、平台阵地的联通整合，逐步形成了适应自身实际的技术平台架构与模式，为媒体深度融合提供了有力保障；在体制机制改革方面，抓住机构、岗位、考核等重点环节逐步理顺，平稳过渡，较好地处理了改革发展稳定的关系，在内部营造了较好的改革环境；在提升队伍素质方面，我们发挥考核激励机制的作用，用试点引路，效果很好。现在，报社上下从"要我融"转向"我要融"，为接下来的深度融合奠定了坚实的思想基础和工作基础。

媒体深度融合，本质上是传媒领域的一场革命。与"相加"阶段更侧重于基础性工作不同，实现深度"相融"无疑难度更大、任务更艰巨。这需要我们以更大的决心和勇气，更富于创新创造的智慧和方法，进一步加大力度、加快速度，尽快推动媒体融合发展走向深入，尽快形成立体多样、融合发展的现代传播体系，更好地完成新时代新闻舆论工作的任务使命。

今年是改革开放 40 周年，40 年来，媒体在记录、参与、推动社会变革的同时，也在不断与时俱进、完善自己。改革开放成就了我们作为主流媒体的辉煌。面对新时代新目标新任务，我们要牢固树立"四个意识"，重整行装再出发，更加积极主动地推进深度融合。

（作者为经济日报社社长）

（2018 年 12 月）

全力打造具有强大引领力、传播力的新型主流媒体

◎ 郭卫民

党的十八大以来，以习近平同志为核心的党中央作出推动传统媒体与新兴媒体融合发展的战略部署。习近平总书记多次对媒体融合作出深刻论述、提出明确要求，强调传统媒体与新兴媒体要"融为一体、合而为一"，尽快从"相加"阶段迈向"相融"阶段。今年8月，习近平总书记在全国宣传思想工作会议上发表重要讲话，强调完成新形势下宣传思想工作的使命任务，必须以习近平新时代中国特色社会主义思想和党的十九大精神为指导，增强"四个意识"、坚定"四个自信"，自觉承担起举旗帜、聚民心、育新人、兴文化、展形象的使命任务。习总书记也对加强媒体融合建设提出了要求，这些重要讲话为我们推动媒体融合发展提供了根本遵循和前进方向。

近年来，中央和地方主流媒体锐意改革创新，勇于担当作为，着力探索发展路径、创新体制机制、提升传播技术、强化内容生产，推动传统媒体与新兴媒体在渠道、平台、经营、管理等方面深度融合，为巩固拓展主流思想舆论阵地，提升新闻舆论传播力、引导力、影响力、公信力做出积极贡献。当前，媒体融合进入向纵深推进的关键阶段，必须坚定信心，把握机遇，加快实现深度融合，全力打造具有强大引领力、传播力的新型主流媒体。就此，我提三点思考和建议：

一、媒体融合发展要牢牢把握正确的政治方向、舆论导向和价值取向。要坚持党性原则，坚持正确政治方向，增强"四个意识"、坚定"四个自信"，

不断探索媒体融合发展的宣传规律。要把握舆论导向，坚持团结稳定鼓劲，正面宣传为主，提高舆论引导能力，不断巩固壮大主流思想舆论。积极弘扬主旋律、传播正能量，让主流声音更响亮，为党和国家事业发展提供坚强思想保证和强大舆论支持。

二、媒体融合发展要激发创新活力。推进体制机制改革，有效整合生产要素，打通不同平台、部门的限制，共享资源，重塑流程；充分运用新技术、新手段进行创新，让大数据、云计算、人工智能等融入新闻采集、制作、传播全过程。习近平总书记在全国宣传思想工作会议上指出，"要扎实抓好县级融媒体中心建设，更好引导群众、服务群众"。媒体融合的创新改革，要进一步向基层媒体延伸，面向最广大的受众。

三、媒体融合发展要扎实推进人才队伍建设。媒体竞争、发展关键是人才。媒体融合需要的人才，不仅要政治上过硬、业务能力强，也要懂得运用互联网思维贴近受众、服务群众。我们有不少记者、编辑在融合发展的浪潮中得到了淬炼，越来越多的好创意、好作品涌现出来，用百姓喜闻乐见的形式讲出了中国故事，讲好了中国故事。各媒体单位既要通过多种培养方式，加快推动现有人员向全媒记者、全媒编辑、全媒管理人才转型，又要创新机制模式，广聚网络英才。要引导新闻工作者增进对人民的感情，强化社会责任，锤炼脚力、眼力、脑力、笔力，推出更多有思想、有温度、有品质的作品。

推进媒体融合发展，是主流媒体重要的使命和职责所在。我们要以习近平新时代中国特色社会主义思想为指导，进一步推动媒体融合发展走向纵深、走向前列、走向未来，大胆实践，勇于探索，相互学习，共同谱写媒体融合发展新篇章，为党的新闻事业作出新的贡献。

（作者为中宣部部务会议成员、国务院新闻办公室副主任）

（在 2018 媒体融合发展论坛上的致辞，2018 年 9 月）

开创网络宣传管理工作新局面

◎ 高 翔

2014年8月，习近平总书记主持召开中央深改组会议，研究通过了关于推动媒体融合发展的指导意见，媒体融合发展正式上升为国家战略。四年来，习近平总书记就推进媒体融合发展作出一系列重要论述，提出"强化互联网思维，坚持传统媒体和新兴媒体优势互补、一体发展，坚持先进技术为支撑、内容建设为根本"及"融合发展关键在融为一体、合而为一"等一系列重要论述。在刚刚结束的全国宣传思想工作会议上，习近平总书记再次强调，"要把握正确舆论导向，提高新闻舆论传播力、引导力、影响力、公信力，巩固壮大主流思想舆论"，为我们做好新时代宣传思想工作，推进媒体深度融合指明了方向，提供了遵循。

中央网信办始终认真贯彻习近平总书记要求，积极推动媒体融合发展，不断开创新时代网络宣传管理工作新局面。在内容建设方面，坚持策划引领，组织网络媒体充分运用移动化智能化的融媒体技术、分众化互动式的传播方式和大众化生活化的话语表达，不断提升正面宣传的到达率、阅读率、点赞率；在阵地建设方面，加强重点新闻网站传播能力建设，以中央重点新闻网站为骨干、主要商业网站和专业垂直网站积极参与的网络传播新格局基本形成。推进移动媒体优先发展战略，持续打造载体多样、渠道丰富、覆盖广泛的移动传播矩阵；在队伍建设方面，实施从业人员准入管理，通过组织开展全面多样的教育培训和实践锻炼，锻造出了一支讲政治、懂网络、敢担当、善创新的网络媒体人才队伍。

近年来，各地各主流媒体在媒体融合方面做了大量工作，我们的全媒体矩阵日益壮大，活力迸发。无人机拍摄、VR（虚拟现实）、人工智能等技术手段，被越来越多地用于新闻传播；短视频、动漫、H5、表情包等表现形式受到广大网民喜爱；从《大道之行》到《我的军装照》，从《牵妈妈的手》到《给90后讲讲马克思》……一部部融媒体作品持续刷屏网络，线上线下同频共振、一致叫好。

媒体融合的大潮滚滚向前、势不可当。在以互联网为代表的信息技术飞速发展的新形势下，如何把握媒体变革大势，抢抓机遇乘势而上，推动构建全媒体传播格局？我想借此机会和大家分享几点认识和体会：

一是坚持导向为先。当前，我国有8亿网民，互联网已经成为人们获取信息的主要途径，受众需求多样、参与意识增强、思想观念多元，网上舆论场日益影响着人们的思维方式和价值取向。主流媒体要继续发挥舆论"压舱石""定盘星"的作用，始终坚持正确的政治方向、舆论导向、价值取向，始终坚持网上网下一个标准，不断壮大主流舆论，弘扬主旋律，传播正能量。

二是坚持受众为本。习近平总书记多次强调："人在哪儿，宣传思想工作的重点就在哪儿""老百姓上了网，民意也就上了网"。网络传播的特殊规律，要求我们必须主动适应网民需求，用网民喜闻乐见的方式进行宣传引导，"通过网络走群众路线"，就是要多关注民情民意民愿，让互联网成为贴近群众、了解群众、宣传群众的重要渠道。

三是坚持内容为王。互联网是亿万民众共同的精神家园，推动互联网内容繁荣发展，符合广大网民的根本利益和普遍期待。中央网信办今年专门出台了《互联网内容建设战略》，在推进媒体融合的过程中，主流媒体要加强内容建设，在保持优质原创内容的传统优势基础上，善于借助多元化技术手段和传播渠道，善于发掘和讲好生动鲜活的故事，以内容优势赢得话语优势和发展优势。

四是坚持创新为要。短短几年间，我们共同见证了信息技术对媒体表现形式和受众思维方式的改变。"不日新者必日退"，从"相加"到"相融"，最终实现"你就是我、我就是你"，需要深层次、全方位的革新，这要求我们不断强化一体化发展理念，以体制机制创新为动力，逐步形成全媒体报道模式，推动构建完善的现代传播体系。

五是坚持人才为基。媒体的核心优势是人才优势，人不仅是媒体融合发展的主体，也是融合发展的对象。当前，互联网已经成为舆论斗争的主战场、主阵地、最前沿。主流媒体要充分发挥主力军作用，加快培养全媒记者、全媒编辑、全媒管理人才，实现人才队伍的共享融通。

媒体融合是一场意义重大、影响深远的自我革命。既要有时不我待的冲劲，也要有久久为功的韧劲，行百里者半九十，希望大家进一步落实习近平总书记要求和中央精神，顺应发展趋势，强化互联网思维，持续推动改革创新，共同创造媒体融合发展更加美好的明天。

（作者为中央网络安全和信息化委员会办公室原副主任、

国家互联网信息办公室原副主任）

（在2018媒体融合发展论坛上的致辞，2018年9月）

着力打造"一库 N 平台"科技传播格局促进创新驱动发展战略的落地实施

◎ 李 平

近年来,以人民日报社为代表的主流媒体,紧紧把握中央精神,顺应新时代传媒技术深刻变革的趋势,务实创新,不懈探索,深化媒体融合,为提升党的新闻舆论"四力"、更好服务党和国家发展大局提供有力支撑。

为落实中央的要求,我们坚持把科技宣传作为科技创新的重要政策工具,着力打造"一库 N 平台"科技传播格局,通过媒体融合发展的深化探索,促进创新驱动发展战略的落地实施,全力提升科技日报社作为科技宣传主阵地的功能。

媒体的融合必须从"根"上融合,我们坚持资讯为本、推进内容融合,着力打造"中国科技资讯库",创新机制聚合科技系统、国内外科技资讯资源,全力搭建科技媒体融合的"根平台"。目前,已完成资讯库数据中心总体框架的搭建。

媒体的融合关键是渠道的融合,我们坚持移动优先、推进渠道融合,在做精纸媒的同时,着力疏通移动端传播渠道,不断完善科技资讯的触达终端。"创新中国""科普中国""科技头条"等应用相继推出,N 平台格局日益健全。

媒体的融合核心是服务的融合,我们坚持价值导向、推进服务融合,用"工匠精神"打造新闻精品,用"产品思维"打造服务精品,推出系列科技新闻主题报道,科技政策"云平台"、科技成果展示转化平台等相继上线,拓展了科技传媒的服务空间。

下一步，我们将朝着智能化、智库化的"双智型传媒"转型，着力打造中国科技资讯库"根平台"，打造科技创新和科学普及传播"双引擎"，不断完善媒体融合发展的格局，更好服务创新驱动发展战略的实施。

我们将与以人民日报社为代表的主流媒体一起，深化探索，改革创新，共同塑造新时代媒体融合的美好前景，全力落实新形势下宣传思想工作的使命和任务。

（作者为科技部党组成员、科技日报社社长）

（在 2018 媒体融合发展论坛上的致辞，2018 年 9 月）

坚持政治引领　推动实践探索
做好联系服务　助力推动媒体融合发展

◎ 季星星

8月21日，习近平总书记在全国宣传思想工作会议上再次强调，必须科学认识网络传播规律，提高用网治网水平，使互联网这个最大变量变成事业发展的最大增量。习近平总书记重要讲话精神和指示要求，为推进媒体深度融合发展提供了行动指南和根本遵循，我们要认真贯彻落实。

在党中央坚强领导和中宣部有力指导下，中国记协认真学习贯彻习近平总书记新闻舆论工作重要论述，坚持政治引领，推动实践探索，做好联系服务，为推动媒体融合发展助力加油。

一是中国记协新媒体专业委员会启动运行，引领有了新抓手。建立中国记协新媒体专业委员会，是党中央交给中国记协的一项重要政治任务。中国记协积极贯彻中央领导同志指示精神，坚决落实中央巡视督查要求，以增强政治性、先进性、群众性为目标，积极筹建联系服务新媒体工作机构，将新媒体及其从业人员纳入中国记协联系服务范围。7月27日，中国记协新媒体专业委员会成立并运行。按照中宣部审定的《中国记协新媒体专业委员会规则》，新媒体专业委员会由新闻宣传管理部门、新闻行业组织、记协组织、主要新闻单位、重点新闻网站、新闻报刊、新闻院校、新闻研究机构等代表组成。经会员单位和有关部门严格推荐，共推举产生第一届委员155名，通过了《中国记协新媒体专业委员会规则》，确定开展学习贯彻习近平新闻舆论工作论述系列专题培训、打造新媒体传播力影响力评价发布体系、筹办中国新媒体大会论坛等重点活动。在牵头委员、承办委员和项目顾问的共同努力下，各项重点项目已经取得积极进展。

二是中国新闻奖媒体融合奖项评选顺利，示范有了新标杆。中国记协新一届理事会和党组履职以来，把在中国新闻奖中增设媒体融合奖项，作为响应新闻界呼吁、推进媒体融合的大事来抓，得到中宣部和中央有关部门的大力支持。今年中国新闻奖增设"媒体融合"奖项50个名额，分为短视频新闻、移动直播、新媒体创意互动、新媒体品牌栏目、新媒体报道界面、融合创新六大类组织评选，推荐了一批重量级、现象级、代表性、标志性的新媒体作品，一批彰显了新媒体时代记者职业精神和职业素养的全媒体现场报道，一批代表了媒体融合新进展新水平的创新创意成果。下一步，我们将认真总结评选经验，在研究媒体融合发展规律和新媒体传播规律上下功夫，继续拓展优秀作品报送渠道，继续完善媒体融合奖项设置，努力实现"把好方向导向、选好优秀作品、立好范本标杆、守好评奖纪律、总结好评选经验"的"五好"目标。

三是做好党和政府联系新闻界的桥梁和纽带，服务有了新平台。中央办公厅印发的《中国记协深化改革方案》明确提出，中国记协是党和政府联系新闻界的桥梁和纽带，是繁荣发展党的新闻事业的重要力量。要加快改革步伐，确保今年基本完成任务。下一步，我们将按照坤明同志等中央领导要求，强化政治引领，推动行业自律，加强联络服务，打造工作平台。一方面，延伸服务手臂，在广度上做文章。建立健全联系各级各类新媒体的长效机制，与新媒体工作者广交朋友，调动和发挥大家的积极性、主动性、创造性。宣传推介新媒体工作者增强脚力、眼力、脑力、笔力的好典型、好经验，促进新媒体工作者掌握新知识、熟悉新领域、开拓新视野。另一方面，拓展服务范围，在深度上下功夫，开展新媒体新闻信息传播工作状况调研，实施新媒体社会责任报告制度、实现中国记协网络服务改版升级、推动"记协品牌"拓展新媒体领域影响力、筹备出版中国新媒体研究报告年鉴等。

（作者为中华全国新闻工作者协会党组成员、书记处书记）

（在2018媒体融合发展论坛上的致辞，2018年9月）

第三章

融合媒体发展之专家观点

当前，媒体融合进入关键时期。搭乘"互联网+"的快车，深入转型、深层融合、深度洗牌，正在传媒行业不断上演。一些媒体加快数字化建设，朝着新型媒体集团转变，不断增强传播力影响力；还有一些媒体通过机构改革推进深度融合、优势互补、资源共享。然而，媒体融合不是赶时髦，面对受众偏好转向互动、视频和直播，媒体融合不是"要我做"而是"我要做"。媒体融合也不能拉郎配，既要尊重新闻传播规律，也要尊重新技术发展规律、新业态演进规律，既不能简单混合，也不能机械结合，更不能生硬捏合。

本章推出六篇极具思想性和问题意识的文章，主要从三个方面聚焦媒体融合的新情况新问题：一是传统媒体在融合过程中的体制机制创新及其挑战，尤其对"中央厨房"模式的改革发展提出了客观分析和建议；二是新兴媒体在技术、业态、产品等领域发生的移动化、智能化、社交化升级；三是媒体融合政策举措演变，及对新闻舆论工作的影响。

传统媒体系统性升级的三大方向与三大问题

◎ 彭 兰

今天的传统媒体都在谈"媒体融合",本质上看,"媒体融合"就是媒体在新媒体技术驱动下的转型、升级过程。作为一个系统,媒体升级需要在多个层面同时推进,包括:

用户界面升级:移动、社交、场景等关键词,意味着媒体与用户的新交互界面。这不仅会带来媒体内容与形式的变迁,也会召唤媒体的新产品思维,甚至会引发媒体文化的变革。

运行思维升级:媒体需要有更多的面向用户的意识,更好地进行分众化服务,实现与用户的全新关系。

"CPU"管理升级:数据资源及智能化技术的应用,需要与之适应的新媒体内部流程,以及新的内容生产与管理模式。

多道并行处理能力提升:内容、社交、服务等多种产品共同推进,可以为媒体带来更强的盈利能力,提升多种产品的综合运营能力成为媒体的新挑战。而如何在多元产品方向下仍保持内容产品的品质与核心地位,也是媒体面对的新考验。

外部接口扩展:媒体需要有更多外部接口,吸纳来自用户、新技术公司等更多"外设"的支持。

这些层面的升级,将主要通过移动化、社交化、智能化三个方向的变革实现。

一、移动化：从产品变迁到文化变革

移动化是媒体产品迁移的基本方向，但它并非一种简单的搬迁，而是全面的变革过程。

（一）移动化产品："新通道 + 新思维"

尽管媒体普遍把移动化的重点放在开发自己的客户端上，但在激烈的客户端市场竞争中，媒体客户端的发展空间是有限的。

根据艾瑞2017年前三季度月独立设备数据统计，澎湃新闻、央视新闻、人民日报、浙江新闻、参考消息、新华社等传统媒体的客户端，在移动客户端市场中较其他传统媒体更有优势，但与腾讯新闻、今日头条等相比，仍有一定差距。

媒体的新闻客户端之所以在市场影响力上有限，主要还是因为它们在市场卖点、用户关系黏性以及与其他产品的关联方面，有一定弱势。而腾讯新闻客户端可在很大程度上得到微信平台的支持，今日头条等客户端则以算法这样的分发技术做卖点，这都比主要靠内容的媒体客户端具有更强的竞争力。

移动化的分发渠道并不只有媒体客户端这一条。媒体之外的个性化推送平台、社交平台、服务性平台等，都有可能成为媒体内容移动化的新通道。

无论是哪种通道，移动化的内容生产，都不只是将媒体原有内容迁移到小屏幕上，它还需要新的思维支撑：

垂直化产品思维：对媒体来说，在大而全的客户端领域的竞争并无优势，也许垂直化内容聚焦反倒有可能突出其特色，特别是原创性的垂直化新闻内容方面，澎湃新闻在媒体客户端中的领跑，也说明了这一点。垂直不仅仅是内容的深度，也意味着与垂直内容相关的服务深耕，以及社群运营。在这方面，一些自媒体的探索或许可以给传统媒体启发。

精准分发思维：移动时空使得用户更在意获取信息的成本，低成本成为吸引用户的重要因素。这也是个性化分发平台兴起的原因之一。而传统媒体的客户端仍多是门户式的信息结构方式，但小屏幕使得用户在这样的信息堆砌中寻找自己所需要的内容变得更为困难。虽然并非每个媒体都要做个性化分发平台，但是，无论是借用第三方平台，还是利用社交平台，或者依靠自己的客户端，都需要精准分发的思维。

内容与社交的融合思维：对于媒体而言，移动化与社交化两者是密不可分的。移动化也意味着在内容产品中增加更多的社交元素和用户关系黏性，使社交成为内容的生产与传播动力。一些媒体也正在做这方面的探索，例如成都商报的谈资客户端。但对传统媒体来说，要在自己的产品里实现内容与社交的深层融合，还有很多障碍。

场景化传播思维：除了今天的资讯客户端模式外，或许基于场景的应用思维，可以给移动内容传播带来新可能。出行、家居、工作等具体场景，都可能成为新的内容整合结构。滴滴、高德等应用都显示了场景类产品的扩张力。但以场景为入口的新应用，必然是数据和技术驱动的，而这恰恰是媒体的弱项，媒体如果要开发场景类应用，需要更多地寻找外援。

产品的结构化思维：移动化为媒体产品链的延伸，带来了新的机会。因此，一些媒体也在向本地服务、电子政务、智慧城市等领域的服务延伸。例如"无线苏州"等的目标是打造"便民服务的掌上服务大厅"，湖北广电通过"长江云"致力于"新闻+政务+服务"的多功能整合，而贵州广电则尝试建设"互联网+智慧交通云平台"。不同媒体的产品拓展道路不尽相同，但大方向都在走出去，这些思路是值得关注的，但实际成效还有待观察。产品链的延伸，不应只是为了制造更多样的产品，而是为了形成更合理的产品结构，使内容、社交、服务等各类产品形成相互支持，特别是给媒体的核心产品——内容提供更多的支撑。

多种分发平台的整合思维：既然传统媒体的移动化不能只依赖自己的客户端，那么，媒体就需要充分利用每一种平台，努力让自己的内容在其他分发平台上获得最优的分发效果。这需要深入理解每种分发平台的分发机制与流量逻辑，整合多种平台提升内容传播效果。媒体也需要在与分发平台的博弈中争取自己利益的最大化，但也不能因为害怕利益流失，而将其他分发平台拒之门外。

（二）移动化视频："新视角 + 新叙事"

移动化也意味着传播形式上视频化的兴起。移动视频看上去是电视形式的延伸，其实是对电视模式的革新。

1. 新视角，让"现场感"变成"在场感"

传统媒体时代，电视的核心优势在于对现场的再现能力，事实上它的兴起却意味着观众对真实现场的一种疏离。在编导的意图、摄像的机位、导播的剪辑等作用之下，电视中的现场变成了精心组织的蒙太奇，变成了对现场元素与信息的一种挑选与再构造过程，而不是还原性呈现。观众与现场的关系也只是基于二维画面的"观看"。

而移动时代，用户更多地谋求进入新闻事件现场，体现自己的"在场感"，以自己的主观视角来观察现场。

因此，当传统媒体开始将移动视频作为移动产品的新方向时，不仅需要建立平台，也不仅要把视频常态化，更需要追求的是，用新的视角和叙事模式，把那种导致用户与现场分离的"现场感"，变成用户真正的在场感和主角感。

2. 新叙事，少即是多

移动时代的视频，更多是利用小屏幕、通过社交平台分享，这就使得短视频必然成为视频内容的一种主流形式，虽然影视剧等长视频内容还会有其市场，但移动新闻资讯将更多地趋向短视频模式。短视频应当是网络文化的一种张扬，而不是电视文化的浓缩，因此，在题材选择、表现角度等方面，它都需要打破传统媒体的思维束缚。

牛津大学路透新闻研究院的研究发现，在社交平台上，短文本视频（short-texted video，即短于 4 分钟、配有图表或"图表 + 文字"组合、没有旁白的视频）的效果更好。脸书上更流行解释类视频：这类视频旨在短时间内深度解析新闻故事的某一个层面。《卫报》甚至在此基础上独创了一种他们称为"轻触"（dab）的模式，这种模式的时长不超过 2 分钟，既有有趣的视觉内容，又有可阅读的文本。同时在脸书上，视频的前 3 秒对于视频热度至为重要。有些制作者还指出，过去电视常用的以全景画面开始的叙事模式在社交平台不再有效，取而代之的是以更具冲击力的镜头篇，必要时辅以文字说明。爆款视频涉及的话题更具社交敏感度，而不是时间敏感度。有制作者还认为，爆款视频的成功往往不在于内容涉及的话题，而是因为它们引发了用户的情绪，或给人启发，或充满幽默感。①

短视频不是将长视频简单切割，它需要重新探索视频的叙事模式，放弃传统电视叙事的某些套路，在四五分钟甚至更短的时间内，聚焦于主题或事件的一个纵切面，以最快的节奏形成视觉高潮，甚至需要在几秒内产生一个能抓住人眼球的视觉亮点。在视频表达中如何理解与应用"少即是多"这一原则，成为一个新的探索方向。

（三）移动媒体文化："新根基 + 新特质"

传统媒体的产品升级，也需要与之配合的文化升级。每一种媒体在发展过程中都在逐渐形成自己独有的文化，这种文化是与媒体相应的传播模式、传播主体、手段、思维等集合作用的结果，又结合着媒体运行的环境因素、体制因素和市场因素等。

传统媒体的文化建立在内容这个根基上，在传播体系、生产机制与文化上，表现出很强的封闭性。从传播结构来看，传统媒体的传播都是点对面的一级传播，传统媒体控制了唯一的传播通道，这种渠道上的垄断地位，使得传统媒体的内容可以无障碍地到达受众。由此，也容易使传统媒体对自己的内容价值产生错觉。很多时候，传统媒体自以为"为王"的内容，更多的是因为沾了渠道的光。传统媒体也是一种高高在上的庙堂式文化，作为传播权力中心，它往往是唯我独尊的，对受众是俯视的、教化的，强调的是统合，而非兼容。

而新媒体的文化则是建立在人这个根基上，把人视作其核心以及基础导向。进入社会化媒体时代后，用户更是成为网络中的节点，成为传播路径中的开关。每个"开关"都会影响信息的流动或者阻滞，从而影响到信息的传

---

① 路透社新闻研究所：《如何在社交媒体制造爆款视频》，http://www.199it.com/archives/633425.html。

播面。同时，用户间的关系是内容生产与传播的动力，也是内容传播的渠道。

今天的各种新媒体产品开发，都是把用户作为基本单元，重视用户连接能力的提升和用户力量的挖掘，正视用户多元化差异。因此，传统媒体在移动化产品升级过程中，也需要在新产品、新思维中注入新文化元素，甚至需要文化层面的基因改造。

二、社交化：用户能量的深层注入

社交化之所以重要，是因为今天整个新媒体的传播模式发生了深刻变化，人际关系网络成为大众传播的重要基础设施。因此，社交化是一个长期策略，而不是权宜之计。

目前媒体的社交化主要是"两微"的运营，但这只是社交化的起点。传统媒体的社交化应该包括三个不同层面的运作：社交化传播、社交化生产、社交化运营。而三个层面的应用，都是用户能量在媒体中的深层注入，以及用户力量的再挖掘。

（一）社交化传播：让用户成为渠道

社交化传播的目标是利用社交平台来扩张内容的影响力。其本质是让用户被激活为传播渠道，要实现这一点，需要为内容和用户注入社交动力。这包括：

内容传播的社交动力：内容除了要满足用户的知晓愿望外，还要帮助用户在社交圈中刷存在感，提升用户社交形象，活跃社交热度。

用户参与的社交动力：媒体设计的参与方式应能唤起用户的感同身受，易于传染，参与方式便捷，可以实现一键式社交分享。

今天中国的主流媒体已全面进驻社交平台，表现活跃，一些地方媒体也依托社交平台实现了影响力延伸。社交平台另一个重要的意义是，它正在促进时政内容生产力的新释放。时政内容正在社交平台上以新面目出现。解释性、评论性的内容，让时政资讯进一步落地。时政内容在社交平台被唤起的新生命力表明，今天的用户并非在远离时政内容等严肃新闻。相反，他们对严肃内容的需求也许更多，要求也更高。他们不满足于表层了解，还希望听到更多专业解读，时政新闻等严肃新闻向深层开掘，具有极大潜力。

社交化传播，也推动了媒体的传播语态的变革，"两会邀你加入群聊""刚刚体"等的风靡，让用户看到了严肃媒体的另一面。语态变革也意味着传统媒体试图跨越新老媒体间的文化隔阂，更好地吸引网络"土著"（特别是年轻网民）的关注与参与。

但值得注意的是，语态的创新，并不一定带来好的传播效果。语态只是"表"，披着网络化形式外衣的传统媒体，有时仍会让年轻用户感到尴尬。如果媒体在文化深层上与网络用户是隔离的，仅靠表层的语态变化，仍然难以持续赢得用户的共鸣。

更重要的是，今天的用户仍然需要媒体的专业性，特别是社会守望能力、真相追求能力。如果媒体丢弃了自己的专业性而单纯追求形式上的语态变革，有可能舍本逐末。

（二）社交化生产：让用户成为新生产力

媒体社交化，不应只停留在内容的社交化传播上。对社交平台的更深层利用，是将用户作为新生产力嵌入媒体的生产系统中。

用户自发生产的内容中存在大量可为媒体使用的资源，对于这些资源的挖掘与利用，可以提升媒体的内容生产能力。虽然媒体或多或少都在利用UGC，但如何让用户参与内容生产更为制度化，仍是媒体需要探索的方向。

良莠不齐的用户生产内容或许会伤害到媒体的专业性，但用户参与既不可避免，那么，媒体就有必要建立UGC内容的判断与鉴别机制，以此为基础，建立起专业力量与业余力量的协同机制。

用户的行为、情绪、态度等数据，都是媒体报道的重要资源，也可以帮助媒体更好地理解社交化传播的动力，这些资源也仍是媒体需要进一步挖掘的。这些数据的深层应用，也是社交化生产的另一种表现形式。其中，数据采集能力与分析精确度的提升，是重点。

作为生产力的用户，还可以作为内容产品的优化者，参与内容产品的谋划、筛选、测试等。用户生产力的释放程度，取决于媒体思维的解放程度。

（三）社交化运营：让用户沉淀为持久资源

社交化促进了内容的传播，同时还会激发出社交媒体的用户资源，这些资源的维系与应用，需要更持续的社交化运营来实现。

社交化运营的目标是，发掘对媒体具有长远价值的用户及其资源并进行持续的维护，利用用户资源来拓展媒体的内容品牌影响力，开发可能的盈利模式。其中，社群这样的集群性用户资源开发，将是未来的一个重点方向。

今天有条件的媒体还需要考虑开发与经营自己的社交产品，以便更好地形成用户黏性，也为电商等盈利模式做基础铺垫。但内容基因的媒体，如何突破思维局限做社交产品，仍是一个挑战。

三、智能化：技术驱动的新内容革命

数据分析技术、人工智能技术、物联网技术等种种新技术，正在把媒体带到一个智能化时代，智能化将驱动一场新的内容革命，传统媒体的转型需要在智能化的方向下进行新布局。

（一）智能化内容生产：全流程的变革

以往内容生产的底层支持力量是人的经验，今天智能化技术正在成为内容生产的一种新的底层支持，虽然它不会替代人的经验，但它会带来内容生产全流程的变革。

在媒体的选题、信息采集、信息加工等内容生产的各个环节，智能化技术都在介入。人民日报的"中央厨房"、浙江日报的"媒立方"、封面新闻的"蜂巢系统"等媒体融合平台，都体现了利用数据分析进行选题策划和传播优化的智能化思维。集成了智能化信息采集和加工技术的机器化写作应用也在媒体内容生产中快速推进。新华社的媒体大脑系统自动生产的视频，则让我们看到了智能化视频生产的冰山一角。

未来，智能化技术或许会在以下方向上实现突破，这会进一步拓展智能化内容生产的领域：

基于物联网传感器的信息采集与应用：智能化的内容生产离不开全方位的数据采集，今天的数据采集主要来自人的活动领域，而物联网传感器的普及，将为社会环境的监测提供全天候、多方位的新手段。来自物联网传感器的数据，将为未来新闻选题的发现、新闻关键要素的揭示、规律与趋势的判断，提供新的源泉。

语音数据的采集与文字化转化：智能语音识别技术正在快速发展并进入实用阶段，这一技术应用于媒体，将使媒体对于语音数据的应用能力得到大幅提升，数据源得到扩张。

多语言数据采集与实时翻译：智能翻译技术将在另一个方向上拓展媒体的信息资源，使媒体的触角可以真正延伸到世界的各个角落。

社交机器人采访：社交机器人应用于智能内容分发，已经成为媒体的普遍探索。而未来社交机器人还有可能成为一种新的采访方式，它们可以通过与个体用户的个性化交互实现个性化采访，也可以将采访数据汇总成公共性调查结果。

新闻现场要素的智能识别：通过图像和音视频的智能识别技术，可以对新闻现场的一些关键要素进行自动识别或判断，这对于人的采访能力无疑是一种有力的补充。

专题的智能化生成：移动时代的碎片化传播，更需要好的内容整合方式。未来的智能技术或许可以在收集某些话题的关键信息并自动整合为结构化的内容方面提供支持。

智能化新闻核查：对于假新闻、不实信息的判断与核查，今天也需要智能化技术的力量。国外的一些探索也证明了这一方向的可行性。

在智能化的新应用不断出现、深化的同时，智能化的内容生产也将驱动媒体系统的改造。

一方面，智能化应用将带动媒体生产系统升级，也会使数据成为媒体的"核能"，这种核能具有巨大的能量，但应用不当，也是一种危险能源。

另一方面，智能化应用也可能促使内容生产系统部分外迁。过去媒体的生产系统都在内部，现在一些掌握了技术与用户的外部平台可以为智能化生产、分发提供系统支持。

智能化内容生产也会带来媒体内部角色分工及其关系变化，其中突出表现为以下几方面：

内容生产者的"技术嵌入"：主攻内容的采编人员，也要有一定的技术理解力与应用能力，需要学会与技术人员沟通、合作。

技术角色权力上升：未来的媒体，技术人员将从内容制作的辅助者，变成内容资源的分析者、内容生产的重要成员、内容分发的核心支持，他们在媒体内部的权力会不断上升。

内容运营者或成标配：他们的主要目标是为内容选择更适合的分发渠道与平台，在内容的扩散中提供支持，同时也成为用户资源的维护者。

智能化已成为传媒业的大势所趋，但媒体的智能化并不只是把技术当作一个噱头，而是需要将技术作为底层驱动力，在人机协同的新思维下探索新生产模式，其目标是使人与机器实现相互补充与相互校正，以提升媒体内容生产的专业度。

智能化带来的革命，也意味着，对媒体来说，技术的作用与日俱增，但大多数媒体缺乏技术背景与技术人才，技术瓶颈日益凸显。借助外力，以开放的心态寻找技术合作伙伴，也许是更为可行的道路。

（二）智能化分发：分发平台改变传媒生态

一方面，智能化生产给媒体的专业度提升带来了新可能；但另一方面，智能化分发技术却在削弱传统媒体在内容分发方面的话语权。

智能化分发技术是在媒体之外出现的，拥有技术敏感与技术能力的新技术公司最先推出了个性化分发的资讯客户端。凭借其分发的高效率，个性化分发平台吸引了一部分因信息过载而疲惫的用户，也迎合了一些用户个性化的阅读需求，因而迅速在市场立足。尽管今天的个性化分发平台仍存在各种问题，但它们正在改变传媒业的格局，这已是一个不争的事实。

从长远来看，尽管智能化分发并不是唯一选择，但它必然是内容分发的一个主要方向。智能化分发和社交化分发的融合，也将进一步改变内容传播的模式。

智能化分发与智能化内容生产的界限也会模糊，分发为内容生产提供即时的反馈与优化、为内容生产"精确制导"，也将成为可能。

但是智能分发平台无疑会对传统媒体的自有分发渠道形成冲击，也会迫使媒体向它们集中，媒体这些内容生产者在分发平台中会在一定程度上成为"弱势群体"。尽管这是媒体难以接受的一个事实，但是，智能化时代，以分发技术为代表的智能技术，的确在深层影响传媒业生态，这种影响比当年门户的影响更为深远。

四、转型中的三个典型问题

面向三个大趋势，传统媒体的转型中，出现了一些新探索，也出现了一些新问题，对这些问题的思考，可以让我们进一步看清大方向，同时寻找适合自己的具体路径。

（一）"中央厨房"的价值如何真正发挥？

作为一种新的资源整合、协同工作模式，"中央厨房"的思维对媒体现有流程的改造，有一定的推动作用。人民日报等媒体的"中央厨房"机制，重新规划了媒体内部角色，细化了生产与传播的环节，突出了内容策划与营销的作用，这种思路也有借鉴意义。

资源整合的思路是必要的，但"中央厨房"模式并非一定要复制到每个媒体。每个媒体都应根据自身状况，寻找适合自己的资源整合模式，而不是在形式上向"中央厨房"看齐。"中央厨房"的建设，包括其后续升级过程，需要巨大的资金支持，而其产出，难以维系其日常运营与升级。

今天依随着"中央厨房"这一概念一同出现的，还有"一次采集、多种生成、多元传播"的提法。如果从市场和用户需求角度来看这个问题，也许会有不同的判断。比如，同一主题的反复传播是否反而造成注意力的分散？过多形式的轰炸是否会让用户产生厌倦？如果不注重分发的有效性，只是片面强调内容样态和分发的多样性，也许只是带来了数量上的井喷，而效果可能适得其反。

"中央厨房"的建设也伴随着数据资源的引入，那些在大屏幕上呈现的各维度数据，的确给编辑、记者的选题策划、报道深化提供了参考依据。但只有让编辑记者掌握了数据思维，具有解读与驾驭数据的能力，才能让这些数据的价值得到真正发挥。

智能化时代的大趋势是，传媒业与其他产业间界限更加模糊，对传媒生产具有重要影响的一些核心资源，越来越多地出现在传统媒体之外的平台，如何使"中央厨房"与一些外部资源进行更好的对接，也是一个值得思考的问题。

（二）平台型媒体离我们有多远？

今天的新媒体正在出现平台的集中化趋势，集成了内容生产与分发、社交和服务功能的平台，话语权不断增加，对于传媒生态的影响日益深刻。从过去的传播渠道，到今天的内容分发平台，概念变化的背后，是整个传媒生态的深刻变化。

一方面，渠道是内容到达受众的单一通道，用户只是渠道的端点，用户与用户是分离的。另一方面，内容生产者与用户间被渠道分离，用户只是消费者。而平台是内容到达用户的多元路径、复合生态，用户被聚集在平台上，用户与用户也在平台上连接。同时，内容生产者与用户汇聚在平台上，用户也是生产力。

成为平台，除了有内容生产能力外，还需要以下几个方面的能力：相当规模的用户数量与较强的用户黏性、内容精准分发的技术、多元的内容生产者、良好的用户体验。而这也意味着，从传统媒体现有的渠道中培养这样的平台，挑战极大。

今天的移动用户基本上都集中在传统媒体渠道之外的几个大平台上，这些平台对他们产生了极强的黏性，他们要转移到新的平台，难度很大。传统媒体只是内容的生产者，在内容分发方面，既没有社交媒体的资源，也没有一些新技术公司的算法分发技术，很难在内容分发上成为市场主导者。而传统媒体搭建的平台，也难有第三方平台的那样的独立性，很难吸引到其他的内容生产者。

资源丰富、用户基础良好的少数媒体也许可以将平台型媒体作为长远目标，但对于大多数传统媒体来说，追求大而全的平台并不现实。未来，传统媒体中的一部分，也许将成为纯粹的内容提供商，与那些强势的平台进行深度合作，尽管这未必是传统媒体愿意接受的。

（三）新闻资讯内容付费之路能否行得通？

2017年，财新宣布全平台正式全面收费开始，并推出财新通。财新的收费之路能否走通，不仅影响着财新的未来，也影响着媒体的整体信心。与此同时，2016年以来，知识付费的尝试如火如荼，并且有了初步成果，这也让从事新闻与资讯生产的媒体心里更痒，内容付费的话题又一次被点燃。

以问答应用带动的知识付费，虽然说明了新媒体内容有可能直接变现，但同时它也告诉了我们除内容外让用户付费的其他理由：知识付费之所以首先在问答类应用中得到实现，是因为一问一答是一种内容的精准匹配，在某种意义上，也是一种定制化生产。作为一种知识代加工，它为用户节省了力气，且其结果是可以量化的。而在媒体的内容生产中，还几乎达不到这样的效果。

用户自认为获得知识带来的心理满足，也是他们付费的理由，哪怕这种知识获得感只是一种幻觉。知识付费应用也带来了争当有知识人的跟风，这同样是心理层面的付费动力。而新闻资讯很难给用户带来同样的感受。

问答类应用多采用语音方式，这为伴随性场景赋予了附加值，特别是交通、睡前等场景。这也是问答类应用成为知识付费突破口的一个重要原因。

但这些在知识付费领域里行之有效的法则，能否平移到新闻资讯内容收费中，答案也许并不那么简单。除了媒体过去强调的内容的不可替代性外，影响资讯内容付费实现还有很多相关因素，如专业生产壁垒、生产者与需求者的匹配能力、给用户的回报、竞争环境、用户黏性、用户习惯等，尤其是用户以往在同类产品中的免费还是付费的习惯，对于内容付费制度的实行，是一个关键。

总的来说，通往新闻资讯内容收费的路也许还很长，对于某些媒体来说可以一试，但媒体也不必把内容变现的期待放在收费这一条路上，通过广告创新、平台分成、延伸服务甚至 IP 运作，都可能让内容以不同方式实现变现。

尽管未来内容如何变现存在着很多不确定性，但有一点是确定的：传统边界消失的传媒业更需要专业的资讯内容生产者，内容的专业性是传统媒体在未来传媒格局中继续拥有话语权的基础。

同样可以确定的是，尽管传统媒体的转型道路可能各不相同，转型中形成的媒体产品结构可能有多种，但内容仍应是核心，是根基。当然，要让这个根基更牢固、更强大，也需要一些新思维、新技术支持。

（作者为清华大学新闻与传播学院教授、博士生导师，新媒体研究中心主任，湖南师范大学潇湘学者讲座教授）

（2018 年 4 月）

媒体融合进一步深化

◎ 郭全中

2017年以来,媒体融合进一步深化,取得了一定的成绩,主要体现在出现了点击量过亿的现象级产品、积极推进供给侧改革、"中央厨房"建成标配、特殊管理股开始试点等方面。

一、出现了若干款点击量过亿的现象级产品

传统媒体借助微信、微博、今日头条等新型互联网传播平台,重视和加强自身策划能力,与技术方、平台方通力合作,打造出了一些点击量过亿的现象级新闻作品,现代传播能力建设得到一定程度的呈现。例如,人民日报客户端2017年7月29日推出的《穿越时光,这是我保家卫国的样子》,瞬间引爆了互联网,点击量超过10亿次。具体见表1。

表1 2017年媒体融合现象级产品

作品名称	出品单位	出品时间	点击量
《穿越时光,这是我保家卫国的样子》	人民日报客户端	2017年7月29日	10.4亿+
"一带一路"微视频《大道之行》	新华社	2017年5月12日	5亿+
2017年征兵宣传片《中国力量》	中国军网	2017年5月4日	2亿+
系列微视频《初心》	央视	2017年3月18日	12.36亿+
AR创意动画短剧《"剧透"2017年全国两会》	人民网	2017年3月1日	1亿+

续表

作品名称	出品单位	出品时间	点击量
歌曲《厉害了，我们的2016年！》	央视网	2017年1月29日	1亿+
微视频《最牵挂的人》	人民日报	2017年1月29日	11.4亿+
微纪录片《小账本连着大情怀》	新华社	2017年1月28日	6.7亿+
全媒报道《开往春天的扶贫列车》	新华社	2017年1月22日	1亿+

资料来源：《网络传播：必看！媒体融合这三年，15款点击过亿的"爆款"产品回溯》，http://news.hbtv.com.cn/p/934032.html，2017-09-04/2017-09-18

二、积极推进供给侧改革并积极提升报价

首先，在供给侧改革方面。2017年1月1日，《东方早报》《京华时报》纸质版停出，8月《京华时报》新媒体停更，11月《楚天金报》停刊。尤其是重庆日报报业集团推出整合大动作，将把其旗下的《重庆晚报》《重庆晨报》《重庆商报》进行合并，短期内合并经营后勤业务，同年底合并了采编业务。

传统媒体推进供给侧改革的大背景是市场化媒体已经难以为继，2012年以来，在互联网媒体的剧烈冲击下，我国市场化媒体尤其是市场化报纸开始出现断崖式下滑，目前绝大多数已经深陷困境、严重亏损。在传统媒体市场份额大幅度下滑的同时，出现了骨干流失和不良竞争的恶性循环。未来一城一报将是趋势，在报业市场繁荣时，一城出现多张市场化报纸是正常的，而当市场萧条时，通过关停并转，实现市场化报纸的一城一报不仅是趋势而且是必然。

毫无疑问，在当前的情况下，市场化媒体尤其是市场化报纸合并就是大势所趋，合并是市场规律和市场的必然选择。尤其是合并有利于互联网转型：一方面合并有利于开源节流，为互联网转型提供更多的资金；另一方面合并有利于传统媒体的用户聚合。尤其是上海报业集团，通过5年改革，上报集团旗下报刊已经从成立之初的32家降低为实际运营的21家，对《新闻晚报》《东方早报》等将近1/3的报纸进行了休刊；全集团列入关停并转进行清理的企业，共计91家；因报纸休刊及集团对下属企业的经营调整，共计对2404

名人员进行了分流,其中报纸休刊人员分流安置893人,公司经营调整分流安置人员1511人。

其次,在报纸提价方面,无论是党报还是市场化的都市类报纸都开始大幅度提价。报纸在广告收入断崖式下滑的情况下,纷纷采取各种措施开源节流,在开源方面通过发行提价来提高收入,在节流方面通过减版来降低成本。当然很多报纸从业者会担心在读者纷纷抛弃报纸的情况下,报纸再提价会加剧报纸的衰落。其实这种担心是不必要的,一方面党报提价的本质是变相补贴,在行政订阅下如何提价都不会造成发行量的大幅度下滑;另一方面市场化的都市类报纸留下来的读者忠诚度很高、价格敏感度不强,而且先行提价的报纸实践证明提价并不会造成太多的发行量下滑。尤其需要指出的是,对于党报来说,未来应采取"纸质媒体+新媒体"的组合拳发行模式,既能更好地满足用户的及时信息需求,又能为报纸的新媒体发展提供一定的收入。

三、"中央厨房"逐步成为标配

在中央和地方各级主管部门的积极推动下,"中央厨房"在各地传统媒体中得到普遍应用,在提升采编效率和采编能力方面取得了一定成效,但也存在着不能常态化运作的难题。

从当前运作最好的浙江日报报业集团的媒立方实践来看,"中央厨房"要取得实效,前提是对传统媒体的流程进行彻底的重构和优化,而且要明白"中央厨房"并不能包治百病,功用主要体现在提升采编能力方面,无法对用户沉淀和商业模式、盈利模式创新起重大作用。

四、浙报传媒剥离新闻传媒类资产且大力布局大数据和AI产业

首先,根据浙报传媒的最新公告,浙报传媒以19.97亿元把其旗下持有

的 21 家一级子公司股权出售给浙报传媒控股集团公司，并把浙报传媒更名为浙数文化。将新闻传媒类资产转移至控股股东，保留公司更具发展潜力和盈利能力的数字娱乐及大数据产业板块，有利于公司优化业务结构，集中资金及资源重点发展优势业务，从而提升公司的资产质量和盈利能力，实现业务的转型升级和公司的可持续发展。浙报传媒把新闻传媒类资产剥离出上市公司，能更好地做好新闻舆论工作，为浙数文化营造了更大的资本运作空间。浙数文化可以不再受限于国有传媒类上市公司的实际控制人必须绝对控股这一条款，资本运作空间就大大扩大。

其次，大数据产业布局积极实施。在 2016 年 12 月底通过定向增发顺利募集到 19.5 亿元之后，浙数文化全力推进"四位一体"大数据产业生态圈建设。目前，浙江大数据交易中心已上线；富春云互联网数据中心正式开工建设，目前拥有 6000 台主机柜，覆盖 10 万台服务器；梧桐树大数据产业园定址完成；总规模 10 亿元的星路鼎泰大数据产业基金设立完成。

最后，提前卡位 AI 产业。2017 年 11 月，浙数文化与创新工场共同成立 40 亿元的人工智能产业投资基金。从近些年国内传媒业转型实践来看，浙报集团是转型思路清晰、效果较好的传统媒体集团之一，关键在于其对未来发展趋势的相对准确把握以及良好的执行能力。

五、湖南广电要变娱乐立台为新闻立台，监管政策趋严

根据湖南省委统一部署，2017 年 2 月 17 日至 4 月 18 日，省委第一巡视组对湖南广播电视台开展了巡视"回头看"，5 月 24 日，省委巡视组向台党委反馈了巡视意见。巡视意见认为，长期以来，有的同志"娱乐立台""以收视率论英雄"的思想根深蒂固，有的频道在处理社会效益和经济效益问题上左右摇摆，作为党的喉舌价值取向有偏差。采取的整改措施是：停播相关问题节目，并先后诫勉约谈广播电台、经视、都市、娱乐、芒果 TV 等媒体和栏目负责人。对出现问题的媒体和节目负责人，分别予以通报批评、责令检讨和经济处罚。这对于长期以来依靠娱乐节目赚得盆满钵满的湖南广电来

说，定位的转变会对其收入带来何样的影响值得高度关注。此外，2017年，国家广电管理部门出台多项政策，加强网络视听节目创作播出管理，严格要求"线上线下一个尺度"。这些政策普遍被传统媒体从业人员看成对传统媒体利好，但是实践证明这只是整体政策趋严，传统媒体并没有因此获得对互联网媒体的竞争优势。

六、传统媒体大佬频繁离职，人才短缺更为严重

2017年，已经身处经营困境的传统媒体更是遭遇了高层离职潮，从年初的向熹等离职，到年中的聂玫、庄慎之、范洪涛等离职，再到年末的戴自更、王跃春、王茂亮、余海波等调职和离职，标志着传统媒体面临人才流失的问题。尤其是新京报社原社长戴自更转任北京市文化投资发展集团总经理后，总编辑王跃春提出辞职，这也让人对新京报社的未来发展产生了阴影。不得不说，任何一个新生事物都会被深深打上创始人的烙印，新京报社自然也不例外。在市场化的都市报面临转型挑战的情况下，尤其在创始人离开后，作为市场化媒体标杆的《新京报》运行情况虽相对较好但也难以有根本性的改观，从这种意义上来说，一个时代已经结束了。

七、特殊管理股开始在互联网媒体试点

特殊管理股制度是2013年在党的十八届三中全会通过的《中共中央关于全面深化改革若干重大问题的决定》中提出的，而当时的提法是"对按规定转制后的重要国有传媒企业探索实行特殊管理股制度"[①]，目的是在互联网媒体上首先试点。

---

① 十八届三中全会《中共中央关于全面深化改革若干重大问题的决定》，http://news.eastday.com/eastday/13news/node2/n4/n6/u7ai173782_K4.html，2013-11-18/2017-12-15。

所谓特殊管理股,在国外又被称为"金股"。相比于普通股权,"金股"含金量更高,其本质是具有更高的权力,这种权力可以分为具有某些特殊投票权和较多投票权两种①。我国的特殊管理股主要体现在特殊投票权。2017年8月,人民网拟参股北京铁血科技公司是明确的特殊管理股试点②。此外,一点资讯也在进行特殊管理股试点并因此获得了互联网信息服务二类牌照。从铁血科技和一点资讯的特殊管理股制度,可以看出其具有如下特点:

首先,在试点范围方面。由于已经在国外资本市场或者中国香港资本市场上市的互联网公司有大量的外国股东,一方面在这样的互联网公司推行特殊管理股会引起较大的国际影响,另一方面这些互联网公司的市值都很高,需要耗费大量的资金,如阿里巴巴、腾讯控股的市值高达几千亿美元,即使1%的股权也需要几十亿美元,耗资巨大。因此,这些互联网公司暂时不会纳入特殊管理股范围内。基于此,特殊管理股的试点范围将是未上市的互联网公司以及在国内上市或者在新三板挂牌的互联网公司,未上市的互联网公司如一点资讯等,在新三板挂牌的互联网公司如这次人民网参股的北京铁血科技股份公司等。

其次,在持股比例及持股方式方面。在持股比例方面,基本借鉴的是英国"金股"制度,一般为1%-1.5%。在该案例中,人民网将以7.89元/股的价格,认购铁血科技发行的91.33万股非限售流通股股票,总计约720万元,占发行后铁血科技总股本的1.5%③。而对于规模较大的互联网公司,持股比例应该在1%左右;在持股方式方面,小互联网公司由国有传统媒体直接持股,如该案例中由人民网直接持股铁血社区,而对于规模较大的互联网公司则需要组建相应的投资公司来持股。由于大互联网公司市值高,由传统媒体直接投资持股的方式就难以实施。如果市值为500亿元,即使1%也需要5亿元的投资,这就需要组建投资公司来投资。

---

① 郭全中:《特殊管理股制度对传媒改革影响深远》,《中国新闻出版报》,2013年11月26日第5版。
② 郭全中:《特殊管理股如何落地》,《中国出版传媒商报》,2017年10月24日第8版。
③ 《人民网参股铁血社区母公司铁血科技,负责内容审核》,http://tech.sina.com.cn/roll/2017-08-23/doc-ifykiqfe0876356.shtml,2017-08-23/2017-12-15。

再次，在监管方式方面。特殊管理股制度的本质是既要做好治理又要促进互联网公司的科学发展，这就需要通过互联网公司的治理机制来建立起合理的监管方式。在董事会方面，由投资方派出一名特别董事。在该案例中，人民网将向铁血科技推荐一名董事，经铁血科技股东大会选举产生。在总编辑方面，为了保证正确的舆论导向，互联网公司必须设立总编辑一职，投资方派出的董事对于总编辑有"一票否决权"。在该案例中，铁血科技将设总编辑一名，列入高级管理人员名单。

最后，在内容审核方面。为了保证正确的舆论导向，就必须进行内容把关，需要耗费大量的人力物力。如果没有相应的物质激励是没有人愿意去持股互联网公司而承担内容把关职能的，特殊管理股则更难以落地。物质激励无非有两种安排，一种是直接给予投资公司内容把关资金，另一种是以相对低的价格给予投资公司一定的股权，而且这种股权能够相对容易地进行交易。为了更好地把关内容，互联网公司的内容把关应由投资公司负责，对于具有内容把关能力的投资公司由投资公司负责，没有内容把关能力的专门投资公司则由特别董事担任内容首席风险官，负责领导内容把关。由于人民网具有很强的内容把关能力，铁血科技将与人民网签署内容把关服务合同，由人民网负责铁血科技的内容把关工作。在补偿内容把关公司方面，由于内容把关需要耗费大量的人力物力，应由互联网公司向投资公司支付内容把关费用。但由于投资公司是按照市场价格进行投资，且持股比例很低又不能随意减持，所以采取铁血科技支付相应的内容把关费用的办法。

（作者为国家行政学院社会和文化教研部高级经济师）

（2018年5月）

广拓深耕　大有可为
——2017年媒体融合观察

◎ 黄楚新　王丹丹

一、融合前景中的广度与深度

以人民日报、新华社、光明日报、中央电视台（现整合为中央广播电视总台）为代表的媒体"国家队"以先进转型理念和融合方式引领媒体转型融合。尽管媒体在各个路径上均进行了广泛、积极的探索，但在广度层面尚有可为，纵深方向也仍需继续挖掘。

（一）多元的媒体使用拓展融合广度

新媒体给传统媒体的极大冲击，显著地反映在纸媒行业的变化上。2017年末，包括《渤海早报》《北京娱乐信报》在内的多家报纸宣布将于新年元旦停刊或休刊。另有《武汉日报》《信息日报》等选择缩刊或调整发行周期。在纸媒用户缩减的同时，新媒体用户不断壮大。截至2017年12月，我国手机网民达7.53亿。使用手机上网的人群占比提升至97.5%。[1] 手机不断挤占

---

[1] CNNIC：《第41次〈中国互联网络发展状况统计报告〉发布》，2018年1月31日，http://cnnic.cn/gywm/xwzx/rdxw/201801/t20180131_70188.htm。

其他上网设备使用空间，台式电脑、笔记本、平板电脑等的使用率均出现下降。在新闻阅读领域，手机已成为第一设备，占据用户90%以上时间，充分占据碎片化场景。

而从另一个角度看，至2017年11月，PC端新闻资讯媒体覆盖人数比例为84.5%，而移动资讯用户规模占整体网民57%，相比PC端仍有增长空间[①]。一方面，显示出移动端资讯媒体发展潜力的巨大；另一方面，这种资讯方面仍较多元的媒介使用，也为持续推进新闻媒体融合提供了条件。

用户对媒体的信任取向也较为多元。据工信部《2017年中国网络媒体公信力调查报告》介绍，网络媒体在综合影响力方面形成了以人民网、新华网、腾讯网、人民日报客户端、腾讯新闻客户端等为主的第一梯队。人民网和人民日报客户端在用户信任度、社会责任感、影响力、媒体满意度方面均位居榜首，商业类媒体平台则以腾讯网和腾讯新闻客户端居首。[②] 因此，尽管传统主流媒体以一贯的严肃新闻获得了较高的信任度和满意度，腾讯新闻、澎湃新闻等也表现出不可小觑的实力。这种内容、信任方面的多元取向，同样证明媒体融合仍存在巨大空间。

(二)"中央厨房"成标配纵深方向仍待挖掘

2017年1月11日，《人民日报》刊发时任中央宣传部部长刘奇葆署名文章——《推进媒体深度融合　打造新型主流媒体》。文章指出："推进媒体深度融合，'中央厨房'是标配、是龙头工程，一定要建好用好。"[③]

截至2018年1月，全国55家媒体建立了"中央厨房"，基本成为转型"标配"。人民日报、新华社、中央电视台等中央媒体"中央厨房"运作日益

---

① 艾瑞：《融合创新是传统媒体及时止损托底的一剂良药》，2018年3月1日，http://www.sohu.com/a/224638352_445326。

② 199IT：《工信部：2017年中国网络媒体公信力调查报告》，2018年2月26日，http://www.199it.com/archives/694084.html。

③ 人民网：《探秘人民日报"中央厨房"》，2017年1月23日，http://media.people.com.cn/n1/2017/0123/c192370-29044372.html。

成熟，地方媒体也积极建设和应用了各自的"中央厨房"。很多"中央厨房"都运行良好，重庆日报 2017 年启用"中央厨房"，每天推出大量融媒体产品。仅党的十九大期间，集团全媒体报道 5427 篇，创历年之最。在一些媒体中，"中央厨房"还从"节庆厨房"转变为常态化运作。如 2016 年投用的廊坊日报全媒体传播平台中央控制室，现已形成滚动式、全天候、立体化传播的全新工作业态。以"中央厨房"为龙头，媒体采编机制也出现更新与变革，如荆州日报党报云"中央厨房"将人员重新调整，打破原有日报、晚报、楚网的编辑部独立运行模式，建立了集采访、出版、渠道、传播、转化、评估于一体的融媒体运行体系。

而建设热潮中也存在一些问题。其一是不顾实际，盲目建设。很多媒体或地方宣传部门忽视传播需求，盲目投入到"中央厨房"建设中。其二是内容同质化，"中央厨房"的主要特点是"一次采集、多种生成"，但在实际中，为节省人力、时间成本，很多地方只是同一套内容复制粘贴。

整体上，"中央厨房"最大的助益在于新闻生产环节，而非传播环节，并非建设"中央厨房"就能收获点击量和用户。当前众多问题的症因均在于没有从纵深发展的角度思考"中央厨房"的应用，其建设多停留在技术表面。从长远看，这种浅层的融合无助于媒体可持续健康发展，也造成了巨大建设资金的浪费。

二、新技术开发应用创造新的融合点

新技术的应用使新闻资讯获取更为便捷快速，带来全新使用体验，产生新闻消费的增加。2017 年，新闻类 App 月度覆盖人数较 2016 年有了较大的提升，最大增幅达 37.1%。[①] 各媒体根据自身优势引入 VR/AR 等新技术，将普通新闻阅读体验升级创新，成为这种增长的主要原因。

---

① 艾瑞：《融合创新是传统媒体及时止损托底的一剂良药》，2018 年 3 月 1 日，http://www.sohu.com/a/224638352_445326。

（一）技术创新推动报道创新

新技术的出现促进了新闻报道在内容和形式上的创新，在重大事件的报道中，新技术的应用更成为亮点。2017年全国"两会"报道顺应媒体融合与创新方向，在人工智能、直播等新技术方面进行了很多尝试，相关报道产品在数量上出现井喷，现象级产品也很打眼。通过直播、微视频、数据新闻、H5交互、短视频等创新报道形式，生产优质内容，推出了一系列精彩报道。2018年全国"两会"中，这些新技术继续带来惊喜。新华社"增强现实"报道《AR看两会——政府工作报告中的民生福利》，通过客户端AR功能扫描二代身份证浏览政府工作报告。这是继MGC（机器生产内容）后，新华社"两会"报道中又一次应用人工智能，也是国内首次采用端内原生AR技术报道全国"两会"。2018年3月5日人民日报客户端采用VR技术，360度呈现部长通道、代表通道、委员通道等，至6日20时，浏览量超20万。

（二）平台互动激发融合活力

在互联网"眼球经济"下，吸引用户成为媒体融合的重要追求。顺应新媒体趋势，自建平台，或通过入驻、合作，实现平台互动成为重要选择。整体上，媒体在平台方面的融合举措，一方面为媒体自有平台建设的集中发力，另一方面是在社交媒体等其他平台上深耕内容。

在自建平台方面，尽管"两微一端"早已成为最重要的选择，但传统主流媒体的App仍有其优势。2017年，今日头条和腾讯新闻分别成为周活跃渗透率最高和打开次数最高的新闻App。但监管的缺乏也导致2017年底今日头条、凤凰新闻等面临最严整改和封禁。此种商业类新闻App的发展既为传统媒体新闻客户端提供了借鉴，其发展短板也为传统媒体新闻客户端实现突围展示了道路。

据《2017全国党报融合传播指数报告发布》，67%以上的党报拥有自身客户端，有93%的报纸创办了App。大部分传统媒体新闻客户端由于完善的矩阵布局，取得了良好效果。其中，人民日报客户端下载量过亿，南方日报、光明日报、湖南日报 3 家党报自有 App 下载量为千万级。① 不过也存在很多报纸的客户端在建设后未被妥善运用，或由于内容质量和传播策略问题影响力微弱。

同时，微博、微信以庞大用户规模和社交属性，成为众多媒体的首选平台。截至 2017 年 12 月，微博月活跃用户增至 3.92 亿，创上市以来最大数量的净增长。用户使用率也提升至 40.9%，日活跃用户达 1.72 亿。② 保证了稳定的平台地位，成为众多媒体内容入口。党的十九大期间，人民日报、中央电视台等主流媒体在微博发布的短视频内容占比达到 35%，相关视频播放量达到了 30 亿。③ 微信也成为重要传播平台。在《2017 全国党报融合传播指数报告发布》的 367 家党报中，微信公众号开通率为 69.5%。另外，有 99% 的报纸已入驻了一点资讯、今日头条、搜狐新闻等聚合类客户端。

媒体依据不同平台传播特点发布的内容，促进了传播力的提升。中央电视台原创时政微视频《初心》，首次将党和国家最高领导人人物专题片的首发平台从传统电视端转至新闻客户端平台，全网转发阅读量超过 12 亿，成为现象级产品。而在这种借力打力的过程中，也存在发展问题，比较显著的一个问题是媒体发展的不平衡。人民日报、光明日报、南方日报、新华日报、广州日报等传统报纸，尽管种类较少，却在粉丝量、发布数量、阅读量方面将大部分报纸远远甩在后方。一些传统媒体对各平台的入驻仅为完成融合"任务"，内容不新鲜、无优势，更新不及时甚至不更新，沦为"僵尸号"。

三、内容升级创新引领融合方向

2017 年第四季度末，中国手机新闻客户端用户增长率为 1.3%，整体增

---

① 人民网：《2017 全国党报融合传播指数报告发布》，2017 年 7 月 1 日，http://media.people.com.cn/n1/2017/0701/c14677-29376415.html。

② CNNIC：《第 41 次〈中国互联网络发展状况统计报告〉发布》，2018 年 1 月 31 日，http://cnnic.cn/gywm/xwzx/rdxw/201801/t20180131_70188.htm。

③ 新浪科技：《微博发布 2017 年第四季度及全年财报》，2018 年 2 月 13 日，http://tech.sina.com.cn/i/2018-02-13/doc-ifyrmfmc2280063.shtml。

速放缓。① 在大规模建设下,手机新闻客户端市场空间逐步缩小,对忠实用户的固定成为又一趋势,使得内容成为媒体持续发展面临的首要问题。用户对优质内容的追求在大事件期间表现明显。如 2017 年 10 月传统新闻媒体月度覆盖人数增长率高达 78.3%,② 就是受党的十九大影响。

(一)"内容 + 融合创新"打造主流媒体现象级传播

在保证内容的前提下,主流媒体通过融合短视频、AR、VR 等技术打造创新点,生产出现象级媒体产品。如人民日报客户端在 2017 年 7 月 29 日发布的 H5 产品《快看呐!这是我的军装照》,截至 8 月 2 日 17 时,浏览次数达 8.2 亿,分钟访问人数峰值达 41 万。实施名人营销策略,充分利用新媒体,采用年轻群体表达方式。中央电视台文化类节目《国家宝藏》节目收获了一大批 90 后甚至 00 后年轻观众,火爆社交媒体。

在媒体融合趋势下,传统党媒也获得了新发展。根据艾媒咨询报告,内容丰富、质量高分别以 58.0%、56.8% 成为中高端用户选择新闻客户端的两大主要原因,这为传统主流媒体严肃新闻提供了市场。严肃新闻代表的高质量、权威性,符合众多中高端新闻用户的偏好,有助于以人民日报、新华社、中央电视台为代表的党媒,在竞争激烈的市场中保持巨大发展潜力。而数据显示,中央电视台、人民日报、新华社,在中高端用户群体用户黏性中确实表现良好,分别排名前三位。③

(二)原创、品牌、精品成为内容建设新方向

为应对新媒体时代的激烈竞争,媒体积极采用最新科技,但有时候是元素的简单相加,忽视科技与内容的深刻融合。同时又顺应新媒体传播特点,

---

① 艾媒咨询:《2017-2018 年度中国手机新闻客户端中高端用户专题报告》,2018 年 2 月 12 日,http://www.iimedia.cn/60658.html。

② 艾瑞:《融合创新是传统媒体及时止损托底的一剂良药》,2018 年 3 月 1 日,http://www.sohu.com/a/224638352_445326。

③ 艾媒咨询:《2017-2018 年度中国手机新闻客户端中高端用户专题报告》,2018 年 2 月 12 日,http://www.iimedia.cn/60658.html。

以快速、丰富为追求，却使低俗、失实新闻频现。既无法在快速和丰富上赶上新媒体，也丧失了自身内容优势。从新闻行业的发展角度和监管的必要性两方面来看，内容建设的回归都是必然。新媒体领域，各客户端与传统权威媒体达成合作，推出自媒体扶持计划，试图补足内容短板，出现了"倒融合"现象。整体上，对内容的追求表现在对内容原创度、品牌化、精品化的三方面的重视上。

内容原创度日益受到关注。2017年4月，网易提出扶植"腰部自媒体"战略，以5亿元资金专项补贴网易号内容生产，着力留住各类平台渴求的优质自媒体。随着新媒体用户红利消退，品牌化路线成为增强用户黏性的重要举措。2017年，燕赵都市报房地产传媒中心推出12个栏目化的报道产品，通过社交媒体和直播平台，发展出带有记者个性特质的、高质量、强互动的栏目品牌。精品化乃至高端新闻也成为一种尝试。这类新闻区别于快餐化、碎片化新闻，内容精耕细作，不追求噱头，不煽动情绪。如扬子晚报2017年6月推出的原创深度"紫牛新闻"，探索高端新闻路线，追求独家、深度、原创、新意。

在此基础上，新闻付费再次进入视野。2017年，财新传媒正式启动财经新闻全面收费，针对不同需求和层次用户推出"财新周刊""财新通""数据+"等3个收费产品以及"财新私房课"等特色产品，成为新闻付费的一个代表性事件。

（三）垂直细分领域融合价值凸显

根据《2016年新闻出版产业分析报告：数字出版高速增长》，当前综合类报纸特别是都市报的总印数降幅较大。而专业报纸由于致力于细分市场，读者对象更明确，总印数降幅只有3.6%[①]，低于整体降幅。垂直细分领域对用户需求的精准识别，以及专业、差异化、有价值的内容优势使其具备了高度融合价值。如专业类报纸《快乐老人报》，瞄准老年人群体开展业务布局，

---

① 新华网：《2016年新闻出版产业分析报告：数字出版高速增长》，2017年7月28日，http://www.xinhuanet.com/zgjx/2017-07-28/c_136479321.htm。

成为中国老年第一纸媒,其报纸官网也成为中国最大的老年网站。10多个针对中老年人群的公众号,形成了微信矩阵,"新老人"公众号排名全国健康微信公号第一。整体上,该报已形成集报、刊、网、两微一端、图书定制出版等于一体的中国最大的老年传媒集群。

四、经营融合提供行业发展动力

在技术和内容的融合外,2017年媒体融合的持续深化,还表现为经营和管理方向的融合推进。从目前的媒介竞争格局看,新闻的内容价值在提升,但新闻盈利能力正迅速衰减。根据艾瑞网报告,2017年报纸出版营业收入降低7.6%,利润总额降低15.7%。[①] 由于报纸广告价值被新兴媒体取代,广告收入持续下降。在媒介智讯发布的《2017年中国广告市场回顾》中,2017年传统广告市场增长0.2%。电视广告和电台广告刊例收入分别增加1.7%和6.9%,报纸和杂志的广告刊例收入分别下降32.5%和18.9%。但由于投资收益与补贴收入等大幅增加,以及传统媒体融合措施的实施,报业利润总额止跌回升。

一方面,创新广告经营方式,实施全媒体营销。如重庆日报创新广告经营,使得2017年集团全媒体营销收入突破3亿元,比上年同期增加80%以上,有效弥补了主业下滑缺口。再如半岛都市报全方位推进全媒全案营销转型,上半年改革到位,下半年广告止跌回升。2017年广告刊登较上年增加18%,其中新业务占比约两成。

另一方面,探索多种经营方式,增加非报业营收,促进媒体向其他产业的融合,多元化经营成为广泛选择,很多报业集团的非报产业收入甚至超过了报纸经营收入。温州日报报业集团以政务经济为基石,利用媒体品牌公信力和新媒体的市场号召力,策划大量展会、深入金融资本市场,打造"温都

[①] 新华网:《2016年新闻出版产业分析报告:数字出版高速增长》,2017年7月28日,http://www.xinhuanet.com/zgjx/2017-07/28/c_136479321.htm。

猫"电子商城综合平台。2017年,温州日报报业集团总营收5.27亿元,版外经济占比超过2/3。河南日报报业集团开拓了新媒体、金融投资、户外广告、房地产、酒店、教育、文化物流、商业印刷等多个产业领域。2017年,河南日报报业集团经营收入同比增长18%,多元产业收入占总收入的比重上升到69%。

结　语

广度和纵深方面的发展前景,技术和内容对融合方向的开拓和引领,以及经营融合带来的多方收入,既是2017年媒体融合领域反映的新趋势,也是媒体融合进一步深化的机遇。当然,在当前融合过程中,不可避免会存在问题,如媒体内部体制机制相对落后,融合综合评价指标不完善,以及在融合过程中出现的版权和隐私问题等。如何兼顾媒体融合的广度和深度,也应该成为媒体人的自觉思考。对这些问题的思索和解决最终都将为媒体融合指明更多可供前进的方向。媒体融合是艰巨而长久的任务,新旧媒体都应当探寻多元化发展战略。借助彼此优势整合重组,形成更具竞争力的媒体态势。

参考文献

［1］黄楚新,王丹:《主动融合与转型升级:2017年媒体技术的突破创新》,《新闻与写作》,2017年第12期,第14-18页。

［2］陈国权:《中国媒体"中央厨房"发展报告》,《新闻记者》,2018年第1期。

［3］CNNIC:《第41次〈中国互联网络发展状况统计报告〉发布》,2018年1月31日,http://cnnic.cn/gywm/xwzx/rdxw/201801/t20180131_70188.htm。

［4］艾媒咨询:《2017-2018年度中国手机新闻客户端中高端用户专题报告》,2018年2月12日,http://www.iimedia.cn/60658.html。

［5］199IT:《工信部:2017年中国网络媒体公信力调查报告》,2018年2月26日。

［6］人民网:《2017 全国党报融合传播指数报告发布》,2017 年 7 月 1 日,http://media.people.com.cn/n1/2017/0701/c14677-29376415.html。

［7］新华网:《2016 年新闻出版产业分析报告:数字出版高速增长》,2017 年 7 月 28 日,http://www.xinhuanet.com/zgjx/2017-07/28/c_136479321.htm。

［8］新浪科技:《微博发布 2017 年第四季度及全年财报》,2018 年 2 月 13 日,http://tech.sina.com.cn/i/2018-02-13/doc-ifyrmfmc2280063.shtml。

（黄楚新：中国社会科学院新媒体研究中心副主任兼秘书长，中国社会科学院新闻与传播研究所新闻学研究室主任，研究员；
王丹丹：中国社会科学院研究生院新闻学与传播学系研究生）

（2018 年 3 月）

传统媒体,进入融合的"下半场"

◎ 刘 珊 黄升民

从2014年"媒体融合"被提升至国家战略层面之后,走到今天已经过去了近4年时间。伴随着一浪高过一浪的"互联网发展进入下半场"呼声,其实媒体融合也已经进入了全新阶段,用"下半场"也可形容这样的新特征。那么,对于进入下半场的传统媒体而言,融合有哪些值得注意的要点?

一、清晰认知媒体融合的概念

很长一段时间,媒体融合被视为传统媒体的发展任务。但在业界实践中,新媒体机构也进行了深度融合探索和实践。对于传统媒体来说,媒体融合发展需注意以下两个问题。

(一)"相加"不等于"相融"

媒体融合不是简单"相加"。习近平总书记多次强调融合发展关键在融为一体、合而为一,要尽快从"相加"阶段迈向"相融"阶段,着力打造一批新型主流媒体。媒体融合已经到了向纵深推进的关键阶段。[①] 一方面,中国媒体融合发展其实由来已久,只是在不同发展阶段呈现出不同特征与要点,

---

① 时宝官:《媒体融合同样需要来一场供给侧改革》,《人民日报》,2017年3月22日。

所以必然是一场持久战，例如几经波折的"三网融合"概念其实也是媒体融合的重要阶段；另一方面，我国媒体融合发展开始出现自下而上的倒逼形态，技术和产品的融合推动着组织架构与制度变革，因而融合的完成需要媒体机构大刀阔斧的调整甚至改革。①

因此，融合的过程，本身就是改革的过程，尤其对于传统媒体来说，如果没有最先进的技术和设备，就难言进入新媒体的语境。但媒体融合不应止步于技术创新，应该看到技术的背后是人和制度，更深层的创新还是制度创新。融合发展不是在原有框架下修修补补、调整增删，也不是打造一支队伍、成立几个新部门、推出几个新媒体产品这样简单的事情，仅凭"互联网+""中央厨房"等概念，无法实现深度融合。主流媒体真正的融合发展是要推动媒体资源的全面融合，再造媒体运营的流程和战略，实现产业链的深度变革。

此外，从我国目前各类媒体在融合发展道路上的尝试和探索来看，互联网媒体的成功案例相对较多，也更值得参考和借鉴。在这个方面，传统媒体是应当积极借鉴的。

例如，腾讯提出"泛娱乐"构思后，经过几年从公司架构到产业布局的积累，目前腾讯"泛娱乐"战略已涵盖了网络文学、网络漫画、网络游戏、网络音乐、网络视频等领域，并在各领域互通有无。如腾讯影业在2017年开机制作的首档电视剧《择天记》，剧本便出自腾讯文学内容。现在更由"泛娱乐"升级为"创意者经济"，其实便是腾讯立足于多领域的优质内容，在生产、分发、经营各方面都足够扁平化的另一种表达。

而阿里巴巴则是以影视为核心，提出了"大文娱板块"的概念。以收购、或重组、或合并，涵盖了最热门的娱乐消费形态。阿里巴巴还将大文娱板块带来的用户兴趣数据与阿里电商产生的用户消费数据打通，为两者的投资、开发、招商、宣推、运营、销售等各个环节提供支持，更体现了纵深融合。

相比互联网媒体，传统媒体在媒体融合方面还有较大差异。传统媒体的融合多半是"面"上的融合，而互联网媒体融合是一种更加深入的方式，技

---

① 刘珊，黄升民：《解读中国式媒体融合的发展特点与路径》，《现代传播》，2015年第7期。

术、产品、业务、架构、资本各个层面的融合，所以一旦成功会带来很大的影响力，成为我们所说的"媒体巨头"形态。因此，传统媒体应积极向互联网媒体取经，赢取媒介纵深融合阶段的下半场机会。一是不可故步自封，积极发展与互联网的战略合作。二是在体制机制、运作流程改造重构上下更大决心。

（二）避免概念先行的盲目

"中央厨房"无疑是近年来媒体融合领域大热的主题词之一，除广电媒体外，报业对于这一转型发展方向的关注也非常普遍。2015年全国"两会"，人民日报推出了自身的"中央厨房"报道模式，从不同的角度总共生产了百余条原创报道。此后，这一模式迅速被全国各级媒体效仿，掀起了报业内容生产模式转型的新风潮。但其实在此之前，关于"中央厨房"的探索就已经在国内报业出现，如广州日报报业集团在2014年成立由广州日报夜班编辑中心、全媒体中心（含数字新闻实验室）、音视频部和大洋网等组成的中央编辑部。

但是，这一模式也面临一些新问题新情况。有观点认为，"中央厨房"在实际运行中形式大于实际作用，容易产生各渠道新闻产品趋同、以传者为中心等问题。据中国传媒大学新媒体研究院统计，2017年共有23个省市的主流媒体开启了"中央厨房"建设计划，其中已经建成"中央厨房"的省市18个。在已经建成的省份中，除天津的"津云中央厨房"明确提出主要依托北方网新媒体集团的技术优势之外，其余"中央厨房"依托的主要母体均集中于报业和广电两类传统媒体，新媒体力量在"中央厨房"建设中发挥的主导作用和参与程度尚不显著。

如今，"两微一端"成为中央和地方网信部门强力推动下的政务新媒体建设方向，也成为众多传统媒体机构的媒体融合目标与考量标准。例如，人民网舆情监测室定期发布媒体"两微一端"融合传播排行榜。"两微一端"融合传播排行榜的评估范围覆盖国内所有传统媒体和新媒体，通过统计各媒体在微博、微信等平台上发布文章的阅读数、转发数、评论分享等构建指标体系，评估各媒体在移动化平台上的发展状况、传播效果和影响力。

实际上，这种新媒体信息传输渠道的使用，应该是传统媒体通过资源整合，以转移或者搭建传播平台的形式开拓融合道路，继而进行新闻内容生产、强化信息分发能力、打通与用户互动桥梁的运作手段，不应成为门面上的"任务"。其实，即便并不强调所谓"两微一端"，也同样可以进行新媒体转型。2017年1月，上海报业集团《东方早报》休刊后，将新闻报道、舆论引导等功能和人才资源全部转移到集团旗下的澎湃新闻网。同日宣布休刊的《京华时报》将其新媒体业务转移到京华圈App。这种向新媒体整体转移的方式也是媒体融合发展的有效模式之一。

二、抓住媒体融合下半场的核心

关于互联网发展进入下半场的提法，业界认为原因在于：人口红利的消失，要求互联网从业机构寻找真正能够变现的商业模式，而对于智能化、国际化、"互联网+"的要求则会全面提升。那么，对于传统媒体来说，融合的下半场又意味着什么，进入全新发展阶段之后，融合的核心与抓手应该是什么？

（一）"数算力"的提升成为决胜关键

互联网产业在进入下半场后，人工智能成为席卷全球的热潮，几乎所有的互联网巨头都在积极布局这一领域。对于努力实现真正融合的传统媒体而言，这也必然是一个绕不开的话题。然而，人工智能需要极为重要的现实基础——大数据与云计算。我们将数据积累与运算能力合称为"数算力"，这是传统媒体进入融合下半场必须具备的能力。

1. 传统媒体的核心资产是内容，内容运营的核心则是数据

内容产品是精神文化产品的一种，从传递价值、精神、文化等角度看，内容是一种无形产品。可是，从其表现形态看，文字、图片、声音、视频等又确实是一种可见可感的形态。对于这样一种特殊的存在，数据究竟能否进行测量？我们认为，是可以的。

一方面是与内容产品相关的客观数据，比如产品数量、时长、被观看（使用）时间、地点、次数，观看（使用）的用户特征、利用终端介质情况等，这些数据可以被清晰记录，且在大数据技术成熟之前就可行。现在，基于互联网的特性和大数据的技术发展，这种记录变得更加精准和全面。一个重要的表现就是，但凡参与内容运营的机构，都在积累庞大的数据资源，无论是数据体量、类型，还是数据处理的速度和方式，都成为其立身之本，也是互联网机构内容数据化工具的诞生基石。比如，脸书等首先收集的是每位用户发布的内容（包括分享的内容）、关注好友的状态更新、加入的群组以及点赞、评论、分享等用户行为数据，进而才从这些数据中产生该用户的"权重评级标准"。随着产品迭代，脸书不断将视频、链接等内容形态因素，点赞、取关、隐藏、阅读时间等用户行为因素转变为算法考虑因素，让数据库不断丰富。

另一方面则是与内容产品相关的主观数据。一个重要的应用是在海量行为数据库的基础上，了解用户接触内容产品时，究竟产生了怎样的观感和态度。涉及情感和偏好的，通常归入定性研究范畴。过去很长一段时间，研究者一边使用科学抽样、深度访谈等研究方法尽可能真实地还原这些主观数据，一边也在积极引入类似眼动仪、脑电波测试等技术手段监测和分析受试者情绪的波动和喜好变化。在大数据技术逐渐普及的过程中，这种研究外化为"打标签"这个行为动作，并且通过爬虫技术、文本分析等技术更好更快地帮助研究者简单、明了地了解用户特征及喜好需求。例如，腾讯推荐平台的实现方式就是基于腾讯众多产品中的行为数据为用户采集丰富的兴趣标签，然后系统自动对这些原始标签进行聚类和分类，从而对用户兴趣进行抽象。不仅如此，该系统会自动建立"标签→主题→类目"的映射关系，从而为用户画像进行多粒度、多尺度兴趣刻画，同时系统会根据实时上报的行为，不断更新当前用户的画像兴趣。

由此可知，虽然内容产品的属性复杂，运营流程极为精细，但是数据完全可以参与到这个运营流程和体系中来，给运营者充分支持和辅助。主客观两种数据的监测和记录，一直都在进行中，只不过在时效性、准确性方面有所欠缺，同时也较难获得理想的成本控制与数据量级的平衡，所以此前很难大规模复制普及。而万物互联的现实条件，数算力的不断发展，较好地解决了这个问题。现在，只要数算力足够，就能有效在海量内容产品中判别优劣，分析原因，进而指导下一次的内容生产。

2. 内容运营的难点是预测，预测的实现有赖于真正的智能

虽然内容产品具备可以感知的形态，但与实体产品相比，其特殊性还是显而易见的。几乎所有社会产品在流通时都有一个共性：可以大批量复制。尤其受欢迎的产品，可以及时根据市场的反馈扩大生产，从而提升收益。然而内容产品显然并不是这样的商业逻辑——每一个内容产品都需要具有独创性才能产生价值，在这个产业领域中，复制是极大的死穴。那么，摆在内容产品运营者面前的一个严峻问题就是：如何根据过去的数据、现在的数据，预判用户未来喜好，从而生产出与之匹配的内容产品？为人们的精神产品市场寻找下一个热点，是内容产业的难点痛点。

长久以来，内容产品运营者都在试图通过数据解决这个问题，而数算力的成熟给了我们更大可能性。如 Netflix 成名作《纸牌屋》。这是一部利用大数据指导生产的电视剧——根据用户过往数据来判断其需求和喜好，进而利用这些数据指导自身内容生产，从而诞生出一部大卖的新作品。那么 Netflix 究竟做了多少数据准备？根据报道，仅在评估这一环节，Netflix 就建立了一套极致精细的数据指标体系。这个数据库构建的基础一方面是平台实时的观看数据沉淀，另一方面是对内容的细分、解构、打标签的过程。Netflix 至少把影片分成 76897 种"微类型"，完全颠覆过往对于影片分类的标准，进而更好预测用户真实喜好需求。不过，直到现在，数算力扮演的还是辅助生产这一角色，完全替代和自主生产还较为困难。

解决这个问题的难点在于，只有过去的数据、现在的数据，究竟应该如何准确推断下一个内容热点？我们认为，除了行为数据、情感数据之外，经验数据的引入也许是一个有效的解决方向。人类行为是基于过往的经验和记忆产生的，在一定程度上可以被预测。那么，除去极端情况，通过足够的经验数据的引入作为校正参数，可以帮助我们判断内容热点。这其实是内容运营实现真正"智能"的关键步骤。

（二）盈利模式的构建是融合的重要任务

互联网发展进入下半场后，互联网机构要实现稳定健康增长，需改变依赖流量的盈利模式。对传统媒体而言，融合成功与否的一个判断标准，同样也是盈利能力问题。

1. 对盈利问题给予足够的重视

大众媒体在改革开放 40 年来，始终有一个任务，就是产业化。1996 年，笔者第一次提出"媒介产业化"时，是希望能够用一个名词来概括我国媒介机构通过各种方式来解决市场空间、市场资源和经营规模问题的发展状态。[①] 经营问题其实一直是媒体生存发展的主线之一，那么盈利能力显然也是重要任务。然而，从我国目前学界与业界看待传统媒体融合发展问题的角度来看，盈利能力很少被提及。

在有限探讨中，大多只是涉及"免费"与"收费"问题。前文探讨的"中央厨房"这一转型概念基本也是只谈生产不谈盈利。世界报纸与新闻出版协会的调查报告显示，近年来全球报纸行业的收入仍在继续下滑，2015 年全球报纸发行和广告总收入约为 1680 亿元，比 2014 年下降 1.2%，比过去 5 年下降 4.3%；同时，在最成熟的报业市场，报纸额外收入已经占到整体收入的 10%-20%。可见，深入挖掘报纸现有优势内容与忠实用户商业的价值，并构建全新的盈利模式，在营收上做出纵深两个方向上的突破，既是可能，也是必需。抛开盈利谈转型，抛开盈利谈内容，都不可取。

2. 盈利的融合可以从广告经营开始试水

长久以来，传统媒体的基本盈利支撑都是广告收入。而且，互联网媒体也在依赖这一商业模式维持生计。然而，眼下的互联网机构已经开始感受到单纯依靠广告带来的捉襟见肘，所以纷纷试水其他盈利模式。对于传统媒体而言，即便眼下无法在盈利模式上做更大调整转型，也可以从广告经营这个问题上开始尝试更加融合多元的方式。

例如，近年来逐渐被赋予了全新含义的网台联动模式，正是传统媒体尝试跨界融合并盈利的可行性方向之一。安徽卫视是第一批探索者，推出"台网联动　寻梦红楼——安徽卫视·搜狐视频新版《红楼梦》联合推广会"，开创了我国当时"互联网＋电视台"的跨媒体联合营销。安徽卫视还联合腾

[①] 黄升民：《重提媒介产业化》，《现代传播》，2000 年第 5 期。

讯推出"大剧2.0"台网联动首个产品,共同播出、共同推广、共同招商试营剧《医馆笑传》,取得营销效果和社会反响双丰收。此后,安徽卫视倾全台之力打造《我们的法则》再次与爱奇艺签署独家合作协议,每期节目同步爱奇艺全网独家播出,开启台网联动新玩法。《我们的法则》针对每期节目都有爱奇艺网页端、手机或iPad客户端、图文App、列表App等多项如焦点图、弹窗、推送等各类重点核心资源的长时间曝光全力推送该项目。"联动"需要更多元深层合作,现在的"融合"需要更完整、丰富的产业链条协作。

此前大家常常争议,联动、融合究竟是谁来主导,然而这种合作关系的定位也发生了变化。阿里巴巴文娱大优酷事业群总裁杨伟东认为,完全自己生产,跟电视台没有协同,也会存在弊端。电视台和视频平台进入了一个新的常态关系。在他看来,这个常态并不是视频网站反哺电视台,而是换位思考的合作关系,同时做到制作公司、视频平台、电视台、观众四赢。

(刘珊:中国传媒大学广告学院讲师;黄升民:中国传媒大学广告学院教授)

(2018年3月)

融合的目标是提高生产力

◎ 陈朝华

（采访整理：刘　畅　田正赓）

作为北京市新媒体集团与奇虎360科技有限公司共同出资成立的公司，北京时间集合了北京市的新闻资源，以北京广播电视台新媒体业务板块、北京新媒体集团新闻采编团队、自身原创团队的内容生产为基础，以奇虎360科技有限公司的互联网技术及流量为依托，成为北京市属媒体的新媒体统一平台。

"有牌照、有流量、有影响"这是北京时间官方宣传中对自己的定位，也是其融合不同媒体介质后的目标设定。

当然，这也是吸引同样拥有"混合"气质的陈朝华加盟的原因。传统媒体人出身，曾任南方都市报报系总经理，后任搜狐网总编辑，离开搜狐后，陈朝华以360公司副总裁身份加盟北京时间，成为联席总裁。

和所有人一样，陈朝华看好互联网与传统媒体碰撞交融出的未来，2016年4月12日北京时间正式上线，包括"北京时间"网站、新闻客户端，以及在各大互联网平台进行内容分发的子品牌账号。两年多的实践，也让陈朝华对深度融合有了更深层的认知。

1. 平台不是融合唯一出路

问：北京时间是互联网和传统媒体交融诞生的一个新产品，如果将它比作一个孩子，你希望它长成什么样？

答：一提到融合，人们最直观的感知是内容融合、平台融合、渠道融合。

北京电视台及北京时间原创的内容、既有的播发渠道、360在PC端的传播优势，统筹这些资源，会形成合力，获得更好的传播效果。比如，360开机小助手页面就是一个流量极大的传播渠道，任何内容在这个位置，都会有很好的传播效果。

再深一层，就是融合不同媒体介质的特质和优势，比如利用互联网的互动性，提高既有电视观众的参与度和深度体验。像《跨界歌王》《广场舞大赛》等栏目，使用北京时间BTV专区为其"量身定制"的互动功能，如征集、投票、评论等，实现了电视大屏、PC屏、手机屏的三屏跨屏互动，使观众不仅仅是内容的接受者，同时也成为电视内容的生产者和传播者。

而更深一层，就是融合能够真正激发、释放媒体的内容生产能力。目前，我们有了一些尝试，像北京时间与北京电视台生活频道《生活这一刻》等栏目组共同策划，实现一次采集、多端播出，传播效果倍增。但在这一层次上，仍然面临一些困难，包括制播流程、资源分配等。

一次采集、多端播出是非常理想的状态，但并不是千端一面，拿同一个内容在不同渠道分发。具体操作中，不同播出端对内容的特性需求迥异，在产品的语言、呈现、包装上都必须差异化处理，如何统筹调配，真正各取所需，还有待于进一步探索。

说到底，这是一个关于北京时间该如何定位的问题。是平台还是媒体？

对此，我的判断是北京时间核心定位应该是一个机构媒体，平台只是一个辅助功能。

首先，拥有平台功能不代表你就是平台。我们可以轻松上线一个功能齐全的手机App，但平台必须有足够的用户使用。在没有一定用户基础的情况下，把自己定义为平台，意义不大。

其次，必须承认，目前已经存在一批超级内容平台，它们占据了用户市场的主要份额。北京时间作为一个新生儿，发展路径不应是和大平台直接对抗，而是要先以一个媒体的身份，扎根北京本地，去做好内容，先慢慢积累用户。

当然，也会有争议在于，作为媒体，如果没有自己的平台，会受制于人。其实，即使自建平台，如果没有用户下载使用，平台也是无意义的。虽然，北京时间有自己的 App，我们也仍需借助别人的"赛道"，发挥自己的内容优势。

2. 内容永远是王牌

问：区分机构媒体还是平台，这种不同的目标定位如何影响发展思路、策略？

答：运营平台和运营媒体的思路完全不一样。

作为平台，运营主要需要注意两方面：一是内容生态。目前一些主流平台，都是通过补贴或其他收入奖励，吸引内容生产者进驻，创造中长期价值，从而提高自身流量。二是算法。通过收集数据给用户画像，努力把用户身份刻画得更精准，从而实现内容和用户的匹配。

而作为媒体，最关键的仍然是内容生产。扎扎实实做内容，占领用户心智，从而提升平台调性，提高自己的品牌辨识度，增加用户黏性。

优质内容是自带流量的。在当下碎片化的传播中，优质内容更为稀缺可贵，在任何一个平台，优质内容仍是聚焦点，是一个中心。北京时间在当下这个阶段，最需要的仍然是：做好内容。

目前而言，北京时间比较成功的内容产品就是时间视频，已成为一个品牌。究其原因，首先是抓住了机遇风口，短视频成为当下受众乐于接受的一种产品形式；其次，在目前的市场供给环境下，靠谱的新闻短视频产品供应严重不足。于是，时间视频凭借其优秀的制作水平，获得了很多受众的认可。

问：那如何看待内容与运营的关系？

答：这不应该成为一种冲突。

内容生产是根基，运营也同样重要。运营不是炒作，制造噱头。作为媒体，运营是要明白自己的内容结构，清楚平台特性、用户特点，在此基础上，与超级平台同频共振，建立自己的议题设置能力和引导力。

要实现这一点，媒体必须依靠真正的专业能力，一方面要通过互动、画像等技术手段，精准感知用户的需求、情绪，生产优质内容，激发共鸣，获得受众的信赖和支持。另一方面也要明晰不同平台特性，做好平台运营。

平台运营需要做好两个方面：一是针对性，不能"一处水源供全球"，把相同的内容在不同平台上通通发表一遍，看似实现了普遍占有，但效率很低。

最好的做法是对不同的平台进行针对性分析，确定在不同平台上应该使用的不同策略。比如在今日头条上、微博上、微信上分别该发什么内容，用什么标题，以什么样的形式呈现，等等。目前的形势是，生产出的内容如果不全网分发，那么受众面就会比较窄；但如果进行全网分发，也需要明白，不同平台上的受众是不一样的，需要使用不同的运营策略。

二是内容变现。作为专业的机构媒体，如何与平台共振共赢。举个例子，北京时间现在在微博平台上，每周的流量有1亿多，怎么样把这个流量变现、利用起来，仍然有待研究。微博运营方测试过在我们一个短视频账号上投放贴片广告，两天给到北京时间的分账有6万元。这种展示式的品牌广告收益远大于简单的信息流广告分成。我相信还能探索出更多更好的双赢运营方式。

3. 融合是改变生产关系，目的在提高生产力

问：您如何评价和看待当下的媒体融合状况？

答：目前我们说的融合，基本上还是一般意义上的融合，比如内容的融合、平台的融合、渠道的融合等，其实，这些还都是以媒介本身为边界的一种可控的融合，仍然是浅层次融合。如果要实现深度融合，应该打破媒体的边界，实现内容生产与整个社会形态的融合。

比如，在技术能力已经具备的情况下，对全网信息动态监控，把脉社会关注点、公众情绪，更宏观整体地把握舆情。通过数据比对分析，确定选题，让内容生产更高效，有助于受众认同的实现和社会共识的达成。

我们为何要实现媒体融合？目的就是提高生产力，通过整合已有资源，更好地传播信息、服务用户。融合是生产资料和生产关系发生改变，最终释放、提高生产力，让媒体真正能在社会整体形态中实现信息联动的功能和作用。

问：技术进步有助于我们更精准把握用户需求，算法在媒体融合过程中扮演了什么样的角色？

答：其实，几年前，我就提出过，希望未来能出现算法2.0或算法3.0。目前，我们的算法主要在了解用户所好，从而精准推送、匹配，而我希望下一代算法不仅是迎合用户，只提供用户当下明确喜欢的内容，还应提供用户应该了解的内容。

对平台而言，不应该毫无底线地迎合用户，因为这样很可能导致算法污染内容，造成内容的庸俗化，平台应该加入人的价值观，让平台里的内容更优质。

对有责任感的社会媒体来说，要做到真正以用户为中心，不仅要提供他们感兴趣的信息，还应发掘用户潜质，提高他们对社会的认知，帮助他们实现自己并不明晰的那部分信息需求。通过这些信息，用户能更好地完善自我、理解外在。对一个负责任的媒体来说，在算法流行的时代，这种对用户的担当是不能丢的。

问：那引导和吸引会冲突矛盾吗？

答：最好的状态是二者兼得。大数据、算法让我们有了更清晰的用户画像，我们比以往更有机会去理解用户、感知用户需求。机构媒体虽然也是一个商业组织，但是作为媒体的初心不能丢，要给用户喜欢看的，还要给他们应该看的。

要想避免引导和吸引、迎合的冲突，最根本一点在于顺应人性，要擦亮人性中的向善光明，分辨清楚有趣和低俗的界限在哪儿。有时候，有趣往前一步就可能变成恶搞和低俗，但如果把握好度，也可以做到内容丰富而有意义。

作为有担当的媒体，我们存在的重要意义，是让社会生态和传播环境变得更好。如同大家生活在一个房子里，环境脏乱了、不规整了，媒体要做的是收拾一下，最终目的是让所有人的生活都变得更舒服。

（陈朝华：360公司副总裁，北京时间股份有限公司联席总裁）
（刘　畅：人民日报社总编室编辑；田正赓：清华大学新闻学院硕士研究生）
（2018年5月）

融媒体新闻的新形态

◎ 李良荣　袁鸣徽

从 2014 年中央提出推动传统媒体和新兴媒体融合以来，媒体融合已经走过了 4 年。在深度融合的探索中，有三个问题值得重视，即互联网新闻的要求是什么？什么是适合互联网技术的新的新闻表达形式？融媒体新闻的核心是什么？

一、融媒体新闻的基本特征和新要求

考察媒体发展的进程，会发现任何时代"新"的媒体都是融合媒体，不仅会将已经存在的旧媒体形式和内容囊括其中，一如麦克卢汉所说的"任何媒介的'内容'都是另一种媒介"[1]，而且还会发展出适应自身技术的新闻表达方式。报纸融合了文字和图片，发展出倒金字塔的客观报道和解释性新闻。广播融合文字和声音，发展出了短、平、快的新闻报道风格。电视融合了报纸、广播和活动影像，并创新了主持节目和现场直播的新形式。互联网技术则是融合了报纸、广播、电视的一切手段，涵盖了海量内容。

所以，网络媒体本身就是融合媒体，业界无须再人为地合成一个融合媒体，而应该集中精力探索互联网形态下新的表现形式。[2] 随着互联网技术的

---

[1] 麦克卢汉：《理解媒介论人的延伸》，何道宽译，译林出版社 2011 年版，第 18 页。
[2] 李良荣，周宽玮：《媒体融合：老套路和新探索》，《新闻记者》，2014 年第 8 期。

进步和不断普及，我国新的传媒格局已经日渐清晰，互联网牢牢占据着传媒格局的中心地位，并且成为新闻生产和传播消费的主要平台。如果说传统媒体时代新闻报道的基本要求可以概括为：秉持公开、公正、公平，追求速度、广度、深度，展现真实、真相、真理。在融媒体时代，这些要求已远远不够。新闻媒体特别是主流媒体则面临着全时段、全方位、全媒体、全覆盖的新要求：

全时段——实时追踪社会最新动态，争取新闻首发权；

全方位——涵盖国内外重要领域的所有重大事件，既有动态追踪，又有深度解读；

全媒体——采用最新的传播技术手段，结合多元传播形态；

全覆盖——覆盖全媒体公众，既有大众传播，又有小众化、个性化、差异化传播。

新格局下，融媒体新闻形态的轮廓呈现三个特点：一是融媒体新闻不再是一个产品，而是一个过程[①]，"动态追踪＋网民跟帖＋新闻链接"构成了融媒体新闻的基本形态；二是数据新闻体现了融媒体深度报道的新形式；三是网络新闻直播特别是移动直播发展迅速，潜力巨大。

二、融媒体新闻的基本形态：动态追踪＋网民跟帖＋新闻链接

美国学者保罗·布拉德肖（Paul Bradshaw）曾设计出代表互联网新闻报道方式的钻石模型（见下图）[②]。在钻石模型中，新闻不再仅仅是一个产品，而是一个不断跟进的动态过程。与倒金字塔的新闻结构不同，融媒体新闻基本呈现出"动态追踪＋网民跟帖＋新闻链接"的复合结构。

[①] 白红义，张志安：《平衡速度与深度的"钻石模型"——移动互联网时代的新闻生产策略》，《新闻实践》，2010年第6期。

[②] 白红义，张志安：《平衡速度与深度的"钻石模型"——移动互联网时代的新闻生产策略》，《新闻实践》，2010年第6期。

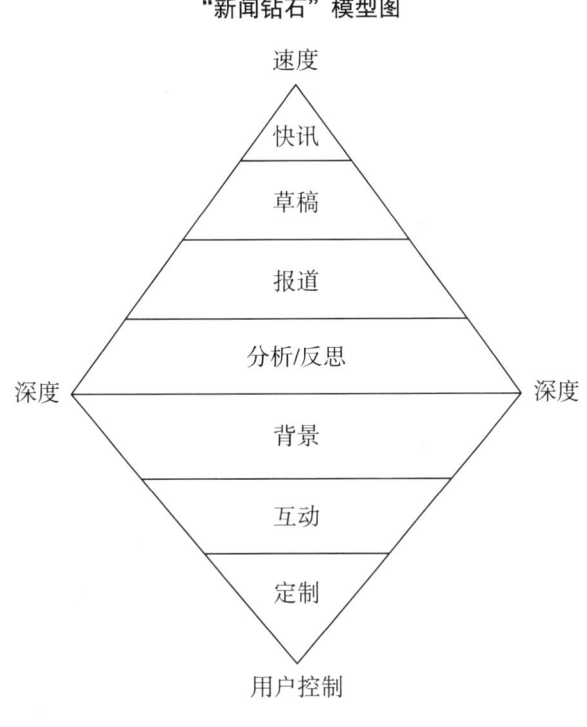

"新闻钻石"模型图

动态追踪是融媒体时代新闻的常态,体现了新闻生产对速度的追求。对正在发生的新闻事件,记者可以通过手机、无线网络等方式发出快讯,媒体间的竞争都是以秒为单位的首发权竞争。

网民跟帖体现了互联网去中心化、互动性强的特点。如果没有评论跟帖,网络新闻在互动反馈上就与报纸、电视没有区别。在新闻快讯中,网民跟帖有事实的补充,有不同观点的表达。最可贵的是多元意见的表达,能从不同视角解读新闻;不同人群的不同看法,常常有多种意见交锋,尤其是严肃新闻。

链接有两大作用,一是提供新闻快讯的背景,二是保持新闻的连续性,这样使每一条快讯不再孤立,不再碎片化。新闻链接不是随便找几条相关的新闻放上去就完成了,而是必须把链接和新闻快讯置于同等重要的位置上。因为编者无法控制跟帖,却可以控制链接。链接所提供的背景介绍和相关报道文献资料和数据,在相当程度上影响这条新闻快讯的意义,引导跟帖者及其评论方向。

三、数据新闻：融媒体深度报道的新形式

数据新闻一般是指基于数据分析和可视化呈现的新闻形式。这种报道方式最初源自英美等国媒体的报道创新，随后逐步向全球扩散。目前数据新闻主要分成三类：调查型、常规型和实时型①。其中，调查型数据新闻和传统调查报道最为类似，即围绕特定的主题，记者收集事实并进行解释。不同的是，数据新闻以数据事实为基础，并通过可视化图表呈现事实和观点。因而数据新闻展现了融媒体时代深度报道的新形式。

概括来讲，数据新闻的功能基本体现在以下四个方面：

1. 背景介绍：利用来自政府、专业机构、社交网站公开的数据，进行历时性梳理，提供背景性的新闻。比如，人民日报推出的从10年数据看党的十八大后发展党员如何"控制总量提高质量"。收集整理近10年中国共产党党内统计公报的数字，以图表形式直观展现，提炼出"控制总量、提高质量"这个核心观点，也是中央对发展党员的重要要求②。

2. 建立关联：透过纷繁复杂的数据，挖掘数据间的关联性，通过事实找到当下主体的内在联系。③ 财新近年来推出多篇关于领导干部贪污腐败问题的深度报道，以大数据为基础，用互动页面的形式清晰展现事件中千丝万缕的政商关系网。

3. 原因探索：通过记者的调查分析揭示事件的真相。英国伦敦发生骚乱事件，英国政府虽然未能给出骚乱发生的具体原因，但否认骚乱的发生与贫穷相关；一些政客和警察还强调社交媒体在骚乱中起到了煽风点火的作用。《卫报》对骚乱事件进行了独立调查，它通过采访与骚乱有关的多类人员、

---

① 方洁，高璐：《数据新闻：一个亟待确立专业规范的领域——基于国内五个数据新闻栏目的定量研究》，《国际新闻界》，2015年第12期。
② 唐述权：《让数据说话，提升新闻价值——人民网数据新闻发展综述》，《传媒》，2016年第14期。
③ 喻国明：《大数据新闻：功能与价值的初步探讨》，《南方论坛》，2015年第2期。

调取法庭庭审记录，对推特（Twitter）上 257 万条与骚乱有关的信息进行分析等方式，发现贫穷是骚乱发生的一个重要因素：出庭的骚乱分子中，58%的人都住在全英国最贫困的地区；受访人群中，60%的家庭住址与上述地区一致，还有 14% 的人在 2007–2010 年变得更加贫穷。① 而社交网络主要会在骚乱和抢劫发生后做出积极反应。推特上有超过 20 万条推文（约占总数 8%）与清扫街道有关。②

4. 预测未来：利用大数据预测事件、问题等发展的未来方向。比如对于气候变化、交通出行的大数据预测，便利生活。《卫报》也曾基于公开数据对大选中的投票者行为进行深入分析，从而预测群体选举行为变化。③

数据新闻成败的关键是要处理好新闻价值、数据分析、可视化表达三者间关系。首先数据新闻是新闻，要具有新闻价值，其本质上是用数据讲故事，记者不是数据分析专家，而是要将数据的潜力与新闻敏感度和判断力结合起来的。其次数据分析是数据新闻的核心。数据新闻必须交代数据来源，数据必须周全，数据抽样必须说明抽样方法，要在各数据之间建立恰当的逻辑关系。最后可视化是数据新闻的表达手段，可视化要做到简洁明快、一目了然。

从目前国内数据新闻的实践来看，国内数据新闻领域并没有确立一套相对完整、全面且可操作的专业规范。④ 在数据分析上，一是数据来源缺失或者标注不清；二是堆砌数据，缺乏深度分析。数据新闻还是以常规型居多，从政府和公共机构得到的数据直接做整体的可视化，"一张图读懂……"成为固定模式，调查型数据新闻鲜有精品。就可视化而言，有些图表形式繁复难懂，数据一大堆，图表的互动程度也比较低，一些数据新闻栏目的格式统一为"静态图表 + 文字"。可视化和交互性的作用是便于理解问题，鼓励用

---

① 西蒙·罗杰斯：《数据新闻大趋势释放可视化报道的力量》，岳跃译，中国人民大学出版社 2015 年版，第 251 页。

② 西蒙·罗杰斯：《数据新闻大趋势释放可视化报道的力量》，岳跃译，中国人民大学出版社 2015 年版，第 257 页。

③ 喻国明：《大数据新闻：功能与价值的初步探讨》，《南方论坛》，2015 年第 2 期。

④ 方洁，高璐：《数据新闻：一个亟待确立专业规范的领域——基于国内五个数据新闻栏目的定量研究》，《国际新闻界》，2015 年第 12 期。

户阅读这种报道，而不是被数据和复杂的形式吓跑。

当前，人工智能技术对数据新闻的拓展值得关注。一方面，大数据是数据新闻的重要分析对象之一，人工智能借助机器学习能够快速分析大量数据，印证记者的假设，或者发现潜在新闻线索。美联社和国际调查报道记者联盟联合揭露巴拿马造纸业黑幕的报道中，国际调查报道记者联盟必须读取上百万份文件，而每份文件包含众多公司名称、人名以及机构所在地的地名等。自然语言处理技术仅用几天时间就帮助该联盟从上百万份文件中找到不同名字之间的联系。而对于一个记者来说可能要花很长事件才能在成千上万份文件中找到人与人或人与事件的隐秘关系。①

此外，计算机视觉可以捕捉肉眼难见的信息，拓展报道的范围。美联社记者曾历经一年多的追踪调查，揭露了印度尼西亚、泰国数千名渔工遭受奴役的悲惨遭遇，让 2000 余名渔工获救，并促使东南亚渔业实现全面改革。在调查过程中，美联社使用了 Digital Globe 公司提供的计算机视觉技术，依靠卫星摄像机拍摄到高解像率图像，印证了南亚海底存在大量非法捕捞容器，完成了揭露非法海鲜产业黑幕的报道。②

四、网络直播：网络新闻的新形式

网络资讯直播特别是移动新闻直播自 2016 年以来蓬勃发展，成为继视频新闻后网络新闻的新形式。网络新闻直播按照时效性可以大致分为三类：突发事件快直播、泛资讯类慢直播、重大事件策划直播③。

传统的电视直播通常用于重大活动或突发事件，可以说是精心策划的媒介事件，在规定时间内完成规定报道。相比较而言，移动新闻直播则具有随

---

① 余婷，陈实：《人工智能在美国新闻业的应用及影响》，《新闻记者》，2018 年第 4 期。
② 余婷，陈实：《人工智能在美国新闻业的应用及影响》，《新闻记者》，2018 年第 4 期。
③ 黄佳念，刘书田：《当"直播+"涌入新闻业——移动新闻直播在新闻场景中的应用分析》，人民网研究院，2017 年 1 月 9 日，http://media.people.com.cn/n1/2017/0109/c409688-29009851.html。

时随地随机互动的特征,特别是在突发性事件中,移动直播更具有时效性、现场感、冲击力。比如,北京暴雨事件中,网络媒体和新媒体成为散布谣言的重灾区,直播软件一定程度上弥补了不足。新京报记者组成的直播团队在汛情现场进行实时报道,除了实时的视频画面让公众准确地了解了事件的最新信息外,在直播间下方的主播厅里,还配有后台编辑团队进行信息辟谣,同时也带动了百万网友直播自己附近的汛情。直播首次在重大突发事件报道上显示出过滤模糊信息、提高信息准确性的优势。①

但是总体来讲,目前主流媒体的直播,除了在直播内容上扩展外,多数与受众的实时互动仍然比较弱,常规的策划直播占多数。与传统电视直播的差别不大。

五、体制、机制:融媒体报道成败关键

网络新闻的发展不仅是题材的扩展、技术的进步,更涉及我国的新闻政策和体制。重新理顺媒体、政府、网民的关系,是运用好互联网这一传播领域的新生产力的重要前提。

就媒体和政府关系而言,关键是有序、安全地推进政府的数据开放。当前我们国内能够公开的数据有些还不够全面,这就制约了数据新闻的客观性、准确性。一些非官方数据和涉密数据的合法获取途径还没有确立,阻碍了调查型数据新闻的发展。而且我国政府公布的数据大部分还是报告和报表,不能以数据的形式查到,因此也无法进行深入的分析、加工和挖掘。②

数据新闻是伴随着全球数据开放的运动发展起来的。大数据时代最大的亮点就是人和社会的计算,越来越多的社会问题都通过计算得到解决。美国佛罗里达州一名退休警察超速行驶,引发一起恶性交通事故。该州《太阳哨

---

① 曹燕:《浅析直播在突发事件报道中的作用》,《新闻研究导刊》,2017年第2期。
② 甘馨月,马凯,张韵秋:《中外数据新闻实践比较研究——以卫报"数据博客"与中国网易"数读"为例》,《新媒体研究》,2016年第4期。

兵报》记者怀疑这不是个案，警察群体可能知法犯法，凌驾于法律之上。记者尝试独自跟踪警车，获取警车超速记录，但是证据不够充分。最终，根据美国国内开放 1.0 时代制定的信息自由法，向当地的交通管理部门申请数据开放。因为警车是公务用车，公民有权了解其使用状态，记者获得了 110 万条当地警车通过不同高速路口收费站的原始记录。在专业数据分析人员的帮助下，记者证明了自己的猜想，报道见报后，舆论哗然。在报道发生一年后，她再次向管理部门申请开放数据，发现警察违法的个案大幅下降，警务整顿成效显著。[1]

就媒体和公众关系而言，媒体的公共性一方面体现在新闻产品要坚持服务公共利益，在平衡正面宣传和舆论监督的过程中，包含负面信息的数据新闻多大程度上可以公开；另一方面体现在媒体和用户之间公共对话的限度。媒体需要考量：自身在多大程度上可以容忍公众的评论和异见？如何恰当回应公众的诉求？

新闻体制机制的改革要伴随着新闻生产线的重组。新的新闻生产模式不再是单兵作战，而是团队协作。不是"前宽后窄"，而是"前窄后宽"，不再仅是专业人员单独生产，而是多元主体共同生产。

从根本上看，思想仍然是融媒体时代高品质新闻的关键。在点击率的重压之下，高品质的严肃新闻成为稀缺品，"卖萌"新闻盛极一时，这不是新闻报道的方向。思想缺失是当下新闻报道的主要问题。

（李良荣：复旦大学新闻学院教授、博士生导师；
袁鸣徽：复旦大学博士研究生）

（2018 年 5 月）

---

[1] 徐子沛：《数据之巅》，中信出版社 2014 年版，第 271–273 页。

第四章

融合媒体发展之央媒之声

随着信息传播主体日益多元化，渠道不断多样化，内容继续丰富化，媒体融合发展从"相加"阶段走向"相融"阶段，推动深度融合发展成为传统主流媒体大势所趋。在这一时期，传统主流媒体坚守职责使命、严把导向关，各自探索出一条独具特色的"融合之路"。

经过几年的探索发展，人民日报社建立完善了自己的传播渠道，继续坚持内容为王、坚持服务用户、坚持技术创新和模式创新，实现跨越式发展。新华社基于此前打造的"现场新闻"技术平台，提供"一站式"新闻直播解决方案，得到业界广泛认可。光明日报社媒体融合发展注重新技术应用与研发，推出核心创新技术"光明小明"、硬件集成创新探索"钢铁侠"。经济日报社注重坚持"内合外联"，强化经济报道核心竞争力，积极开展各类外界合作，为融合发展注入创新动能。

人民日报社：从"相加"到"相融"

推动传统媒体和新兴媒体融合发展，是中央根据媒体生态和舆论格局深刻变化做出的战略决策。遵照中央要求和部署，人民日报社立即响应、主动探索，把加快推动传统媒体与新兴媒体融合发展、建设新型主流媒体和新型媒体集团作为一项重要战略任务。近年来，人民日报社媒体融合发展从局部实践上升为顶层设计，从多点突破扩展到整体推进，从报道创新转向制度创新，已形成传统报刊、桌面互联网、移动互联网、社交媒体、电子屏等全覆盖的"人民媒体方阵"，并着力重塑新闻生产流程，促进机制体制改革，积极向深度融合迈进。

一、坚守职责使命，强化导向意识

当前，信息传播主体多元化，渠道多样化，内容丰富化，国内外舆论环境纷繁复杂，媒体融合发展更是从"相加"走向"相融"，深度融合发展成为发展大势。在这一阶段，传统主流媒体要坚守自己的职责使命，把好导向关。在推进媒体深度融合发展的过程中，人民日报始终高举习近平新时代中国特色社会主义思想旗帜，强化核心意识，突出思想指引，把握正确舆论导向，强化舆论引导能力。

2017年，围绕全国"两会"、纪念香港回归20周年、纪念建军90周年、金砖峰会、十九大等重大战役性报道，人民日报坚持团结稳定鼓劲、正面宣传为主的基本方针，不断创新报道形式和内容，推出了一系列影响大、反响好、传播广的深度报道。

十九大期间，围绕迎接十九大、欢庆十九大、宣传十九大等各项报道任务，人民日报推出了一系列标杆性产品，不但传播了十九大精神，还获得网友好评、业界肯定，创造多项人民日报新媒体传播的新纪录。《你好，#十九大#》单条微博最高阅读量超6.6亿、转发量超542万、点赞超23万，创造单条微博转发量新纪录；十九大开幕会直播总观看量超3639万，创造人民日报新媒体直播播放纪录；原创短视频《中国进入新时代》全网阅读播放量超过2.5亿；《中国的红色梦想》全网阅读播放量超过2亿，创造时政短视频播放的纪录。尤其是H5产品《快看呐！这是我的军装照》，上线10天累计浏览量超10亿，被业界专家公认为创造H5产品的传播纪录。

2018年"两会"期间，人民日报更是强化核心意识，突出思想引领，重点报道习近平总书记"两会"重要活动，深入解读习近平总书记重要讲话精神。人民日报要闻版和"两微一端"通过图文消息、稿件解读、直播、微视频、动态信息图、互动H5等多种形式，宣传解读习近平总书记重要活动、重要讲话。推送图文、短视频报道38条，总浏览播放量超5700万。推出"学习新时代"专栏，推送《必读！习近平两会十大金句来了》《@所有党员干部，习近平两会讲话提了五个新要求》等原创报道24篇，总阅读量3500多万。人民网推出"习近平两会下团组"系列解读和人民网评，在首页头条推出关于习近平总书记重要报道策划《习近平两会上关心过问的10件"小事"》，在各大平台总阅读量超过4000万。

二、创新融合理念，做强内容优势

"媒体融合，融到深处回归内容"，在媒体深度融合发展阶段，当大部分媒体都建立自己的融合化传播渠道时，内容的比拼就成为关键。人民日报媒体融合发展始终坚持内容为王、坚持服务用户、坚持技术创新和模式创新，实现跨越式发展。

坚持内容为王。人民日报坚持把内容建设作为媒体融合发展的首要任务，遵循移动互联网传播规律，紧盯新媒体技术发展，顺应移动传播社交化、个性化、视频化的新趋势，主动探索将H5、无人机、视频直播、大数据等新技术运用到内容生产中，以优质内容创"爆款"产品。纪念建军90周年期间，策划制作的H5产品《快看呐！这是我的军装照》，以沉浸式的用户体验、有温度的互动交流，激发网友爱党爱国爱军热情，推出后迅速在朋友圈"刷屏"，上线10天，累计浏览量突破10亿次，创造了互联网业界公认的H5产品传播纪录。2018年"两会"期间，人民日报"中央厨房"一本政经工作室推出微动画《当监察法遇上孙悟空》，总播放量近3000万，推出当日即成为"爆款"。

提升用户体验。人民日报融合传播矩阵，根据媒体行业发展实际情况，科学规划产品发展方向，优化产品开发模式，不断提升人民日报客户端的功能和体验。2017年推出客户端四期产品，上线直播频道，抢占主流媒体移动直播制高点。

加大技术探索。人民日报新媒体大胆尝试语音识别、人机对话和云计算等前沿技术。2017年"两会"期间，人民日报客户端首次设置智能服务机器人"小端"，用户可以通过语音、文字等形式，与"小端"就"两会"常识等内容实时互动。2017年2月，人民日报与电子科技大学共同发起成立新媒体实验室，依托人民日报在新媒体领域的创新成果，发挥电子科技大学在电子信息领域的学科优势，将人工智能、大数据等新一代信息技术应用于新媒体领域，探索实现技术加产品的先发优势。

创新推广模式。积极探索将线上线下、宣传推广相结合，通过线上密切互动、线下交流推广，放大传播效果。针对移动互联网年轻网友的阅读习惯和接受心理，探索运用动漫、快闪、歌曲改编等艺术化形式，打造新闻产品，以润物细无声的方式，让年轻群体在潜移默化中接受新闻信息和舆论观点。2017年"两会"期间，人民日报新媒体策划推出的"两会版"《成都》，一经推出立即引爆朋友圈，引发包括代表委员在内的网友强烈关注和热烈讨论，总播放量超3700万次。2018年"两会"期间，人民日报"中央厨房"联合客户端、人民网移动中心策划制作了6期"晨美丽两会聊天指南"系列短视频，以脱口秀的方式，轻松聊"两会"相关的冷知识，采用扁平化的设计风格，自然清新。视频推出后，经人民日报客户端、人民网微博、"中央厨房"微博、全国党媒信息公共平台等各大渠道推广，截至 2018 年 3 月 18 日，在各大平台的累计播放量超过 6000 万。

三、完善组织架构，重塑业务流程

人民日报以中央精神为指导，从两方面积极推进媒体深度融合发展：一方面是着力打造更加适应媒体融合发展的组织架构和运行机制；另一方面是通过组建融媒体工作室等方式再造新闻生产流程。

为推进媒体深度融合，人民日报以"中央厨房"为中心，搭建了空间、技术和业务三大平台。空间平台即人民日报"中央厨房"大厅，于 2017 年 1 月建成并正式投入使用，是人民日报社媒体矩阵策、采、编、发的指挥中枢和中控平台。这个物理空间除了解决"人机交互"的问题外，还用于解决"人人交互"的问题。在"中央厨房"大厅，报社决策层可以通过各种技术设备和辅助手段，对整个报社的资源和力量加以指挥、协调。技术平台即人民日报"中央厨房"的技术系统，该系统于 2017 年 1 月正式投入使用。系统覆盖了新闻线索的采集、素材制作、产品加工投放、效果评估等整个闭环，包括热点分析和新闻线索挖掘应用、可视化和交互内容生产工具、视频直播管理工具、传播效果评估应用、运营分析与推荐系统应用等。业务平台是指总编调度中心和采编联动平台。总编调度中心在统筹报道策划、整合新闻资源、调度采访力量、协调技术支持方面发挥核心作用。采编联动平台分设全媒体编辑中心、采访中心和技术中心。编辑中心根据上级报道要求和总编调度中心布置的任务，策划版面安排、设计页面呈现、联系记者、组约稿件，落实采前会布置的任务；采访中心根据上级报道要求和总编调度中心布置的任务，组织调度记者落实采访任务、审核记者稿件，并及时向总编调度中心反馈采访中遇到的问题；技术中心根据前方采访需求，及时调度采访设备，为前方记者提供技术支持、提出技术方面的建议，同时根据各编辑中心要求，做好多媒体呈现的个性化方案。各中心根据需要随时召开协调会、碰头会等，沟通情况、会商选题、交流观点、讨论问题，协调解决采编流程和前后方协作中遇到的问题。

除搭建三大平台外，人民日报还着力组建融媒体工作室，再造新闻生产流程。2016年10月，人民日报"中央厨房"推出融媒体工作室机制，鼓励报、网、端、微各部门采编人员按兴趣组合、项目制施工，资源嫁接，跨界生产，充分释放融媒体内容生产能力，极大激发了采编人员的积极性，很好地将人民日报的内容生产能力转投到新媒体战场。融媒体工作室是在不打破报社原有机构建制基础上开展的工作方案，其最显著特点是"四跨"+"五支持"。"四跨"即采编人员实现"跨部门、跨媒体、跨地域、跨专业"的兴趣组合；"五支持"是指"中央厨房"作为孵化器，给予融媒体工作室技术支持、传播推广支持、运营支持、线下活动支持和资金支持。至2018年6月，"中央厨房"已成立煮酒话媒、麻辣财经、学习大国、新地平线、半亩方塘、2050、一秒世界、冷观察、一本政经、碰碰词儿、国策说等45个工作室，涉及时政、国际、文化、教育、社会等多个内容方向，来自37个部门（单位）的300名编辑记者参与其中。截至2018年6月1日，融媒体工作室共推出3300多个融媒体产品，产品形式包括文字、音视频、图解、H5、动画、表情包等。融媒体工作室全面释放人民日报社的内容生产能力，让融合从"相加"真正走向"相融"。

四、打造公共平台，服务行业发展

近年来，人民日报积极发挥行业领军优势，承担领跑者角色，以"中央厨房"、人民网等平台为基础，为整个传媒行业搭建公共平台，聚拢各方资源，形成融合合力，带动行业发展，重塑媒体生态体系和舆论生态体系。

人民日报"中央厨房"通过数据化、移动化、智能化打破行业壁垒，为整个媒体行业以及有内容生产需求和能力的个人、机构与企事业单位提供服务。"中央厨房"推出的技术解决方案——中国媒体融合云，将十几家跟媒体技术相关、在各领域居领先地位的公司的能力做成技术工具，汇集在融合云上开放给全行业使用。以"中国媒体融合云"作为底层支撑，人民日报"中央厨房"还推出媒体融合一站式技术解决方案，包括基础支撑类、应用系统类服务等，并利用技术优势提供内容生产孵化服务，打造专注内容创新的特色工作室。

基于技术平台，人民日报"中央厨房"还能向服务对象提供市场决策、用户需求挖掘、内容管理共享、产品推广、活动及社区建设等相关运营服务。例如利用大数据分析工具，了解用户偏好，实现精细化运营、提升产品质量体验，协助进行市场决策；使用个性化推荐公共引擎，协助移动端平台和内容生产机构，进行内容产品个性化算法推荐，深层次满足用户需求；合作机构媒体可通过"中央厨房"供稿平台，进行内容云管理，与各类媒体和内容生产机构进行内容交换，获取海量资源，推广自身产品。

2017年，人民日报在"中央厨房"建设取得阶段性成果的基础上，推出"全国党媒信息公共平台"。该平台连接人民日报"中央厨房"、人民日报客户端、人民网等机制与终端，激活全国党媒优秀团队，汇聚全国党媒优质资源，联通全国党媒各类端口，构建全国党媒内容共享、渠道共享、技术共享、数据共享、盈利模式紧密协作的公共平台，全面提升优质产能和舆论引导合力。

2018年"两会"期间，人民网联合百家党媒，以品牌栏目"两会进行时"为依托，在PC端、移动端通过视频直播"两会"，为受众提供全视角、多层次、移动化的"两会"直播体验，总时长达122小时，浏览量超过1亿，并在58家党媒客户端、19家党媒PC端、5家电视台落地，参与联动的媒体及渠道超过100家；大型融媒体项目"学习有声"通过习近平总书记讲话原音、现场图片、文字描述等多媒体形式，让网友近距离聆听领袖的声音，该系列作品的总访问量、播放量超过3400万；引入人工智能机器人"汪仔"参与到直播解读，让网友耳目一新；启用"稿库传图"系统，后方编辑可在第一时间获取前方图片，进行浏览、下载、推荐、发布等操作；人民视频客户端依托人民日报融媒体资源、全国党媒信息公共平台、党政部门信息资源、人民视云及人民网遍及全球的强大采编力量，提供手机直播、新闻短视频、拍客视频、一键式渠道分发功能等多种服务。

五、着力人才培养，加强队伍建设

推动媒体深度融合发展的核心要素是人。习近平总书记在党的新闻舆论工作座谈会上强调，媒体竞争关键是人才竞争，媒体优势核心是人才优势。因此，如何选拔人才，组织人才，培养人才，使用人才对推动融合发展至关重要。为此，人民日报社进行了四个方面的探索，走出了一条适应媒体融合发展且具有人民日报自身特色的人才之路。

一是坚持党管人才，配强干部队伍。习近平总书记强调，择天下英才而用之，关键是要坚持党管人才原则。人民日报在选人用人上坚持德才兼备、以德为先，坚持五湖四海、任人唯贤，坚持事业为上、公道正派的原则，着力把信念坚定、为民服务、勤政务实、敢于担当、清正廉洁的好干部选拔到领导岗位。

二是积极引进人才，聚天下英才而用。人民日报社积极拓宽人才引进渠道，面向社会开辟和疏通高素质人才、关键岗位人才、紧缺人才的引进通道。2017年8月，人民日报新媒体招聘启事《重磅！人民日报新媒体招聘高级专业人才，8个职位虚位以待》，刷爆朋友圈，高薪引进技术人才成为行业话题。

三是大力培养人才，提升队伍水平。按照习近平总书记对新闻舆论人才培养的指示精神，人民日报社认真制订年度培训计划，加大培训力度，扩大培训规模，提高培训质量，分门分类开展全员培训，有针对性地实施"请进来讲，带出去学"的培训方案，努力打造政治坚定、业务精湛、作风优良、让党和人民放心的新闻舆论人才队伍。2017年人民日报组织举办各类培训超过20次，邀请了包括傅莹、尹卓在内的多位专家来社讲学，累计培训干部超过1400人次。

四是创新体制机制，鼓励人才流动。近年来，人民日报社积极探索，推动各类人才全面融合，报社鼓励事业编制干部到社属媒体工作，有重点地选调社属媒体人才到本报采编岗位工作，有序推动各类专业人才交流。为此，人民日报社出台了《关于推进干部人才全面互通融合的意见》，着力破除束缚人才融合发展的思想观念和体制机制障碍,从制度上保障和促进了全社人才的顺畅流动。

(人民日报社供稿)

(2018年5月)

新华社:"现场云"平台聚合媒体资源构建融合生态

2017年2月19日,在习近平总书记党的新闻舆论工作座谈会重要讲话发表一周年之际,新华社正式推出"现场云全国服务平台"。它基于新华社此前打造的"现场新闻"技术平台,面向新闻媒体和党政机关用户开放功能应用,提供"一站式"新闻直播解决方案。"现场云"平台具有移动化、在线式、直播态、全息化等特点,经过一年多运行,得到业界广泛认可。目前入驻机构用户2500+,发起直播场次53000+,成为国内最大的原创直播新闻在线生产平台。

"现场云"上线后,秉持"同步时空,还原现场",不断优化实现路径和运行效果,拓展使用场景和周边服务,为媒体用户提供更高级、更丰富的技术工具和服务,努力从单纯的直播工具向媒体融合整体解决方案提供商转变。2017年7月,"现场新闻"标准化工程及"现场云"平台荣获第十二届中国传媒年会"媒体融合特别奖"。

一、深化"现场新闻"理念,升级新闻在线生产方式

"现场新闻"是新华社社长蔡名照提出的全新新闻理念和新闻样式,它顺应时代发展趋势,强调运用最新的移动互联技术,在新闻现场实时抓取尽可能多的现场要素,通过各种报道样式,把新闻现场实时地、全方位地、全息化地呈现给受众。

一部新闻发展史，就是一部不断追求与新闻现场时空同步的历史。2016年2月，"现场新闻"正式启航，并确立了发展初期的基本样式：围绕同一新闻事件，多路记者在同一时间从不同视角对同一现场展开直播报道，综合运用视频直播、文字直播、图片直播、音频直播等多种形式集成还原现场，并在同一页面集成展示，多媒体报道变成全媒体融合报道，多层次、多视角揭示新闻内涵。

一年后，以新华社客户端"现场新闻"技术和实践为基础，新华社开发升级了"现场云"平台，采编人员只要拿起手机，就能开展一场形态丰富、真实全面的直播，既可以发起视频直播流，又可以拍摄图片短视频，所有报道自动汇集成一个页面，以H5形式在"两微一端"等平台终端上展示。

新华社在推进"现场云"实践基础上，将标准体系建设作为推进媒体融合发展、打造新型主流媒体的重要抓手。标准体系贯彻媒体融合发展"系统性"要求，从内容类标准、技术类标准、服务类标准、产品类标准四大方面进行制定。这一体系的建设和实施，为"现场云"的高效复制和快速推广奠定了坚实基础。

二、技术赋能强化培训，显著提升用户直播能力

"现场云"上线后，给入驻媒体用户免费提供现场新闻技术工具和服务支持，帮助用户攻克技术、资金、人才等难关，快速进入移动互联时代。"现场云"独立于新华社客户端，拥有一套自主开放的技术系统，既有工具型前端应用，也有运营型管理后台。机构用户签订协议入驻后，只需下载"现场云"App，就能实现即采、即编、即传，编辑实现即改、即审、即发，全面革新传统采编发场景，极大提高生产效能，既实现"现场新闻"式生产与表达，又享受规模化带来的前所未有的集中优势——"现场云"实现了全要素上网，这为媒体机构之间"你中有我、我中有你"式的融合发展拓展了空间。

在组织保障上，新华社新媒体中心成立专门项目组运营"现场云"，协同新华社新闻信息中心等部门进行推广，积极运用大数据、人工智能等前沿

技术，不断提升用户服务能力和水平。平台上线后，用户数、活跃量保持高速增长。截至 2018 年 4 月，累计发展新闻媒体和党政机关机构用户 2538 家，覆盖全国省级、地市级媒体，吸纳了 18007 名采编人员入驻，用户发起现场直播 53048 场，日均 100 多场，发布报道 360476 条。其中，视频流直播回放和短视频报道 157705 条，占总报道量的 44%。从浏览量看，单场直播最高访问量超 360 万，突发类直播最高访问量超 121 万；每周排名前十的直播浏览量均破"10 万 +"，浏览量"100 万 +"，直播场次也在逐渐增多。

对新媒体能力较弱的地方媒体，特别是地市级以下媒体而言，不仅要"技术输血"，还要"扶志""扶智"，打通服务用户"最后一公里"。"现场云"上线以来，新华社新媒体中心 9 次走进 10 个省份用户，采取集中授课与入户走访相结合的方式，从用户实际出发，把新媒体报道理念、平台实操手册等送上门。平台项目组以新华社自身实践为例，把"将改革进行到底"的决心、"供给侧结构性改革"的思路、"建设自主可控、有广泛影响力的新媒体传播平台"的经验，一一进行传授，促进地方媒体同行转变观念，推动将更多的人财物转移到新媒体建设上来，这也为"现场云"生根发芽打下坚实基础。

为帮助入驻媒体用户提高直播能力，2018 年 1 月起，"现场云"推出"速剪"短视频业务，在"现场云"用户现场采集的原始影像基础上，提取出高亮片段，剪辑、包装出适合移动端传播的短视频，讲求原始、快速和冲击力，抢占传播第一落点，这项业务推出后受到用户普遍欢迎。

三、整合资源共建共享，创新主流媒体协作方式

能否帮助媒体持续生产优秀新闻产品、提高媒体从业人员新媒体意识和能力、提升媒体传播力引导力影响力公信力，始终成为"现场云"检验自身发展成效显著与否的关键指标。一年多来，新华社依托"现场云"加强资源整合和共享融通，既发挥国家通讯社编辑策划能力和渠道分发优势，又发挥入驻平台的地方媒体采集力量，不断推出站位准、参与度高、可操作性强的

创意策划，广泛吸引入驻媒体用户参与，生产了一批优秀报道。

2017年5月10日至13日，新华社新媒体中心与《四川日报》《海南日报》《新疆日报》等13个省区市的16家媒体通过"现场云"开展了"一带一路"联合直播活动。16场直播涉及采访点位114个，投入编辑记者279名，投入新华社"两微一端"和参与媒体的新媒体终端渠道102个，共发布图片705张，视频201条，各类报道共计932条，全网浏览量达到4600万次。直播结束后，《四川日报》《郑州日报》《郑州晚报》《兰州晚报》《乌鲁木齐晚报》《赤峰日报》《红山晚报》《齐齐哈尔日报》《鹤城晚报》《聊城晚报》等媒体就直播素材进行二次加工，以上头版、开整版、两版通开、连登三版等方式予以重点展示。

这是一次全国范围内跨区域、跨媒体、跨媒介的采编联动活动，组织指挥、传播推广全部在线上进行，可以说是全国媒体融合协作的大合唱。此后，在十九大、全国高考等报道策划中，"现场云"同样采取联播方式组织现场报道，产生广泛影响。参与报道的《赤峰日报》新媒体中心负责人李志超表示，按照以往经验，如果不是新华社发起这种策划，很难有机会参与到高端时政的主题报道中，更不可能把赤峰的面貌放到新华社的平台上进行展示。他期待能有更多类似策划来锻炼时政记者队伍。

目前，"现场云"联播报道策划实现了日常化、制度化运行。为保证联动效果，"现场云"项目组建立了扁平化沟通机制，建立了一批用户微信群，把媒体机构用户、"现场云"运营人员和新华社各终端平台的编辑邀请进群，将技术答疑、采编交流、荐稿推稿、策划联动等工作放到群里来进行，各项工作也随之落地，产生良好协同效应。

四、输出整体解决方案，助力媒体深度融合发展

技术是时代变革的重要力量，也是"现场云"发展壮大的不竭动力。"现场云"高度重视新技术新应用，不断强化平台工具属性，增加高水平、智能化数据处理能力，加快从单纯的直播工具向全媒体在线生产平台的提升。结合用户反馈，"现场云"平台瞄准用户痛点，不断改进优化，努力成为面向未来、面向移动互联网的具有高水平数据处理能力的全媒体采编发整体解决方案提供商，吸引更多用户将新媒体生产转移到"现场云"平台上来。

在提升实战能力方面，"现场云"平台正在进行一系列优化提升，比如增加 Word、PDF、TXT、网页、PPT、Excel 等文件内容一键提取功能；增加图片转文字、音频转文字功能，内容可校对、编辑、发布；增加包含文、图、视频的融媒体长文章编辑发布功能，提供多种通用型模板样式供用户套用；增加云盘功能，平衡好安全、私密和协同、开放的关系，鼓励用户把更多内容资产放到云上来；增加将直播转化为长文章的功能，用户通过"删繁就简"便可实现新媒体稿件的快速发布；增加将直播转化为短视频的功能，帮助用户高效智能地把直播亮点剪辑为有传播力的短视频，并对用户输出能力和范式；增加向新华社新媒体专线供稿、下载、转发等联通功能，连接更多的内容生产方和内容分发方；增加新华社与用户采编人员联通、协作、策划功能，用户在云上能找到新华社各编辑部、终端，新华社能在云上找到人、线索、素材；联合通信运营商破解个人使用"现场云"开展工作时流量花费大和直播卡顿等难题；从技术上加强新华社的云和用户的终端之间的协同关系，让用户通过云来管理端等。

平台化运作需要将用户规模化作为基础，其前提就是用户爱用。下一步，"现场云"将不断丰富完善实用功能，逐步提供终端建设、功能接口开放、信息流共享、内容抓取、智能创作、采编校对、协调指挥、数据监控、舆情分析、安全防护、版权交易、个性分发等技术工具和服务，在入驻媒体用户最急需、转型最吃力的节点上发力，助其突破转型。

（新华社供稿）

（2018 年 5 月）

光明日报社：坚守阵地　机制创新
资源整合　融媒跨越

2017年以来，光明日报社在以习近平同志为核心的党中央的正确领导下，在习近平新时代中国特色社会主义思想和党的十九大精神的全面指引下，在新一届编委会的坚强推动下，光明日报社媒体融合发展呈现出新气象、取得了新成果、实现了新跨越，并继续向打造互联网时代"知识分子网上精神家园"和转型为新型媒体集团的目标大步前进。

一、总体布局

（一）指导思想

以习近平新时代中国特色社会主义思想和党的十九大精神为指导，牢记党的新闻舆论工作职责使命，始终坚持以人民为中心，着力创新工作理念思路，着力深化内部体制机制改革，着力拓宽传播平台载体，着力强化人才支撑和制度保障，通过推进以构建崭新内容体系、传播体系、智力支撑体系和要素配置体系为主要内容的深度融合，彻底推动光明日报社媒体融合实现从"相加"向"相融"的全面转型，为决胜全面建成小康社会、夺取新时代中国特色社会主义伟大胜利、实现中华民族伟大复兴的中国梦、实现人民对美好生活的向往提供坚实的思想舆论支撑。

（二）基本原则

第一，坚持正确的舆论导向。始终坚持正确政治方向和舆论导向，始终坚持党管媒体原则，弘扬主旋律、传播正能量，更好发挥新闻舆论工作凝心聚力的重要作用，通过媒体深度融合提高舆论引导水平。

第二，推进具有光明特色的媒体融合。彰显光明日报思想文化特色，让融媒体产品始终带着思想、理论、观点、文化的光明标签，既切入当下生活，也能提供超越性的关怀，既能够"多方借力"，也追求"为我所用"。

第三，坚持分众化传播方向。增强新闻舆论工作的时度效，适应分众化、差异化传播趋势，紧扣光明日报传统优势、凸显办报定位，坚持以知识分子为主要服务对象，始终与广大知识分子同呼吸、共命运。

第四，坚持积极稳妥有序的方针。积极稳妥有序推进体制机制改革，打通存量与增量，再造内容生产流程，优化生产要素配置，完善考核体系和分配机制，调动所有采编人员参与融合发展的积极性、创造性。

（三）组织保障

在中央媒体中，光明日报社率先开始在媒体融合领域探索创新。早在2014年10月，光明日报社成立了融媒体中心，作为重大活动策划宣传的指挥中心、融合发展的技术平台、集采编发于一体的新闻加工基地。

为进一步推进媒体融合发展、增强顶层设计，光明日报社成立了融媒体推动工作委员会议事机制。工作委员会委员由编委会成员担任，下设执行委员会、专家委员会和办公室。执行委员会负责工作的推进落实，专家委员会负责工作的研究论证和效果检测，办公室负责日常联系协调工作。这样的横向议事机制建立以来，在新闻产品评价、媒体需求反馈、重大议题设置、融合推进思路等方面发挥了积极作用。

二、坚持移动优先，围绕"两微一端"，通过建设核心产品项目，强化移动端传播能力，打造适应互联网传播新格局的新媒体产品和平台

如今，媒体传播已经全面转向移动端，光明日报社以建设"两微一端"

为龙头，全力打造光明日报社新媒体矩阵。

（一）光明日报客户端

2016年底，光明日报客户端的前身——光明云媒正式完成更名，实现了与母媒体的"同名同姓"。2017年以来，光明日报客户端在技术研发、内容建设、运营推广上进一步发力，已经在人工智能服务、优质内容生产、市场占领能力上实现了转型升级。

客户端作为光明日报在移动端的主渠道，已经成为以原创内容为基础、以思想理论文化为特色、以服务知识分子群体为主要任务、以提升光明日报在移动互联网领域的影响力为目标的全媒体平台。

（二）微博、微信等新媒体矩阵

光明日报官方微博、微信公号是"知识分子网上精神家园"的有机组成部分，兼具新闻属性和平台属性，是光明日报新闻理念和核心价值在移动平台的延伸、拓展和丰富。

光明日报社以光明日报微博法人账号、光明日报微信公号为抓手，进一步办好新媒体矩阵。光明日报"两微"的核心内容以提高原创比例为追求，突出光明特色。同时，有条件的部门（含子报子刊）相继创办了官方微博和微信公号，由相应部门细化其宗旨、定位、审稿程序和发布流程。

（三）光明日报脸书、推特账号

为讲好中国故事、传播好中国声音，光明日报社以脸书、推特账号为切入点，不断提升光明日报国际传播能力。

首先，在对外传播中突出思想性、文化性，做好"软传播"。其次，避免直接翻译国内报道，以海外受众感兴趣和容易理解的方式发布内容。再次，加强与海外媒体的联系与合作。在合规的基础上，不断扩大对外合作，促进更多内容在海外落地。最后，增强海外传播力量。在光明网海外传播中心的基础上，进一步扩大队伍规模，满足做大做强的需求。

三、利用重大主题报道契机，通过量身定制产品和对接第三方商业平台，跨越式提升内容生产能力和渠道传播能力，巩固党建共建成果，用新媒体唱响主旋律

（一）紧扣主题，细分受众，量身定制"十九大报告系列解读版本"

为提升内容生产能力，党的十九大期间，光明日报融媒体报道以原创优质内容为基石，以用户思维为引领，以受众需求为定位，针对不同社会群体，对十九大报告进行"量身定制"式的解读，突出及时性、针对性。

大学生版的《专家为大学生划十九大报告重点，你 get 到了吗》、军人版的《十九大报告：国防和军队建设的十大金句》、民生版的《十九大报告：民生改善的铿锵足音》、"一带一路"版的《十九大报告：展示一个更开放的中国》，一系列版本的产品包含专家解读短视频、图文、人工智能小明读新闻等多种元素，通过光明日报客户端、微信微博、各高校新媒体平台推送，取得不俗的影响力。

（二）充分利用党建共建契机，加强与主流商业平台合作，集中力量做好重点融媒体产品的对外推广

2018年全国"两会"，光明日报社重磅推出融媒体产品"总书记的人民情怀"系列微视频，总浏览量突破1.48亿，触达用户量突破10.41亿，成为光明日报社媒体融合发展步入新时代的集中表现，以微视频为代表的"现象级"作品精彩传递光明日报积极唱响网上主旋律的担当和作为。

渠道传播能力的大提升，一方面得益于原创优质内容的根基，另一方面得益于充分利用社企党建共建成果，实现与第三方商业平台的成功对接。以"总书记的人民情怀"系列微视频为例，微视和今日头条客户端以超规格的方式连续两天在开机屏位置进行了重点推广；腾讯微信连续两次利用"腾讯新闻"插件向所有微信用户推介；腾讯视频、西瓜视频均在首页显著位置置顶推介；秒拍、优酷等商业平台纷纷在显著位置进行推介……一时间，显现

商业平台全线主动推送，重大题材引领移动传播新气象。

四、改革绩效考核，加大业务培训，打造一支数量充足、素质过硬的人才队伍

（一）组建一支融媒体"特种兵"团队

从光明日报社和光明网精选30人左右，强化融媒体技术应用与新媒体运营培训，将其培养成一支能够独立运用各种融媒体采编设备、能够独立完成融媒体采编任务的全媒体"特种兵"团队。目前，团队各成员仍然隶属于本部门，具有双重身份。待条件成熟后，以团队为基础，逐步扩充队伍，脱离原部门，组成人数合理、精干高效的全媒体采访中心。

（二）加强业务培训，加强装备配置，提高全体采编人员的融媒体采编技能

颁发《光明日报社全媒型人才管理办法》。人事部定期组织业务培训，提高全体采编人员的融媒体采编技能；融媒体中心经常组织业务交流，加强内部经验分享；新闻研究部加强对国内外媒体融合先进经验的研究，为提升光明日报社媒体融合发展水平提供参考。

（三）改革绩效考核，完善激励机制，完善用人体制，优化人才环境

颁发《光明日报社优秀融媒体作品认定表彰实施办法》。根据媒体融合工作特点，修订了采编人员绩效考核制度，明确每位采编人员每月需要完成的融媒体作品的工作量，同时将融媒体作品绩效考核权重加大，通过绩效考核调动采编人员工作积极性。

（四）鼓励编辑记者自由组合"内部创业"

为进一步扩大光明报系在移动端和社交平台的传播力、影响力，鼓励有兴趣有专长的编采人员或社内同好自由组合，充分利用新兴媒体阵地进行

"内部创业",在教育、医疗、健康、科技、文化、理论、学术等垂直领域,打造出 10 余个在文字、图片、音视频领域具有光明品牌属性的自媒体项目,如"阅读公社""中华文化溯源"等。

(五)尊重专业分工,鼓励人员融合

鼓励人员融合,形成协同效应。针对项目工作室,注重由各有专长的人员组成,形成最小的协同合作单位。策划部逐步形成融媒体创意策划支持能力,融媒体中心形成新媒体技术支持能力,光明网形成运营推广支持能力,在重大活动、重大任务的融媒体报道中,通过这三个系统分别提供创意策划支持、技术实现支持和运营推广支持,提升生产与传播能力。

五、加大成熟技术使用,关注新兴技术发展,通过抓好重点技术开发项目,提升新媒体技术应用水平

在传播技术日新月异的情况下,技术已经成为媒体竞争的关键因素。在融合发展过程中,光明日报社保持高度的技术敏感和持续的技术投入,抓好人工智能、移动直播、大数据、云计算等重点技术开发项目,提升新媒体技术应用水平。

(一)加大技术整合,降低成熟技术的使用门槛,为融媒体"特种兵"提供强力支撑

第一,加强了对 H5、VR、动漫、图解等技术的整合,将其改造成简单易用的媒体工具,降低技术使用门槛,使普通编辑记者经简单培训后即可使用。第二,加大了美术、视频等技术支持力度,组建固定的支持团队,制定系统、有序的技术服务流程,确保及时将编辑记者采集的素材制作成融媒体作品。第三,加强了对先进技术的跟踪研究,尤其注重研究先进技术在媒体报道中的使用场景,为不同的选题找到合适的技术表现手段。

（二）加强开展移动视频直播，提升内容生产能力

视频直播已经成为互联网传播的新业态，加强网络视频直播能力建设，有利于抢占互联网舆论传播阵地。光明日报社将移动视频直播作为完善产业布局、提升内容生产能力、抢占互联网舆论阵地的重要切入口，一批精品直播节目如"致非遗 敬匠心"非物质文化遗产系列直播、"招办主任光明大直播"等，扩大了光明日报移动视频直播的影响力。

（三）积极采用人工智能技术提供新闻信息服务

光明日报社推出核心创新技术"光明小明"，可以通过客户端和微信提供服务，是国内首款提供人工智能新闻信息服务的平台型产品。

光明小明整合了目前最先进的人工智能、大数据分析和语音识别技术，根据新闻信息服务使用场景的特点，为用户提供快捷、丰富的信息服务。

（四）硬件集成创新的新探索——"钢铁侠"

"钢铁侠"就是多信道移动直播云台，是一套全媒体报道单兵设备，集新闻信息采集、发布于一体，只需一名记者就能快速实现视频、全景、VR等内容同步直播与录制，通过设备后台的云控制台、云存储及流媒体服务系统，可以一键同步实现PC端、新闻客户端及H5页面等跨平台视频内容的分发与适配，让多种媒体产品在同一平台快速生产聚合。

（光明日报社供稿）

（2018年6月）

经济日报社：整合优势资源　探索纵深融合

近年来，经济日报认真贯彻落实以习近平同志为核心的党中央决策部署，从牢牢掌握意识形态工作领导权、不断提高围绕中心服务大局能力的高度，抓住顶层设计、平台建设、机制创新、内容生产等关键，不断加强传统媒体与新兴媒体融合发展工作力度。特别是在 2017 年度，经济日报进一步积极主动拥抱新技术、迎接新变化、应对新挑战，基本完成了报社（集团）内各种媒介资源、生产要素、流程机制的整合，逐步实现了信息内容、技术应用、平台终端、人才队伍、管理服务的共享融通，不断拓展与社外研究机构、媒体单位、领军企业的合作渠道与模式，经济日报的传播力、引导力、影响力、公信力明显提升。

一、高度重视，加强统筹，进一步明确融合发展方向重点

一是进一步加强对融合发展的组织领导。编委会充实、优化、完善了报社融合发展领导小组。新的融合发展领导小组由社长张小影同志任组长，全体编委任成员；领导小组下设办公室，编委张曙红同志兼任办公室主任，总编室、新闻协调部、新媒体传播部、技术创新与服务部、战略规划与项目统筹办公室、中国经济网等部门和单位负责人为办公室成员。一年来，领导小组多次召开会议，围绕加快推进融合发展步伐进行深入研究讨论和部署安排，特别是在加强组织领导、强化顶层设计、创新体制机制、整合技术平台、挖掘内容优势等方面，采取了一系列有力举措，取得了积极成效。

二是进一步完善报社融合发展规划。为大力稳步推动报社（集团）事业发展，报社编制了《2017-2020年经济日报社发展规划纲要》，对未来包括融合发展在内的重点工作进行指导性规划。在此基础上，专项编制了《经济日报社（集团）关于加快融合发展的实施意见》，进一步强化融合发展顶层设计，进一步明确路线图、时间表和阶段性重点任务，坚持顶层设计与重点突破相结合、目标导向与问题导向相统一的思路，综合施策，分步推进，进一步完善融合发展落实机制，尽快实现从"相加"到"融合"的跨越。

三是从机构上强化对融合发展的支持。为适应新闻舆论工作的新形势新变化新要求，经济日报对内设机构和人员进行了大幅度的改革，创新体制机制，调整组织结构，再造采编流程。其中，将原"两微一端"由策划部内设处室调整为新媒体传播部，定位平台运维、渠道拓展、产品策划、市场推广等，把简单的稿件处理平台转变为综合经营服务平台；成立技术创新与服务部，在承担集团技术开发与维护的同时，大胆探索业务运作模式，培育造血机制，推出变现途径等；新设立直属报社编委会领导的战略规划与项目统筹办公室，统筹协调报社融合发展，为编委会决策提供智力支持。不断完善的机构设置，进一步优化了融合发展顶层设计、内容生产、平台运营、技术支撑的总体架构，结构性、链路化、生态型地完善了融合发展的战略统筹，优化了报社新闻生产力布局，激发了报社事业发展的内生动力与活力。

二、技术引领，强基固本，进一步打牢融合发展坚实基础

融合发展，技术和平台是基础。在发展建设中，报社明确了"做大前端平台阵地、做实后方支撑体系、孵化未来创新产品"的思路，努力打牢融合发展的技术和平台基础。

一是进一步加强传播平台建设，优化传播阵地布局。目前，经济日报已自建了"经济日报""中经视觉""中经智库""趋势"等多个移动客户端，积极运营微博、微信等社交媒体账号，加强与今日头条、一点资讯等第三方平台的合作，"以新闻客户端为主体、微博微信社交账号为两翼、第三方平

台入驻账号为补充"的移动新媒体矩阵格局业已形成。目前，以经济日报为主体的各类移动新媒体平台账号约 30 个，主要平台账号累计用户近 3000 万，日均传播覆盖面超过 600 万人次；其中经济日报新闻客户端累计下载量超过 1300 万人次。移动传播平台的快速发展，进一步拓展了报社的传播阵地，"以经济日报主报为龙头、移动新媒体和中国经济网齐头并进"的传播阵地战略布局更加完善，融合发展的阵地基础更加坚实。

二是进一步加强支撑体系建设，强化融合发展技术内核。2017 年 2 月 24 日，经济日报全媒体中心正式启动运行。该中心集纳了新闻线索报送、稿件编审发、信息收集、舆情分析、传播效果评估以及内容产品制作等多个技术系统，极大地提升了报社新闻生产的技术支撑能力，优化了报社新闻生产技术流程，已成为报社融合发展的枢纽平台。经济日报社全媒体经济舆情监测分析系统，目前日均采集数据约 100 万条，大数据资源池累计采集数据已达 8 亿条次，有效地为报纸、新媒体、网站、内参、新闻研究等业务提供舆情信息监测、分析、管理服务支撑。目前，该项目正与国家税务总局、中国进出口银行等单位进行服务输出业务的对接研究。

三是探索前沿技术产品的建设，积极孵化新闻传播新形态产品。在加强前端传播平台渠道和后方支撑体系建设的同时，经济日报高度重视对新兴技术产品的运用和探索。我们紧跟移动直播快速发展的技术趋势，研发建设了经济日报移动聚合直播平台，"中经云端"直播系统项目也正在建设之中。报社与市场化技术公司合作，推出"金记者"AI 智能机器人产品，集智能检索、个性化推荐、人机交互等多种功能于一体，积极优化移动传播用户体验。

三、创新机制，加强配套，进一步理顺融合发展内部流程

融合发展，机制是保障。经济日报着力加强体制机制创新，优化运营流程，努力搭建融合发展良好的平台环境。

一是优化和再造采编流程。经济日报依托全媒体中心，将传统的"一日三会"与平台多维度的技术支撑充分结合，进一步优化了包括新闻信息汇集、

舆情分析预判、选题策划部署、稿件采写编发、传播效果分析反馈全过程在内的新闻生产流程。特别是新闻生产"采、编、发"与"供、管、馈"的充分结合，实现了信息的多点、多向流动共享，用运营数据和效果支撑报道策划，用需求指导生产。我们将全媒体中心作为主报总编室、新媒体传播部和中经网共同办公平台，在实现各平台物理联通的同时，通过全媒体中心系统把报、端、网平台稿库打通，真正实现了新闻生产的"一次采集、统一审稿、多形态生产、全平台发布"。

二是进一步强化新闻生产的统一指挥调度。按照"中央厨房"运营模式，坚持主报、移动端、中国经济网"统一指挥、同步策划、融合报道、梯次发布"，进一步强化了报社新闻生产的系统作战能力。我们建立了全媒体中心审稿值班制度，值班编委与部门负责人全天候、分班次在中心平台值班，及时审核分发稿件，实时调度策划采编工作，确保了工作效率与报道时效。

三是建立完善配套机制。经济日报积极探索适应融合发展需要的机制创新，多次修改完善采编绩效考评体系。先后出台了《经济日报社新闻采编专业序列岗位管理办法（试行）》，积极探索人才培养和成长"双通道"机制；出台了《经济日报社新闻采编专业序列首席岗位聘任管理办法》《经济日报社特约研究员聘任管理办法（试行）》，有效激发了资深编辑记者发挥作用、带好队伍的活力。

四、内容为王，突出特色，进一步提升"四力"建设

融合发展，内容永远是根本。为打造与中国经济发展水平相适应的中央党报、经济大报，我们制定了《经济日报社（集团）关于进一步提高经济宣传能力和水平的实施意见》，努力做大做强经济报道，不断提高新闻舆论传播力、引导力、影响力、公信力。

一是坚持特色定位，培育内容核心影响力。经济日报坚持中央党报、经济大报定位，突出经济特色和专业性，大力宣传中央精神，准确解读重大政策，深入分析经济形势，全面反映经济发展动态，及时回应经济领域舆论热

点,不断提高报道质量水平。在融合创新中,我们积极实施"头条工程""头版工程",结合中央重要政策精神,围绕舆论关注的重大问题,策划推出了一批突出经济特色、体现融合思路的重点报道和拳头产品。如"中国名片""中经创业榜""致敬中国+""中国正能量""聚焦新型实体经济""六度观中国""中国经济十大看点""城市对话"等重磅系列报道,都取得了良好传播效果和舆论反响。同时,我们发挥经济日报专业媒体多、行业影响大的优势,持续推出了"中经指数"系列产品,探索推出了"经济圆桌""31省区市经济最亮点"等新的报道形式和模式,进一步拓展报道领域,丰富报道内容,体现了经济日报主流、专业媒体的品质和担当。

二是打造重点融媒体产品,形成品牌传播效果。经济日报在提高报道质量水平的基础上,依托新媒体的二次加工、N次传播,致力于内容的产品化、品牌化运营,努力将报社的内容生产优势转换为实际的传播力和影响力。推出的新媒体原创资讯类产品《经济日报财经早餐》、知识普及类产品《经济课堂》《经济茶座》,既体现了经济日报专业定位,又适应了新媒体传播特点规律,取得了良好传播效果;对报纸重点报道进行深度转换,推出主题宣传类产品《中国名片》、《大美中国》视觉大赛、《中经创业榜》等,已成为经济日报的重要内容品牌,拥有大量固定读者群,在受众中形成了持续广泛的影响力。

三是用好内容优势,塑造"内容供应商"新角色。在当前新的媒体格局下,内容是传统媒体最大的优势。经济日报在融合发展过程中,既重点强化技术和平台短板,又深耕内容,努力让长板更长、优势更优。目前,经济日报作为专业、优质内容供应商的角色日益明显,大量优秀新闻作品被各媒体平台广泛采用,从另一个途径扩大了经济日报的传播力和影响力。十九大期间,推出的新媒体产品《听七常委最权威解读十九大报告》,被数百家网站和新媒体平台转发,单篇阅读量24小时内突破2000万人次;2018年"两会"期间,推出的《今年全国两会,这四件大事影响深远!》《这个词在海外火了!外媒:中国正释放更多正能量!》《关于2018楼市,两会传来七句话!》《事关票子、房子、车子、孩子,两会传来8个消息!》等重点策划,被大量媒体广泛转载,单篇全网阅读量均为千万级。

五、加强合作，善用外力，积极探索多种发展路径

当前，媒体融合发展已走向深入，更需要开拓思路，创新模式。在推进融合发展的过程中，经济日报社始终注意坚持"内合外联"。对内，整合盘活优质资源，强化经济报道核心竞争力；对外，积极与兄弟媒体、研究机构、高校、智库等开展各类合作，不断注入创新发展的新动能。

一是以服务输出促进能力提升。报社连续多年承担网信办宣传任务，做好网信办安排的重点宣传报道，编辑、发布相关内容，并与其他重点新闻单位进行资源共享、渠道互换，有效扩大了传播效果。

二是通过多方合作拓展融合路径。2017年2月，经济日报与四川新闻网集团签署战略合作协议，就是对融合发展"央地合作"模式的一种探索。2017年11月，经济日报与京东集团签署战略合作协议，双方宣布将在媒体融合发展、数据产品打造、智库建设、党建、扶贫等领域开展全面战略合作，共同探索"媒体+企业"合作新模式、新路径。不同层面和类型的战略合作，达到资源共享、优势互补目的，对于激发融合发展新动力具有极大推动作用。

三是积极利用第三方平台提升品牌影响力。除战略合作外，根据实际需要，经济日报与不同平台和机构开展各类具体项目合作。如十九大期间，与今日头条在内容层面合作，开设"不忘初心共筑梦，砥砺奋进写新篇"十九大专题，该专题在今日头条客户端展现量近3000万人次，专题打开率高达16.68%。在2018年"两会"期间，与多家第三方平台合作，设立独具经济日报特色的"两会"专题：联名腾讯新闻客户端建立"2018年全国两会经济日报特别报道"专题；联名新浪新闻客户端建立"聚焦2018两会"专题；联名今日头条新闻客户端建立"经济日报·两会速递"专题，还与今日头条合作专栏"两会速递"等。仅在会议第一周内，经济日报在今日头条、企鹅号、新浪看点等8家第三方平台的发文量达5000多篇次，累计推荐量近6.5亿人次，阅读量达3500万人次。

四是积极开展线上线下活动，不断增强用户黏性与活跃度。结合报社新

媒体品牌优势，与公司或企业进行资源互换类合作。经济日报与京东在"双12"期间合作开展"Jing喜红包"活动，与ofo小黄车、摩拜单车等推出联名月卡活动，为报社微博、微信和客户端粉丝发放福利，增强平台用户黏性，提高产品活跃度。在2018年"春运"和全国"两会"报道期间，先后开展了"经济日报新春送流量""点赞两会，送手机流量"活动，推介经济日报新媒体平台。此外，还适应媒体融合发展形势下的新要求，先后两次推出了地铁内包车、地铁站台主题形象广告，取得了良好的社会效果。这既是经济日报有史以来第一次主动推出品牌宣传，也是融合发展背景下观念的一次突破与更新。

融合发展是行业的大趋势，是中央的大战略。各类媒体近年来都摸索出了一些路径和模式，取得了一些成绩，也遇到了不少问题。对于融合发展中遇到的问题，只有靠更加深度的融合来解决。中央加强支持，媒体继续探索，行业不断规范，共同推动融合发展走向深入。

（经济日报社供稿）

（2018年5月）

第五章

融合媒体发展之地方实践

地方新闻媒体遍布全国各地，大江南北。从省到地市再到县，它们有的位于发达地区、中心城市、东南沿海，有的位于西北边陲、少数民族地区；它们没有中央新闻媒体、商业化媒体那样拥有数亿甚至数十亿的用户，也难以获得大量的资金、技术、人才支持。面对全国性媒体占领市场半壁江山的情况，如何实现差异化竞争、如何找到自身生存发展空间，如何将自身优势与地域特点相联系，这些都是地方媒体始终在思考、在探索的问题。

本章我们聚焦了十个具有代表性的地方媒体。横跨东西，纵贯各级，它们挖掘自身在地域、民族、政府关系、品牌资源、硬件设施等方面的优势，重新定位自身的产品属性、服务范围以及产品内容，利用新技术、新理念、新设备重构"策、采、编、发、馈"各环节流程，焕发出新机，激发出活力，具有较强的借鉴价值。

华西都市报—封面新闻：以技术整合资源推动融合

◎ 黄福特　调研整理

近年来，移动互联网的兴起和迅速普及对传统媒体产生了巨大冲击。党的十八大以来，四川日报报业集团（以下简称川报集团）落实党中央关于推动媒体融合发展的精神，立足发展需求，结合实际情况，着力深化媒体融合发展工作，以华西都市报为载体，于 2015 年 10 月 28 日启动"封面传媒"项目，加快建设新型主流媒体。2016 年 5 月 4 日，封面传媒打造的封面新闻客户端（以下简称封面新闻）正式上线。

封面新闻立足技术革新，以技术研发为核心，推动解决策采编发、舆情监测、入口建设、平台建设、周边延伸等融合发展问题。通过研发封巢系统打通媒体新闻生产的上下游，构建从内容生产到制作、分发再到效果监测的全循环融媒中心，反应能力显著增强，生产效率极大提高，内容形式增多，内容质量提升，同时倒逼采编人员改变工作习惯，稿件评价体系有据可依，融合发展有序进行。同时，封面新闻依托采集数据延伸服务范围，为政府、企业提供大数据分析服务。加入人工智能元素提升产品活力，研发"小封机器人"，打造"因人而异"的算法推荐功能，增加用户黏性，完善机器人写作技术，提高报道效率；引入"微软小冰"机器人，尝试向"AI+媒体"的前沿领域持续进军，以新技术新场景提升用户的参与感和兴趣度，封面新闻的引导力、传播力、影响力、公信力显著提高。

一、双品牌一体发展，打通机构隔阂

根据华西传媒集群转型发展战略，华西都市报和封面新闻的融合发展确立了"双品牌"支撑、"双引擎"驱动、一体化发展、一盘棋整合的工作思路，既充分彰显华西都市报品牌影响，又强势打造封面传媒这个全新品牌，推动"双品牌"由"相加"到"相融"，深度融合、同频共振、共同发展。

（一）组织架构一体化。2016年12月以来，华西都市报—封面新闻不断推进组织机构的一体化。华西都市报编委会和封面新闻编委会合并为华西—封面编委会，华西都市报经管会与封面传媒总经理办公会合并为华西—封面经管会，分别负责华西都市报与封面新闻的编采和经营管理工作，真正实现一体策划、一体运营、一体管理、一体考核。在部门设置上，对华西都市报和封面新闻的部门作了优化调整，两个单位的部门同时承担华西和封面的工作，一体化运行。技术由产品技术委员会负责，下设技术开发部、数据研究部、产品部、设计部。

（二）传播体系一体化。内部架构的一体化，为生产的一体化提供了支撑。集团进一步打通了华西和封面的资源，所有稿件实现"一次采集、多种生成、多极传播"，形成了"移动求快、报纸求深"、既融合又错位的融合发展格局。同时，持续打造移动传播矩阵、创新移动新闻产品。在持续创新封面新闻App的同时，不断做强系列产品，建设符合互联网发展趋势的移动化、智能化、生态化产品矩阵，并推动多产品的一体化联动传播，推动传播体系一体化。

（三）运行机制一体化。华西都市报和封面新闻加快推动运行机制创新。在生产机制上，破除传统媒体和新媒体采编发环节整合的壁垒，分层级构建新型采编发网络，再造适应融媒体生产的策、采、编、审、发的一体化流程。在考核上，完善一体化绩效考核机制，统一考核标准和标尺，将稿件点击量、转发量、评论量等用户评价作为重要考核指标。

二、技术推动融合，提升服务质量，拓展服务范围

封面新闻紧紧跟上AI时代步伐，向"AI+媒体"领域进军，紧盯前沿技术，发力人工智能，主要着力于两个方面：

（一）开发智媒体融合系统

2017年10月28日，由封面传媒自主研发、基于人工智能技术的新型媒体融合支撑平台"封巢智媒体系统"1.0正式上线。作为封面新闻智媒体探索之路上的又一个重要力作，封巢智媒体系统瞄准人工智能时代发展趋势，找准"AI+媒体"的结合点，在管理、决策、效率上不断成长升级，旨在打造新一代行业云SaaS（软件即服务）"App+网站+工作台"全套解决方案，彻底颠覆传统媒体行业内容生产流程，实现人工智能时代媒体、技术和用户的交互式融合，用人工智能的思维推进媒体融合。

1. 智能延展平台：主攻智媒体技术提升采编效率

作为人工智能时代的新型媒体融合平台，封巢智媒体系统拥有强劲的智能延展功能，通过将功能"模块化"与"集成化"，同时引入人工智能，实现了无限的后续升级可能。模块式功能添加简单方便并可持续更新，可操作性强，蕴含巨大潜力。

封巢智媒体系统工作台各功能模块以智能仪表盘呈现，一目了然。采编人员会在第一时间看到自己最关注的模块信息，并可快速进入对应功能页面实施操作。封面以及封巢还在内容生产链条上探索更多的可能性：设置了记者、新闻助理、领域专家等不同身份。用户可在内容生产过程中无缝切换身份，平台的功能外延将不断丰富。

封巢智媒体系统将着力实现App化与集成化，解决移动智能全时办公，将多向操作与功能进行一体化联结，微观操作上将手机、PC和大屏指挥系统"三屏合一"，打造独具特色和风格的封巢智媒体指挥中心。

在未来，封巢智媒体系统还会通过机器人对于不同语料库进行深度学习，

构建起用户的认知图谱，在新闻信息的生产过程中，自动生成适应不同认知水平人群的报道内容与报道方式，帮助编辑选择最为恰当的表述方式，从源头上做到"因人而异"地为用户提供资讯信息，成为"智慧+智能"并重的"智媒体"。

2. 智慧内容平台：重构内容生产流程

数据中心化时代，动态数据的监测不仅呈现当下，更是未来的预兆。因此，数据洞察将成为传媒业去中心化提速的重要参照。封巢智媒体系统作为一个以数据为核心、"智能+智慧"的智媒体融合平台，对记者、编辑以及整个采编流程实现颠覆性改变。

依托数据为核心，封巢智媒体系统内置四大系统，以全网大数据精准评估传播效果，支撑以移动互联网传播为主体的内容生产流程的重构，指导策采编审发全流程多场景，打造一站式融媒工作平台，实现各环节全面提效。具体包括：抓取全网线索，上万采集源头，线索一键派发的热点监控系统；分钟级抓取，按需定制，竞品通知1秒获取的全网采集系统；一次生产，一键多发，精准分发，全面管理的内容管理系统；全网流量监控，以传播为导向，改变生产过程，数据考核模型化、自动化的传播分析系统。

封巢拥有的四大系统打通了媒体新闻生产的上下游，构建了一个从内容生产到制作、分发再到效果监测的全循环融媒中心。

3. 智识管理平台：版权传播可视化管理

不仅提供全新的内容生产模式与强大的智能外延保障，封巢智媒体系统直击行业痛点，在内容分发和版权维护上提供监控数据和技术支撑，在知识产权越发重要的今天，这一功能的推出意义尤其重大。同时，提供以传播量为基准的智能考核体系，为内容生产者提供薪酬支付标准，改变传统媒体"打分难"问题。

2017年，封面新闻发布了系列《反侵权公告》，标志着封面新闻全网追溯和比对技术的成熟，为媒体数据安全保驾护航。据了解，封巢智媒体系统为华西都市报—封面新闻提供原创内容确权、内容传播数据、版权维权等多方面的服务。用全新、便捷、精准的数据，满足媒体多元化、个性化、有针对性的数据需求，助力华西都市报—封面新闻实现版权增收、提升运营绩效、维护内容产权。

封巢智媒体系统还致力于推动机器考核打分。系统将集成考核评价系统，以传播数据为基础，通过科学计算分析同时配合人工参数设置干预，将实现相对公正科学的薪酬计算。

封巢智媒体系统凭借建设快、投入低、媒体业务性强、可靠易用并随业务升级等优势，包括内容数据、业务数据、外部数据、运营数据在内翔实的数据仓库，最初线索收集，到策划、采编、审发、传播到最后的考核环节内容生产全覆盖，做人工智能时代的媒体融合技术支撑平台。

（二）打造智媒体技术产品

封面新闻将AI技术运用到其应用中。目前重点项目有五个，小封机器人、机器写作、微软小冰、封面云平台、硬件机器人。

1. 小封机器人

小封机器人是封面在媒体人工智能领域的产品之一，由封面技术团队自主开发，于2017年3月发布。这是基于封面自身生产的新闻，通过机器写作短文本和语音交互，快速便捷获取资讯的一个新尝试。小封机器人采用了人工智能在语音、图像和自然语言分析等领域的应用。目前主要在封面新闻App和大屏可视化活动上有所体现。小封机器人还助力服务价值提升，主要应用于三个方面，微信接入，实现随叫随到的客户服务；在线服务，自动化解决用户咨询、访客留言问题；智能方案，为商场和购物中心提供个性化定制服务。比如2017年七夕，封面新闻主办的"AI人工智能相亲会"首创登场。此次相亲会创造性地引入了人工智能，参与者的感情问题由小封机器人量身定制。所有参与互动的单身男女，只需输入基本资料，小封机器人就会从用户中挑选最为匹配的另一半，实现优先速配。此外，封面新闻还推出"封面新闻高考志愿小助手""十一黄金周"启动的"小冰携手大熊猫邀你美丽四川行"等活动，吸引用户广泛参与，提升了传播效果。

2. 机器写作

封面新闻2016年12月20日发布了第一条机器写作稿件，主要是当日打折资讯的自动写作。将机器写作应用在新闻生产中，把记者从不断重复机械的简单写作中解救出来，有更多的时间精力做深度、复杂的报道，同时更快速地输出内容，让读者更快地获得信息。封面新闻的机器写作目前已经在体育、生活资讯、自然灾害预警等领域实现，写作类型包括热点日报、快讯和行业报告等。2017年9月30日，四川青川发生5.4级地震，小封机器人仅用时8.09秒就完成写作，产生稿件信息包括速报参数、震中地形、周边村镇、周边县区、历史地震、震中简介、震中天气，近1300字，并配有相关图片。下一步还将在财经和个性化日报上铺开。目前在封面新闻客户端上开设了专栏"小封观天下"，内容较为多样。

3. 微软小冰

封面新闻与微软的合作梯次展开、逐渐深入"AI+媒体"的各个领域，重磅打造的"封面主播"小冰，既能播新闻，又能聊新闻，还能撩用户。功能包括三个方面：一是智能化语音播报：在最新迭代的3.4版中，"小冰"化身封面主播，语音播报每日趣闻，与人工播报相得益彰。双方将共同探索新闻资讯的音频生产新模式，目前，音频生产自动化正在规划中。二是智能化构建聊新闻场景：应用"小冰"的人机交互功能，识别用户意图，在聊天中推荐新闻，结合新闻聊观点，聊生活服务信息，让大家都来撩"小冰"，提升用户体验。三是智能化评论互动："小冰"化身超级用户，在新闻后面跟评论、发观点、回复用户，与用户"互怼"，提升文章活跃度，提升与用户的交互性，让人机交互得到更广泛的应用。

4. 封面云平台

这是封面自主开发的智能开放云平台，是一款为纸媒、网媒、自媒体和媒体技术开发人员搭建的技术、数据、应用交易平台，目标是降低媒体行业新技术应用的经济成本、人力投入、时间成本等，提高媒体内容策划、采集、生产、审核、分发的效率。应用方面，开发了数据天眼系统，加快推进数据可视化。在封面，由封面数据研发的可视化大屏已经开始应用，未来将实现商业化，在宏观态势可视化、商场实时信息分析、资讯监控等场景上进行推广。封面云的一个方向是商业智能（BI系统），为企业决策层、管理层、市场运营、产品和分析师等提供实时、全面、准确的数据监控和分析，实现数据驱动业务、辅助决策。封面云已经实现了智能客服功能，打造企业专属客服"智能答案检索+引导式对话"模式,回复客户提问。

三、发挥融合主平台作用,建设用户入口和内容平台

在推进媒体融合发展的过程中,华西都市报以封面新闻为主阵地、主战场、主平台、主驱动。封面新闻上线以来,定位"亿万年轻人的生活方式",以"构建人工智能时代的泛内容生态平台"为愿景,以"重新联结世界"为使命,努力打造新型主流媒体。封面新闻用户数达到1040万,2017年经营收入达到6060万元。

作为拥有互联网一类新闻信息服务资质的客户端,封面新闻不断提升内容传播力、公信力和影响力,原创新闻成绩斐然,多篇原创爆款实现全网亿万级传播,"成为国内内容生产的一支重要力量"。

(一)着力创新重大主题报道。封面新闻充分抓住重大时间节点,运用新的媒介形式提升传播效果。在十九大报道、省十一次党代会报道等重大主题报道中,充分发挥封面技术优势,以直播、短视频、手绘动漫、航拍等融媒报道手段和特色内容产品为特色,创新报道形式、报道内容和传播方式,搭建多个专题,"技术+内容"双轮驱动,传播总量数亿次,十九届中央政治局常委亮相的《号外》创意短视频得到一致赞誉,《十九大时光 四川真行 主播有画说》入选年度爆款,为重大主旋律报道创新提供了新的样本。

(二)发力直播和短视频。封面新闻发力直播和短视频领域,直播强调专业,短视频强调精品,封面直播稳居今日头条视频直播榜前三,多次位列榜首,在省十一次党代会报道中,《凉山第一高溜》《川藏第一高桥》等直播阅读量过千万。在重大突发事件直播中,用直播引导舆论,九寨沟地震、《茂县山体垮塌救援》报道创造上亿级传播热点。香港回归20周年报道中,《珠港澳大桥贯通》等直播阅读量超过千万。封面直播总点击量超10亿,成为现象级传播平台。

(三)持续构建泛内容生态平台。封面传媒加快推动移动媒体建设,初步建设了载体多样、渠道丰富、覆盖广泛的移动传播矩阵。在以封面新闻为

核心的基础上，打造了涵盖封面直播、封面智库、封面舆情、封面数据、封面号、封面云商等新产品，形成了形式较为多样、品类较为丰富的产品矩阵，快速构建多元多样的泛内容生态平台。

（四）报纸实施精品战略。推进融合发展，华西都市报—封面新闻仍然高度重视华西都市报内容打造，报纸实施精品战略，打造精品力作。2017年1月1日，华西都市报启动了新一轮的改版创新，以做报纸就是做艺术的追求，深化大众化高级报纸理念，打造精品的报纸，更强调引导读者去探索资讯背后的意义、彰显记录历史的价值和专业主义的追求。此次改版还推出了天天文化副刊，用工匠精神打造文化精品，不断满足读者的历史人文情怀，《宽窄巷》《当代书评》等已成为读者和业界广泛认可的品牌版面。

（五）探索建立人工智能与未来媒体实验室。2017年9月16日，封面传媒与微软、北京师范大学共同成立了"人工智能与未来媒体实验室"。这也是全国首个致力于"AI+媒体"领域的实验室。实验室希望推动人工智能与传媒的创新性融合，建立人工智能与媒体的研究合作平台。实验室的主要工作包括普及"AI+媒体"、开展讲座研讨、打造内部交流学术刊物、开展产品研发等。

（作者为人民日报社地方部编辑）

（2018年2月）

安吉新闻集团：构建大数据平台，建设"智慧城市"

◎ 黄福特　调研整理

近年来，安吉新闻集团根据"融合、创新、跨越"的发展思路，坚持贴紧中心、贴近民生、贴住用户，实施媒体融合、台网融合、公共服务和产业发展融合、跨区域融合等四大融合行动，推动传统媒体向融媒体转型升级、传统广告产业向文创智慧产业转型升级，利用县域媒体地区优势，整合资源，构建大数据平台，助力当地县委、县政府建设"智慧城市"，探索出一条基层媒体融合转型的发展之路。

一、机构资源整合，释放发展红利

随着移动互联网的快速发展，传统媒体受到巨大冲击，报纸增订量、广告投放量断崖式下滑，县级广播电视媒体同样面临严峻挑战。针对自身实际情况，为加快传统媒体间、传统媒体与新兴媒体的融合步伐。2014 年 1 月，浙江省安吉县成立安吉新闻集团，集团由安吉广电与原新闻宣传中心（报社）、县政府机关信息中心共同组建，拥有县域最全的媒体资源：广播、电视、报纸、网站、楼宇电视、城乡大屏、官方微博、公众微信、App 及部分户外广告位。自集团组建以来，安吉新闻集团实行事业单位企业化管理，按照一集团（台）六公司的模式运营，分别为：浙江文澜信息发展有限公司，主营智慧城市项目；安吉普尔广播电视有限公司，主营各类广告业务；安吉县广播电视网络有限公司，主营有线网络业务；安吉广电梅地亚文化策划有限公司，主营演艺活动；安吉星号电子商务有限公司，主营椅业电子商务；浙江新绿传媒科技有限公司，主营县市广电联盟"游视界"平台。据悉，2017年安吉新闻集团全年营业收入达到2亿元，资源整合所带来的红利逐步释放。

二、打破界限重构流程，建设新闻舆论主阵地

安吉新闻集团整合全县广播、电视、报纸、网站、官方微博、公众微信、App、楼宇电视、城乡大屏、户外广告位等媒体资源后，改变以往传统媒体中广播、电视、报纸、网站、新媒体等"各自为阵"的局面，打破不同种类媒体间原有的界限，按照"内容统一、功能区分"的原则，整合"声屏报网、线上线下"资源，组建全媒体新闻中心，建立新闻生产"中央厨房"，打通广播、电视、报纸、网站及微信、App等新媒体的新闻报道方式，从记者派工，到分类编辑，再到制作播刊，建立统一的报道机制，形成"统一策划、分散采集、集中编辑、分类刊播"的新闻报道流程。对新闻的生产、运作、传播方式进行流程再造，构建新闻信息一次生产、多形态展示、多渠道传播的现代媒体新闻传播新格局。同时，集全台之力打造"两微一端"新媒体，并探索建设融媒体生产和监管展示平台。充分发挥多媒体融合的优势，实施"规模化+小分队"作战，按照"电视+广播+报纸+网站+新媒体"的基本构架，多媒体整合传播，网站、广播突出快捷，电视突出场面，报纸突出深度和背景，微信、微博、App突出互动，努力做到相互补充，扬长避短，形成传播共振效应，追求影响力最大化。

集团注重加强新闻内容的发现发掘和策划，努力探索创新全新传播形态与方式，提高全媒体热点引导能力。在电视频道中适量减少影视剧等引进片的播出份额，增加本土化节目容量，强化生态竹乡、美丽乡村、"两山"思想等地域符号元素，打造本土化文化品牌。同时首创将高清视频监控信号实时播出，开设《直播安吉》《红绿灯下看文明》节目，全面展示中国美丽乡村建设成果。在全国县级台中率先实现电视新闻高清直播，形成"《安吉新

闻》+《百姓连线》"的新闻"一小时高清直播"模式,为全国县级台唯一。目前,电视新闻直播时间60分钟;电视专题栏目14档,从周播、月播改为日播;新闻时间收视率稳步升高,最高时在所有落地频道中排第二,总收视稳居前五;广播每天14小时直播节目,收听率位居县域第一;报纸完成大报改版工作,对资源配置、栏目设置、稿件质量、版式气质作优化升级,大幅增加基层鲜活新闻,赠阅量(报纸采取赠送阅读的方式)2万;网站日点击量3万人次以上,位居县域第一。

截至2018年2月,安吉新闻集团旗下电视拥有13万用户,报纸拥有2万用户,"安吉发布"微博拥有39万粉丝,"安吉发布"微信公众号粉丝超16万人,位居全省市县级政务微信公众号前五;爱安吉App目前下载用户达15万户,日活跃度36.3%以上,新闻版块阅读量每日在1万人次以上。

三、台网深度融合,构建智慧安吉建设主平台

随着社会的发展和科技的进步,人民群众对于生活质量的要求更高了,对政府管理水平的要求也在不断提升。近年来,各地都在探索"智慧城市"的建设。安吉新闻集团在县委、县政府的全力支持下,进一步拓展布局全县范围内的视频摄像头规模,发挥其广播电视网络的独特优势,整合县级各单位的数据资源,构建覆盖全县,囊括各领域的大数据资源,成功建设"美丽云"平台,为智慧城市建设奠定硬件基础。

"美丽云"是一个高度集成、协同运行的安吉"云平台"。运用现代互联网新技术,合理配置中央数据处理中心和各级网络单元,集中整合全县网络资源,建立多层级县域网,努力实现局域互联网络云存储、云计算、云带宽、云服务。在"云平台"基础上,以云计算等技术研发创新为核心,推进服务支撑平台、云计算平台、数据资源管理平台、感知管理平台等数据库建设,加快各乡镇、部门现有数据的接入,形成一个海量数据管理和智能处理的信息存储和加工中心,实现应用系统之间的无缝共享和信息应用。通过"云平台"建设,安吉新闻集团打通了电视、PC及智能终端的后台信息平台,实

现了三屏"内容互通、数据共用、信息共享",逐渐控制和掌握各类大数据资源,建立了县域大数据库,不仅实现资源共享,县域范围内数据传输速度达到100Mbps以上,而且统一外网出口,实现网络舆情可管可控,成为党政控制网络舆情传播的有力助手。

在"美丽云"基础上,安吉新闻集团积极规划发展"智慧网"。"智慧网"依托广播电视数字网络资源优势,扩展新一代传输网络,大力推动通信网、广播电视网及互联网的"三网融合",扩大 Wi-Fi 等无线网络覆盖区域,建成"有线无线互通,带宽高速安全,传输智能分流"的多功能信息网络,确保数据库内部、数据库与终端之间的安全传送。这张网整合了广电数字有线网、局域 Wi-Fi 网和无线通信网资源,立足于浏览功能,适量加入应用操作,集成三务公开、便民服务、信息共享、治安监控等功能,用户可通过家中有线电视端口获取各领域信息。真正实现了城乡服务一体化、社会管理科技化、公共资源集约化,将看似遥不可及的物联网技术应用到安吉县域,构建惠及全县人民的信息化运用平台,促进公共信息资源统建、统维、统享。同时,通过整合广电系统、互联网系统和呼叫系统应用资源,目前建立完成了一期县城城区 100 个点、中心村 100 个点的免费 Wi-Fi 网络,为安吉县的美丽乡村建设提供信息支撑。

通过建设"美丽云"、规划发展"智慧网",安吉新闻集团初步推进了传统媒体与新兴媒体的深度融合,有力有效地抢占了"移动端"。"爱安吉"客户端以发展"智慧政务""智慧教育""智慧交通""智慧旅游""智慧医疗"等一系列项目为重点,集新闻、娱乐、旅游、商务、学习、生活、交易等功能于一体,融合电视、广播、报纸、PC、平板电脑、智能手机、IP 电话等终端服务。有别于电视端的定位,"爱安吉"客户端立足于应用操作的功能,将"智慧安吉"的便捷服务融入百姓的日常生活。同时,整合医保卡、就诊卡、公交卡、自行车卡、图书卡、旅游卡、水气电缴费卡及各类消费卡、借记卡等功能,建立集信息存储、信息查询、交易支付于一体的市民卡作为手机终端的补充。

集团还利用云平台为当地政府提供大数据收集、分析等服务。安吉新闻集团大厦内建立统一的公共危机应急指挥中心,县级各单位可在指挥中心大厅内联合办公。指挥中心的大屏幕能够调取云平台的所有数据,包括摄像头传送的视频监控信息,移动端收集的人员流动信息,水库水位数据等,都能在第一时间调取，面对多部门联动的大型战役，真正实现了现场统一指挥、联合行动和快速反应，使联动指挥中心的资源管理、指挥调度等过程更加科学、准确，真正发挥"智慧"功能。

四、立足长远扩大优势，延伸周边壮大产业

安吉新闻集团在全县范围内拥有5000多个摄像头，为实现行业县域全覆盖，集团在现有监控平台的基础上，加快推进与公安、水利、交通等部门项目合作，目前平台监控摄像头已超过10000个，通过"爱安吉"客户端，用户可通过手机随时随地看到自己家门口的情况，县级各部门也可以调取全县各公共区域的视频录像。近几年，安吉新闻集团在全省率先开展美丽乡村信息平台和高清视频监控体系建设，并作推广；自主研发的县、乡、村三级统一联动应急广播县域全覆盖，被省广电局列为"安吉模式"；全省新闻协作会议多次在安吉举行，并现场学习安吉台对农节目作品。

无论是云平台的落地和普及，还是"智慧城市"建设发展，都离不开Wi-Fi覆盖的硬件基础。安吉新闻集团立足长远，近年来加快推进县域范围的无线网络覆盖，目前，城区50%公共场所范围及村级文化礼堂附近的居民可免费使用无线数据通信。此外，集团还不断将广电工作融入"智慧城市"建设工作中，相继启用"数据中心""公共危机应急指挥中心""安吉惠民卡"等平台，开展全域智慧旅游、综合治理体系、智慧灵峰及田园鲁家、智慧余村等智慧项目建设。紧紧依托"两馆"（淘宝安吉特色馆和1号店安吉馆）、"美丽e家"农村电商及"安吉购"椅业分销三大平台，创新思路、开拓市场，为当地群众增收拓宽了渠道。

同时，集团还加强科技投入，积极将科技成果转化。引入博士团队提升信息产业的技术研发实力；与复旦大学、浙江大学、浙江传媒学院签订战略合作协议，成为高校教育实践基地；与西北大学、西安电子科技大学、武汉大学等中西部"985""211"大学加强交流，开展定向专业毕业生招聘、实习活动，成效明显；加强与浙江卫视、浙江之声、东方卫视、浙江日报等上

级媒体的业务交流，邀请相关专家、主持人开设"名师工作站"，起帮带作用；加强乡镇新闻报道员的业务培训，制定科学的运行考核机制，充分调动乡镇部门的宣传积极性，增强采编实力。同时，采取"外部引进、内部交流、挂职锻炼"等多种形式，培养适应媒体融合发展的新闻采编、网络研发、市场经营人才，先后建立"小蓉工作室"及"视频精英联盟"；开展每季度评选"最勤奋工作者"和"最具创意工作"评选；制定、完善"台长嘉奖令""双聘升级"等激励制度，设立"天使创业基金"，聘用法律顾问、经济顾问、科技顾问等，提升班子决策和人才保障水平。

集团积极推广自身经验，转化科技成果。2012 年，率先在全省开展"美丽乡村信息服务平台"建设，并作为标准在全省推广；2014 年，尝试探索福建霞浦地区的广播经营，取得 200 余万元的收益；2017 年，取得江西鹰潭市的广播频率管理、经营权。同时，先后与甘肃、陕西、江西等省广电网络公司签订合作协议，成功实现"综合治理平台"在多地落地；开展针对性市场调研，不断完善"爱安吉"App 应用功能，在安徽宣城、江苏泗洪等全国 13 个地区落地应用，获得 1000 余万元的经济收益；以农村电商为切入，成功与河南新乡签订电子商务平台搭建合作协议。

与此同时，安吉新闻集团在广告经营方面打破电视、报纸分类经营的传统格局，实现统筹发展一体化运作，按照"主业关联、需求导向"的原则，实行中心打包、分类招标、动态监督。加大与省级平台的合作，积极承办"省非遗春晚"、杭州动漫节安吉分会场等活动；利用本土力量，连续 13 年举办"安吉骄傲"颁奖盛典，使之成为县域最具影响力的活动；举办首届"少儿春晚"、排舞大赛、"爱安吉·大声唱"等全域性草根选秀活动，在县域范围内引起广泛关注；积极响应县委、县政府要求，连续四年承担国际无人机创新大赛的商业运营。积极拓展微电影和专题片制作，先后为县委、县政府制作了展现安吉生态文明、平安建设、"两山"转化等各类形象片，巩固文创产业的龙头地位。近三年，文创广告收入每年以 10% 以上增长。

（作者为人民日报社地方部编辑）

（2018 年 4 月）

新华日报：利用全媒体矩阵打造精品内容

◎ 段宗宝　李洪兴　调研整理

《新华日报》诞生于抗日烽火中，作为党中央在国统区创建的唯一一份机关报，在抗日战争和解放战争期间，牢牢占领舆论制高点，被人民群众誉为"茫茫黑夜中的一座灯塔"，毛泽东同志更称其为八路军、新四军以外的"另一方面军"。

进入移动互联网时代以来，新华日报始终将提高报纸质量作为事业发展的生命线，内容生产水平不断提升。2017年被新华日报确定为"精品生产年"，一系列鼓励精品生产的政策相继出台，极大地释放编辑、记者的生产力。新华日报屡屡以全媒体形式推出大型策划，从"七大联盟看青奥"到"正义之胜""'云'走一带一路""智库专家、媒体老总环省行"，打造一系列精品，利用全媒体矩阵传播，实现报纸内容生产能级的跃升，扩大党报的传播力、影响力。

一、三个标准聚焦打造精品内容

新华日报将2017年确定为"精品生产年"，聚焦精品生产，以"有深度、有温度"的高品质的产品赢得受众，明确提出基于党报定位和使命的精品内容的三个标准：主管部门认可、用户认可、业界认可。

主管部门认可——导向正确是精品的第一标准。党报作为党开展意识形态工作的主阵地，必须牢记使命，在新闻舆论工作中宣传好中央的方针政策，敲好舆论导向的"定音鼓"。从抗日烽火中走来的新华日报，一直坚守"政治家办报"的理念，自觉地把正确引导舆论作为最重要的使命。党报精品生产必须围绕中心、服务大局，聚焦党和政府的重大部署及中心工作，与党中央及省委要求保持高度一致，弘扬主旋律、书写大时代、传播正能量。

新华日报在策划、采写、编辑、发布各个环节强化导向意识，明确每一位记者、编辑、校对的政治把关责任，确保以正确的导向引导社会舆论。正因为突出强调在喧嚣的舆论场上做好"定海神针"，解决好"为了谁、依靠谁、我是谁"这个根本问题，使得新华日报作为主流媒体的地位得到进一步巩固和强化。

用户认可——贴近再贴近是精品的基本标准。主流媒体一直扮演着"社会守望者"角色，这种守望是代表公众利益、站在公共立场上的守望。新华日报的办报理念始终坚持党性和人民性的统一，在新闻实践中践行"三贴近"，及时回应社会公众的共同关注和利益诉求，在对热点、焦点、难点问题的报道中向社会提供真实信息和理性分析。

移动互联时代的传播特点，决定了频发且快速切换的社会热点大多由新媒体推动形成，而党报往往在追逐社会热点上慢半拍甚至完全失语。传统媒体如果选择远离热点，就会自我边缘化。群众在哪里，主流媒体的新闻宣传就应该到哪里，并且要直面热点，力求还原真相，回归常识、回归理性，进行有说服力的权威引导。

在遵守新闻纪律的前提下，把握好"时、度、效"，准确、权威、客观发布信息，理性引导社会认知，是新华日报直面热点的方法论。2016年6月23日，盐城阜宁、射阳两县遭遇特大龙卷风冰雹灾害，最大风力超过17级，造成99人遇难，846人受伤，8970多户、31841间房屋倒塌受损……灾害突发后，新华日报第一时间派出记者赶赴现场，客观报道灾情和抢险救灾进展。全国媒体云集灾区，采写播发大量报道。新华日报不仅求"快"更求"全"求"深"，通过有思想、有温度、有品质的新闻产品，发挥党报的战斗力、影响力。24日，报社增派3名骨干记者急赴灾区，他们多点采访、深耕新闻，发回《心手相牵，凝聚抗灾救援最强力量》《把党旗插在受灾最严重的地方》《坚强乐观，抗灾救灾的强大正能量》等一批高质量的报道，唱响主旋律，传播正能量，牢牢掌控舆论的主动权。7月8日，新华日报1版刊登8000字纪实通讯《狂风中屹立不倒的强大力量》，全面聚焦抗灾救灾精神，将抗灾救灾精神财富显性化。报道反映出党报的责任和担当，体现出新华日报记者驾驭重大题材的深厚功力。报道见报后，立即被凤凰网、搜狐、网易等新闻门户网站在显著位置转载。

"精品生产年"活动开展以来，新华日报鼓励记者更加深入生活，采写符合读者需要的精品力作，并且通过全媒体传播，扩大影响。2017年3月29日新华日报15版刊登《新群居时代：以花园的名义在一起》，经交汇点新闻客户端推送，一天内阅读量就突破10万，不少客户端和扬子晚报等公众号跟进转发，几天内阅读量就超过30万。

业界认可——专业性是精品的必要标准。中国新闻奖是中国新闻界最高奖项，近年来新华日报连年走上这一最高颁奖台。在获奖作品背后，是大量高品质的报道，它们夯实了新华日报精品生产的基石。

把新闻精品放到业界视域中，可以将其理解为新闻生产的专业性，理解为专业化的采编流程和严谨的职业态度。如，新华日报近年来用心打造的《还原真相》栏目，就是获业界广泛认可的调查新闻专栏。在碎片化传播时代，短缺的不是反复"搬运"的信息，而是需要用尽脚力、脑力、笔力方能抵达的事实真相。《还原真相》栏目，主要针对社会关注度高的热点传闻、社会话题，派出记者深入调查求证，以确凿的事实向社会提供客观、公正的报道，校正公众认知误差。必须看到，缺乏专业化的原创能力及把关能力，是当前网络媒体、社交媒体普遍存在的软肋。对于传统媒体来说，必须提供更加权威、可信的新闻产品，经营好自己的公信力优势。

精品生产，核心在"精"，要把精品意识贯穿于新闻采集、制作、呈现的各个环节，实行全流程的质量管控。新华日报不断强化编辑、记者的"工匠精神"，最大限度减少采编差错率，提高稿件优品率。每周，报社编辑、出版部门提交编辑、校对发现的各种差错，在报社内网"新华风"及部主任微信群上公布，引导编辑、记者当好"把关人"，对新闻事实严格核查，对思想观点仔细斟酌，对文字表达用心推敲，锻造经得起专业眼光挑剔和时间检验的精品。

二、把持续创新内化为办报习惯

推进媒体融合、创新并非一时一事的要求，而是做好新闻宣传工作的基本要求。党报要在意识形态领域继续当好旗手，必须依靠持续不断的创新。新华日报将创新内化为办报基本原则，不断打破路径依赖和思维惯性，"每逢大事必谋创新"已经成为新华日报的习惯。

2014年，围绕南京大屠杀遇难同胞国家公祭日，新华报业传媒集团推出互动产品《国家公祭　众志成城——为了永不忘却的国家记忆》。新华日报牵头，10省市党报联动，推出《国家公祭·10城联动》系列报道。同时，派记者赴日本采访，推出大型系列报道《为了永不忘却的国家记忆·日本寻证》，获中国新闻奖二等奖。

借力媒体融合，策划大型新闻行动。抓住青奥会在南京举办契机，组建217家媒体参与的"七大媒体联盟"；为纪念抗战胜利70周年，策划组织"正义之胜"全媒体大型新闻行动，6路记者分赴世界各地采访；策划推出"'云'走一带一路"全媒体报道，运用互联网社交媒体等对"一带一路"沿线19个国家进行虚拟出境采访……在这些大型报道中，借助开放、融合的平台，新华日报的内容生产能力得到充分的释放与提升。

新华日报创新重大活动报道的产品体系及表达方式，重大活动报道不仅报得透，而且报得新。如，《今天我主持》是在全国"两会"和省"两会"报道中打造出来的媒体融合的品牌产品，由新华日报记者及集团兄弟媒体记者客串主持人，现场采访代表委员，制作全媒体产品，报网端同步呈现。

2016年11月，中国共产党江苏省第十三次代表大会召开，新华日报于会后推出《"两聚一高"在江苏——智库专家、媒体老总环省行》。"环省行"是一次重大创新，由省委宣传部策划指导，新华报业传媒集团、省广电总台、凤凰出版传媒集团与省智库专家强强联合，各媒体老总与各设区市的书记、市长，以及智库专家们，围绕如何贯彻落实省党代会精神，进行深度交流。新华日报连续13天，每天用一个整版刊登媒体老总、智库专家和书记、市长们的"头脑风暴"。

三、加强做优原创，打牢立身之本

信息同质化现象在媒体融合的背景下越发严重，因为便捷的技术手段使得信息复制变得更简单。有调查显示，当下新闻记者的忙碌程度是20年前的3倍，但新闻产品的质量却并未同步提高。

深度报道是纸媒提升影响力的重要途径。新华日报引导和鼓励记者采写原创新闻，尤其是有独家信息、深度内容和独特思想见解的深度报道。新华日报重点栏目《新华调查》《新华观察》涌现大量高质量的原创深度报道，其中，《十四万考生名单被出卖之后》《学生午餐费，咋变成老师泡脚盆》先后获得中国新闻奖。2016年12月9日，新华日报刊发通讯《太湖，不能没有水草！》，是在记者深入采访的良好基础上，与编辑深度互动、三易其稿写出的精品。稿件见报后，时任省委书记李强专门给苏州、无锡两市和有关部门做了批示。

四、理论与舆论同频共振、同向发力

当前，媒体格局发生重大变化，社会利益分化，价值观趋于多元，迫切需要主流媒体提升舆论引导能力。党报理应积极作为，推动内容生产转型升级，从传播信息向生产观点转变，用更深刻的思想、更鲜明的观点占领社会舆论场，实现理论与舆论的同频共振、同向发力。

面对新媒体海量即时信息的冲击，英国《金融时报》在转型中的一个做法是"我们不再告诉读者刚刚发生了什么，而是告诉大家发生的事意味着什么"。这对于正在转型中的党报，可以视为他山之石。事实上，近年来从人民日报到各地党报，都在强化评论及理论产品建设，以原创的深刻思想增强党报的厚重感和必读性。

评论是党报的旗帜与灵魂。近年来，新华日报不断加强评论，锻造评论精品栏目，打响"新华时论""漫说快评""辛苏"等多个评论专栏品牌。经过多年积累，形成1版"新华时论""江东观潮"，要闻版"辛苏"，焦点新闻版"零点快评""漫说快评"，经济新闻版"经济走笔"，社会新闻版"社会话题"的多层面、立体化、多维度评论栏目体系。为切合媒体融合时代的快阅读习惯，2016年起，新华日报在1版推出"江东观潮"，以较短的篇幅、鲜明的观点、明快的节奏，展开评论。新华日报精心打造"辛苏"专栏，聚焦党委和政府的中心工作、重大政策、重大举措，极具权威性和现实指导性。这一重磅栏目一经推出，就备受全省各级领导干部关注。

在人人都有麦克风的时代，党报有责任站出来引领舆论，在关键时刻和重大问题上敢于发声善于定调。而在新形势下，党报"定音鼓"要真正让人入耳入脑、心服口服，不能只靠提高音量分贝、增加发声频次。提升发声的质量，借助理论的力量无疑是提高舆论引导水平的重要路径。新华日报做好党报评论的同时，统筹好理论和舆论两种力量。在省第十三次党代会报道中，新华日报借用"外脑"，借助高端专家学者的理论成果，通过专家点评、署名文章、客串主持人采访等多种方式，提高报道的理论高度和思想含量。《省党代会精神学习问答》系列报道，是新华日报党代会报道中的一大创新、一大亮点。这组系列报道就省党代会重点热点问题进行权威解答、精准解读，为全省干部群众深刻理解和准确把握省党代会精神提供理论"钥匙"。

作为"精品生产年"的重要内容，新华日报整合原有理论版，推出《思想周刊》，分"理论""智库""政声""悦读"四个专版，传递中央和省委决策部署，阐释重大科学理论创新，传播专家学者真知灼见，交流各地施政经验，打通理论走向群众的"最后一公里"。每期《思想周刊》在交汇点客户端推出后，阅读量均排在前列。

五、改革体制机制，释放创新活力

持续不竭的创新活力，必须要有体制机制的保证。在媒体融合的过程中，必然伴随着机构重组、流程再造和运行体制机制的改革。新华日报创新制度设计，放大激励效应，营造适应精品生产的良好生态。

用制度创新带动产品创新。为鼓励记者采写更多贴近社会生活、贴近基层，带着"露珠"的新闻精品，新华日报设立记者联系点制度，引导记者深入走转改，改作风、改文风；建立虚拟小组策划制度，每月轮流安排一名部主任牵头，组织年轻记者每天进行跨部门、跨条口的新闻策划，采写大量鲜活的好新闻。

创新策划引领内容生产。"精品生产年"活动启动后，新华日报强化编委会策划、激励部主任策划。每月第一个周一，部主任除汇报当周、当日选题外，还要提出当月重点经营的选题。围绕江苏发展大会、大走访大落实、苏北发展座谈会等重大主题，新华日报推出一系列重点报道，得到省领导肯定，赢得读者点赞。策划，正在源源不断地释放活力，带动新华日报内容生产提档升级。

改革薪酬制度鼓励创新。2014年起，新华日报给每一个采编部门核定部门好稿指标，用好稿指标强化部门主任的策划意识、精品意识。部门完成规定的好稿指标，部门主任才可以拿到固定的月薪，如果超过指标则进行奖励，如果完不成任务则扣减月薪。2017年，为配合"精品生产年"，新华日报进一步改革好稿奖励制度，加大奖励力度。每周评出周好稿，每月评出月好稿。真正实现优稿优酬之后，高品质的稿件明显增加。

媒体融合背景下的党报转型发展，必须转变话语方式、呈现方式，改革运行机制和管理体制，生产出更多适合多媒体传播和用户需求的精品内容。党报转型，不是削弱党报，更不是不要党报，而是要走好符合党报定位、能充分发挥党报优势的新路。随着中央信息厨房三期工程启用，新华报业传媒集团在内容聚合、远程出版、移动化操作等方面，已取得新的突破。而随着报网端一体化融合进程加快，依托先进传播技术对新闻生产链的改造提升新华日报内容生产水平必将再上台阶，成为融媒体时代精品生产的"重要方面军"。

（段宗宝：人民日报社内参部编辑；李洪兴：人民日报评论部编辑）

（2018年5月）

浙报集团：坚持党报使命，加快推动媒体深度融合
——数据驱动传播 智能重构媒体

◎ 黄福特 根据材料整理

2017年，浙报集团抓住发展"窗口期"，深度融合、整体转型先行一步，以"中央厨房"建设及常态化运行为牵引，数据驱动传播，智能重构媒体，不断创新体制机制完善深度融合顶层设计，以浙江日报、浙江在线新闻网站、浙江新闻客户端"三端"为主体的媒体深度融合发展取得突破。据统计，2017年1-12月，浙江新闻客户端产生阅读量"10万+"稿件6000余条，其中"20万+"约724条，"30万+"约616条。2018年初，三端原创稿件总数日均约180篇，记者月均最高稿量达26.3篇，同比2016年增长约1倍。稿件传播力指数总数也呈增长趋势。

一、把体制机制创新作为突破口，着力激发融合发展活力

（一）以"中央厨房"为核心，建立内容生产一体化组织体系

浙报集团以浙江日报、浙江在线、浙江新闻客户端的深度融合为突破口，从调整组织架构入手，重新梳理和优化重组编采发流程，推动形成"一次采集、多种产品、多媒体传播"的工作格局。原浙江在线新闻中心、浙江新闻客户端编辑团队与浙江日报采编部门进行了合并重组，以"大编辑中心+垂直采编部门"模式，打造一支具备全媒体采编播技能的合成军。其中全

媒体编辑中心包括纸媒的夜班编辑部和把网站和客户端融合为一体的数字编辑部。八个全媒体新闻部负责报网端微视多端新闻产品的采集、编辑、分发，实现了传统媒体和新兴媒体的采编流程、技术支撑、考核管理全面一体化，新闻生产主体打破体制壁垒，实现一体化完全融合。

调整后的机构为集团总编办、网宣办，浙江日报全媒体编辑中心及夜班编辑部、数字编辑部、检校室，浙江日报全媒体政治新闻部、全媒体经济新闻部、全媒体文化新闻部、全媒体社会与生态新闻部、全媒体评论理论部、全媒体视频影像部、全媒体特别报道部（浙江在线新闻中心）、全媒体服务专刊部，浙江日报全媒体产品运营室。

融合后的全媒体各部门作为一个整体实行全面预算管理。全面推行年薪制和P序列岗位管理相结合的薪酬管理办法，一人一岗、一岗一薪、岗变薪变，真正做到"岗位能上能下、待遇能高能低、人员能进能出"。实施P序列岗位管理。采编人员报酬根据集团薪酬体系和绩效考核办法，按每年预算执行。采编各部门负责人实行年薪制，也是对本部门进行绩效考核的责任主体，对全面完成各项考核指标负总责，负责对本部门员工进行绩效考核和二次分配。

全员KPI（关键绩效指标）考核。由三端各部门对采编人员进行KPI二级考核。各部门根据年度工作任务和岗位职责等，确定各类岗位的考核目标和量化标准，在广泛征求职工意见的基础上，制定各类岗位的绩效考核办法。

为最大限度地发挥"中央厨房"的战斗力，浙报集团以全媒体指挥中心为枢纽，以"中央厨房"为牵引，采用三端（报网端）融通的一体化采编流程。设立集团全媒体指挥中心，集团总编辑任总指挥，集团编委任副总指挥，值班编委任当月执行指挥，集团总编办综合协调，统筹三端（报网端）采编事宜。

浙江日报全媒体指挥监测中心是统筹调度采编资源的中枢与大脑，通过每日早会、午会、晚会三会统一指挥配置报、网、端、微、视采编资源，实现全媒体、全流程、全天候新闻采编发布和传播效果监测。全媒体指挥监测中心实行24小时实时反应，接受各类爆料及热点推送，并通过在线数据分析，提供实时舆情分析及反馈。其中早会报题除当天报纸内容外，尤其注重数字端选题策划，午会、晚会在动态跟进数字端选题的同时，协调部署当天报纸版面。三会期间，新成立的浙报集团网宣办数据分析室与舆情分析室则通过数据监测、热点发现与分析为采编部门的策划会议提供数据支撑与服务，形成一次采集、多端分时序差异化发布、全流程数据服务的采编制度。面对重大报道与突发事件报道，浙报集团运用每周编委扩大会议和编委会专题研究相结合的机制，统一调集指挥集团各媒体采编力量，常态化运行中的"媒立方"全媒体指挥监测系统，更好发挥出其作用，提供统一的选题线索库，实时跟踪热点及事件发展过程。有效保证了指挥运行忙而不乱、高效有序。

浙江日报报业集团核心圈三端全媒体融合改革，打通纸媒与数字端媒体的采编资源，推进内容生产一体化、采编流程一体化、经营发展一体化、考核管理一体化，深度融合，整体转型，全力打造全媒体精品党报，让党的舆论阵地从一张报纸拓展到无限的互联网空间。

（二）打造媒体矩阵，扩大主流媒体传播力影响力

近年来，浙报集团在媒体融合方面的探索实践成为三端全媒体融合改革的坚实基础，可概括为三个"三"，即"三圈环流、三端融通、三点发力"。

"三圈环流"——构建多形态、多层次、多声部的新媒体矩阵是浙报集团媒体融合的体制基础。

"三圈环流"新媒体矩阵是浙报集团在全国省级媒体中先行一步的新媒体战略架构，是集团实现全媒体融合的新媒体基础。集团内300多家新媒体已形成核心圈、紧密圈、协同圈三大传播体系。核心圈，包括"浙江新闻"移动客户端、浙江手机报、浙江在线新闻网站及视频客户端"四位一体"的网上党报，覆盖浙江省内主流人群。在核心圈里面，"浙江新闻"移动客户端的下载量已超过1600万，浙江在线的日均PV达2000万，浙江手机报的用户也已经超过1000万，视频客户端覆盖主流新闻用户2000万，日均PV 2000万；紧密圈，包括边锋网新闻专区和新闻弹窗、云端悦读Pad客户端、腾讯·大浙网新闻板块以及各县市区域门户，形成主流舆论的协同阵地，覆盖普通用户超过6000万；协同圈，包括微博、微信和专业垂直领域各类App等，覆盖普通用户超过2000万。以浙江日报、浙江在线、浙江新闻客户端"三端"为牵引、以"三圈环流"新媒体矩阵为主阵地的新媒体平台，集聚了互联网注册用户6.6亿，互联网活跃用户5000万，其中移动用户达到3000多万。

"三端融通"——三大舆论场全方位、全天候、全覆盖报道，是浙报集团媒体融合的关键流程。

浙报集团三端融合改革着力于加快推进浙江日报、浙江在线、浙江新闻客户端从"相加"到"相融"，促使传播格局重构、采编流程重构、采编队伍重构，全力打造全国一流省级党报、全国一流省级新闻网站、全国一流新闻客户端、全国一流党报两微媒体矩阵、用户超千万的主流媒体视频产品，切实提升浙报集团作为新型主流媒体的传播力、引导力、影响力、公信力，使浙报集团成为服务中心工作、引导网上网下舆论的"定海神针"和"压舱石"。

"三点发力"——依靠品质内容生产提升媒体核心竞争力，是浙报集团媒体融合的根本保证。

第一落点——快速派出记者赶赴现场，及时发回全媒体报道。这是体现更快一步，体现新闻的时效，就是要快。快永远是新闻的第一品质。第二落点——以新闻评论形式表明立场观点，体现思想深度，有效引导舆论。这是言论、评论。媒体融合时代，最宝贵的是观点，是意见。新媒体时代，不缺信息生产者，缺的是意见生产者，缺的是观点生产者。第三落点——以深度报道形式，分析事件来龙去脉，提高综合研判能力。即综合新闻信息、评论信息，再进行深度加工的新闻信息、思想信息集成报道。

（三）以激发创造活力为核心，创新人力资源管理服务体系

面对报业集团企事业编制人员同工不同酬的问题，浙报集团积极探索接轨互联网企业的管理新模式，即 P 序列岗位管理和 KPI 考核。2014 年底，制定了《互联网技术人员管理办法（试行）》和《实行 P 序列岗位管理细则》，并在新媒体和技术部门试行。在此实践摸索基础上，从 2017 年 1 月 1 日起，管理范围向核心圈媒体全面覆盖。P 序列岗位管理的核心是按能力业绩定岗定薪，量化绩效指标考核，由原先的岗位管理变为能力评价管理，通过分类定义岗位、确定岗位任职资格模型、制定与市场接轨的薪酬标准、推行目标明确的 KPI 考核办法，实现岗位层级能升能降、薪资能高能低、人员能进能出。同时，配套实行 KPI 考核，部门为每个人员设定合理的、可量化的工作目标，按季度和年度进行阶段性考核评级，考核结果与薪酬、晋升、淘汰挂

钩，形成以绩效为导向的评价体系。以采编部门为例，KPI考核要素包括：原创力、精品力、传播力、团队协作、创新能力、工作态度等。既把集团战略规划分解为部门目标、个人指标，又为职工个人实现从"符合预期"到"杰出成长"提供了明确的路线图。据先行实施P序列岗位管理的5个技术部门统计分析，两年多来，有20%的职工岗位等级得到提升，30%的职工薪酬得到提升。

（四）以借鉴互联网创新型文化为核心，建立内部孵化制度体系

出台新媒体创新孵化管理办法等系列制度，积极鼓励采编人员参与新媒体创新。每年按营业收入2%提取专项研发经费，投入新媒体产品及技术研发。从2014年开始，3年来投入孵化资金超过2000万元，扶持21个项目。多个项目在孵化期间迎来了用户增长井喷，目标用户总数90万，实际完成225万，用户平均增长达到350%。集团300多名采编人员参与到这些孵化项目中来。2017年浙报集团又尝试推行"栏目制"采编运营，在新闻生产组织上由过去的自上而下为主转变为自下而上与自上而下相结合，鼓励业务骨干带头负责采编运营数字端各频道、栏目，探索从传统报纸单兵作战转变为团队合作的内容生产组织方式。启动申报后，3周内共收到栏目申报39个。经过严格评审筛选，首批11个栏目全新上线。由栏目制催生的"政已阅""涌金楼""弄潮号""辣焦视频""学习有理"等一批微信公众号一亮相就迎来开门红，单篇文章最高阅读量超过45万。截至2017年11月底，首批重点栏目微信平台用户数累计达54万，新增用户40万，原创内容累计1655篇。全网点击量百万以上爆款29条，其中辣焦视频重点策划报道《一句话，让山水美如诗》全网播放量1500万，获得广泛好评。

二、把内容创新作为根本，全面提升传播力引导力影响力公信力

浙报集团坚持内容为王的核心理念，一手抓用户集聚、阵地拓展，一手

抓内容提升、传播力建设。

（一）在打造新型传播格局上下功夫，加快推进"三圈环流"新媒体矩阵不断壮大

在对传统媒体进行资源优化整合的同时，浙报集团按照省委常委会部署要求，大力建设核心圈、紧密圈和协同圈红色新媒体矩阵，经过近3年的努力，初步构建起以互联网传播为主要渠道、以报纸传播为重要依托的新型传播格局。

都市报、专业报、分社报、县市报纷纷以融合改革为契机，在重大主题宣传、深度报道、新媒体运营等诸多领域突出表现，取得良好社会效应。

如浙江法制报围绕平安浙江、法治浙江建设，深耕浙江政法系统，新媒体运营创出品牌，"警钟"微信公号用户已达164万，在浙报集团运营的所有微信公号中排名第一，位列全国政法委微信影响力排行榜第一；《共产党员》杂志不断开展"党建+服务"探索，不仅成功举办全国党刊年会、全省基层党建论坛等大型活动，组织"我在之江读新语"品牌活动，还积极拓展新媒体业务，提供培训服务办班超过20批次，社会效益、经济效益双丰收；浙商杂志以浙商音视频、浙商直播等特色产品为抓手推进媒体深度融合，推出了《鲁冠球和他的时代》《传奇冯根生》等有影响力的融媒体报道，浙商年会、浙商研究院等特色活动取得社会效益、经济效益双丰收。

随着集团媒体深度融合战略的进一步推进和分社体制机制改革的深化，浙报集团地方分社的全媒体内容生产能力得到进一步释放，统计数据显示，2017年，各分社在浙江新闻客户端共发布稿件71759条，约占客户端总发稿量的32.2%。其中，各分社在浙江新闻客户端上共有1527条稿件点击量超过10万，占客户端点击量"10万+"稿件总数的28.07%。各分社围绕集团提出的"视频标配化、直播常态化"目标，大量推出视频、直播报道，在2017年浙江新闻客户端点击量"20万+"的视频稿中，45.45%首发于各分社频道。另外，各分社还扎根本土、深耕本地，涌现出不少叫好叫座的内容精品和策划活动。与此同时，2017年浙报集团9家县（市、区）报按照建设成为区域

第一媒体的目标，努力在原创和精品内容生产上开创新局面，服务好当地市委、市政府中心工作，服务好百姓民生。随着媒体融合改革的推进及媒立方技术平台在部分县市报的应用，各县市报全媒体内容生产能力也得到提高。

（二）在提升影响力公信力上下功夫，全面强化内容精品化水平

浙报集团鼓励各媒体立足浙江区域特点，强调原创内容与浙江特色相结合，努力推出反映和体现浙江经验、浙江道路、浙江文化等方面特色的新闻精品。尽管面对互联网海量新闻信息的传播竞争，浙报集团媒体方阵一批特色鲜明的报道依然给人留下深刻印象。

2017年，浙报集团主题报道攀上新高峰，得到浙江省委、省政府领导高度肯定，尤其是在省委领导直接指挥下，"习近平总书记在浙江的探索与实践"大型主题报道，规模空前、传播力影响力空前，精品生产能力、报道水平都提升到了新水平。在全国"新时代新气象新作为"主题采访活动中，浙江日报全面动员、全面投入，共刊播"三新"主题采访原创稿件655篇，浙江在线首页"三新"专题总点击量超过1700万，浙江新闻客户端头条"三新"专题总点击量超过2500万。同时，重大主题报道传播力大大提升。党的十九大期间，浙江日报共推出专版73个，钱江晚报专版48个，发布重点原创报道285组630篇次，点击量超570万次；转载央媒重点报道超2500篇次，新媒体总点击量达1748万次。

（三）在强化互联网思维上下功夫，大力推动融合传播力建设

浙报集团的媒体融合遵循互联网传播规律，自主研发以用户为核心的传播力指数考核评价体系，2017年起将之作为融合传播效果评估和团队考核的重要依据及指标。传播力指数考核评价体系包括用户规模、活跃度、"10万+"阅读数、竞品排序等内容，从阅读指标、互动指标、转载指标三个维度，为新闻产品传播效果评估和绩效考核提供明确量化指标，以精准数据评价有效解决了传统媒体绩效考核的模糊性问题，大大促进了新闻原创能力、精品生产能力、产品运营能力、用户凝聚能力的全面提升。

三、把技术创新作为驱动，为融合发展提供有力支撑

浙报集团坚持把技术作为重要驱动力，高度重视技术人才引进，不断加大技术装备、设备等硬件投入力度，为推动深度融合提供强有力的技术支撑和基础保障。

（一）自主研发支撑"中央厨房"的技术平台"媒立方"并持续不断地加快平台迭代进化。"中央厨房"数据在线的常态化运行，得益于浙报集团用了两年时间陆续投入 1.6 亿元，率先研发建成的融媒体智能化传播服务平台"媒立方"，为媒体深度融合提供了关键技术支撑。该平台采用云计算、大数据等最新技术，集舆情研判、统一采集、多种生成、多元分发、效果评估于一体，统筹采访、编辑、审核、传播、评估，不仅为新闻报道、舆论引导提供有力支持，而且为实现跨媒体、跨业务提供了统一平台。"媒立方"从真正意义上建立起融合纸媒、网站、App、"两微"等多种媒体形态的内容生产和传播平台，进而促进团队融合、业务融合、数据融合。2017 年，在此基础上，浙报集团积极探索"数据驱动传播、智能重构媒体"，持续推进"媒立方"及大数据平台各项功能迭代、算法优化，支撑媒体融合的技术创新领先同行，浙报集团的理念是"中央厨房"不光有统一指挥、一体化生产、播发、运营的功能，更是拥有开放思维的生态体系，它通过生产的内容可以连接各种端口，打造"内容＋一切端口"的数据在线模式，实现数据化在线生存。所有的舆情研判、采编和运营行为都以数据形态存在，依靠数据在线实时联结一切。技术平台基础在建，关键在用。浙报集团为了实现在线数据的加工增值、动态升值问题，组建专业化团队凭借媒立方大数据，每天对网络舆情、政策信息、新闻背景、采编资源、传播建议提供精准智库建议。在重构采编流程的同时，还以产品经理为牵引，以日常采编运营需求为驱动，努力推进采编、技术、运营的新三端融合，推进媒立方系统的迭代进化，实现新闻产品产、供、销一条龙紧密合作，再创体制机制新优势。新三端融合紧紧围绕爆款产品生产组织，由产品经理牵头，负责理顺策划、设计、开发、传播的

生产链条，以项目组形式整合采编、设计、技术、运营等相关人员，实现供需动态对接，优化生产流程，提高生产效率。新三端融合不仅强调创新新闻产品的形式，而且更加注重创新新闻产品的内容，力求深度融合形神兼备。

（二）打造自主新媒体技术团队。浙报在集团人力资源部专设首席技术官岗位，负责技术人才的引进培养。通过校园招聘、从知名互联网公司定向引进、猎头公司推荐等多种方式引进相关高端人才150多名，初步形成1100多人、具有较强战斗力的"技术部队"。组建了产品研发中心、新媒体运营中心、数据业务中心、信息安全与运维中心、浙江政务服务网事业中心等专业技术部门，推进技术领域资源优化整合。在技术人员管理上，浙报集团推行的P序列岗位管理和KPI考核实施效果良好，技术人才进大于出，人员流动率保持在13%左右，大大低于一般的互联网公司。采编、技术、运营的新三端融合大力推进。产品研发中心自主开发的浙江新闻客户端经历了五次迭代，V5.0版本于2017年底全新亮相，阅读体验大大增强。

（三）加强采编人员技术武装。适应互联网的传播方式和全媒体报道要求，强化采编人员适应融媒体报道的能力培养、技术装备建设。2017年1月1日，浙江日报为111位记者配备全媒体记者包，包内有智能手机、外接镜头、手持三脚架、防风麦克风及传输数据线等。同时，高度重视全媒体短视频内容生产，专门组建全媒体视频影像部，围绕"视频标配化、直播常态化"，打造视频内容生产的排头兵和专业队。在移动互联网领域，初步打响"浙视频"品牌。全媒体视频影像部除牵头抓好重点视频内容生产外，还负责对全体采编人员分批进行视频技术能力培训，具有录音录像、视频直播、无线传输等功能的全媒体采访包就是全媒型记者的标配。

（作者为人民日报社地方部编辑）

（2018年4月）

长江日报：深度融合提升城市主流舆论影响力

◎ 朱建华

近年来，长江日报在转型与融合发展过程中，打破体制机制的壁垒，努力实现策、采、编、发流程再造，整合机构人员，重塑评价体系，同时注重内容生产与平台建设同步推进，不断创新传播手段，显著提升了传统媒体在城市主流舆论中的传播力、引导力、影响力、公信力。

一、打破机制机构壁垒，奠定媒体融合基础

传统媒体正面临着前所未有的变局，传统的策采编发流程以及机构人员设置已经无法适应当前移动互联网时代对信息传播快速、多样的要求。长江日报通过机制创新，着力从采编流程、机构重组、考评重塑等方面进行变革，为未来发展谋求机遇。

初步建立"中央厨房"运行模式。顺应新时代下媒体发展潮流，2017年3月，长江日报融媒体中心成立。中心成立后，初步建立起"中央厨房"运行模式，实现新闻采编统一指挥、一次采集、多次发布，这为下一步集团层面组建全媒体指挥中心、全媒体制作中心等奠定了基础。

集团内部尝试部门合署办公。长江日报新闻热线与武汉晚报新闻热线、武汉晨报新闻热线进行了整合，组建为长江日报报业集团呼叫中心，实现了集团范围内的新闻线索共享。此外，长江日报摄影部、武晚传媒公司摄影部

在集团内部实现合署办公后，让影像资源得到了充分利用和释放。

考评制度倒逼推进移动优先。在大力实施移动优先战略的过程中，长江日报改革考核评价制度，用制度要求记者稿件原则上都要第一时间在新媒体平台发布，且发布时间、传播效果等直接关乎打分。在制度的倒逼之下，整个采编流程得到进一步优化，发稿速度进一步提速，已实现70%稿件移动端首发。

二、搭建平台，壮大网上主流舆论阵地

长江日报在转型和融合发展中，大力推进平台建设，不断壮大网上主流舆论阵地。

长江日报客户端于2017年5月22日正式上线，致力在新的传播生态下壮大主流舆论，关注天下大事唱响武汉声音，聚合武汉17个城区（功能区）提供权威信息。《认识武汉》带领新老武汉人进一步了解武汉的历史、现在和未来，让大家爱上武汉、留在武汉、振兴武汉；"校招季十万岗留武汉一起创"专题发布系列大型校园巡回招聘活动信息，服务留汉大学生；直播世界飞行者大会，展示武汉最炫天际……每天数十万武汉人通过这个重要新闻舆论阵地，看天下。

官方微信是社会各界阅读武汉的窗口。长江日报官方微信是社会各界认识、了解和阅读武汉的一个重要入口和平台，每天第一时间推送武汉权威的资讯信息，受到各方关注与好评，首发内容阅读量多次达到"10万+"。以产品思维打造的《早安武汉》，已成为移动端品牌栏目，2017年6月《早安武汉》专栏获评全国副省级城市党报首届媒体融合案例奖。

官方微博在本地新闻传播上独树一帜。武汉大学新闻与传播学院网络传播系副主任肖珺评价：长江日报官方微博自上线后，因对传播规律精准把握，充分利用微博平台特色，融合评论、图片、直播、视频等各种表现形式于新闻事件报道中，吸引众多网民关注，有效引导多元声音，吸引众多网民关注，尤其在武汉本地新闻传播上独树一帜，成为富有影响力、传播力的新媒体。

头条号及直播屡次进入全国媒体类前十。长江日报通过今日头条的平台积极宣传武汉，2017年有《2018年1月1日零时起，武汉九桥一隧一路ETC收费取消》《重磅！武汉发布留汉大学毕业生落户、住房、收入新政》《直击武汉首场新驾考：210秒内倒车入库能完成几个》等数十篇报道阅读量达到"100万+"。

城市留言板成为武汉网上群众路线的重要平台。长江网是长江日报官方网站，2017年依托长江网建立的城市留言板成为武汉市委、市政府网上群众路线的重要平台。通过城市留言板，全市117家单位在线办理群众诉求。城市留言板一方面通过让群众来留言汇集了民意，另一方面通过职能部门的回复回应与群众直接建立了联系，而党委政府对整个过程和环节的监督让群众反映的问题逐一得到回复或解决。此外，通过武汉城市留言板，不少群众提出的城市发展建议被采纳，扩大了社会治理过程中的市民参与，实现了决策科学化民主化、服务管理精细化智慧化。不少留言还转化为长江日报的新闻报道线索。城市留言板网络平台的建立，是对媒体融合的一次深化，同时也有效拓展了媒体功能。

三、坚持导向，办有品质的大报厚报正报

长江日报作为武汉市委机关报，始终把办一份负责任的正报、有格局的大报、重关怀的厚报作为自己的价值追求，始终坚持正确的政治方向，胸怀大局、把握大势、着眼大事。

以迎接党的十九大和学习、宣传、贯彻党的十九大精神为主线，主题报道站位高、声势大、有特色、有影响。在党的十九大开幕当天，长江日报记者奔赴武汉各行各业，见证重大历史时刻，与全市党员群众一起聆听党的十九大报告，记录党员群众心声，共度十九大时光，并运用多媒体手段，通过文字、图片、视频等多种方式，全方位、多角度进行报道。

浓墨重彩报道武汉市委、市政府重大举措。围绕武汉市委、市政府重大创新举措，长江日报采编人员坚持"走转改"，深入拼搏超越现场，推出"亮

点区块"建设、"招商引资一号工程"、"四水共治"、"四大资智回汉工程"、"红色引擎工程"、整治"新衙门作风"、发展新民营经济等一系列重点报道，为市委、市政府的决策施策鼓与呼。近年来，长江日报围绕中心工作组织策划的这些重头报道，获得广泛传播，刷屏朋友圈。长江日报忠实履行党的新闻舆论工作职责使命。围绕中心，服务大局，成为城市主流舆论传播的策源地。

负责任客观报道，不炒作不煽情不悲情。2017年8月，武汉市委常委、组织部部长杨汉军因公牺牲后，长江日报以"永远有颗狮子般的进取心"为主题，推出系列报道，社会各界反响强烈。作为一份负责的正报，长江日报这组报道既有高度又有细节，既统一又相互独立，既写人又推动工作，既鼓舞人又不悲情等特点，体现了媒体的价值追求。

报道呈现大格局，立足武汉放眼世界。什么是媒体的格局？简单地说就是视野。大报并不是指版面大，更多的是指报道的大气。作为一家城市党报，长江日报立足武汉但不局限于武汉。2017年是中国人民解放军建军90周年。7月25日，《长江日报》刊发了以《人民军队建军策源地》为题的庆祝建军90周年的特别策划。特别策划通过对城市历史资源的挖掘，借建军90周年这个特殊时间节点，不仅把武汉作为人民军队建军策源地这段历史给激活了，同时在全国性重大主题报道中也充分彰显了城市价值。这不仅增强了建军90周年这一全国性重大主题报道的贴近性，也提高了主流舆论的传播力。这是长江日报有格局的大报价值追求的体现。

报道注重人文关怀，营造社会正能量。厚报并不是指报纸的版面多，更多地体现在报道的人文关怀上。2017年8月8日晚，四川九寨沟7.0级地震发生后，长江日报第一时间通过新媒体平台进行了滚动发稿，几天时间滚动发稿近百篇，包括文字、图片、视频等。《打给教练求救的电话中断了 武汉小学生及父母被困失联》被多家媒体转载，小心怡一家的安危，牵动着全国网友的心。为表达社会各界对痛失双亲的孩子未来成长的深切关怀，长江日报联合武汉市慈善总会，设立"小心怡成长社会关爱基金"，接受社会各界的爱心捐赠。九寨沟地震发生后，记者以最快的速度往震区赶。两天半的相处记者没和小心怡说一句话。"不打扰就是最好的陪伴"，这成了记者最终的选择。《不忍采访 只想静静陪伴》的记者手记发出后，获得了网友的理解与认可。长江日报对 2017 年四川九寨沟地震的报道，特点之一在于对人的关切，尤其是对地震中痛失双亲的武汉女孩小心怡的关切，充满人文关怀，让这一灾难性报道显得有温度。这是长江日报重关怀的厚报价值追求的具体体现。

四、深耕内容，构建主流舆论传播策源地

习近平总书记在党的十九大报告中提出，要高度重视传播手段建设和创新，提高新闻舆论传播力、引导力、影响力、公信力。在深度推进融合发展的过程中，不断创新传播手段，放大主流舆论声音。

发布快起来，为放大主流舆论抢占先机。2017 年，长江日报新媒体平台阅读量在"10 万+""100 万+"的稿件数量创历史新高。《重磅！2018 年 1 月 1 日零时起，武汉"九桥一隧一路"ETC 收费取消》《号外！长江新城选址公布》《喜讯！武汉成功入选世界"设计之都"，成北上深后中国第四城》《重磅！留汉大学毕业生落户、住房、收入新政出炉！这有权威解读》……这些刷屏朋友圈的报道，均为长江日报第一时间首发。与往年相比，2017 年长江日报在重大信息的发布上提速不少。城市主流舆论发布快起来，这为在互联网上放大主流舆论抢占了话语先机。

内容活起来，让主流舆论变得亲切可感。互联网技术为媒体创新传播形式与手段插上了翅膀，直播、视频、H5、长图、游戏等新的传播形式与手段的广泛应用，传统报纸版面上的静态传播变成了移动端上的立体多样的动态传播，这让主流舆论变得亲切可感。党的十九大胜利闭幕之后，全国各地掀起学习贯彻十九大精神的热潮。长江日报推出了深读党的十九大报告的系列报道，在重要版面持续刊发。在见报稿件的基础上，长江日报还制作了《深读十九大报告》系列短视频，这是对宣传十九大精神形式的一次创新。短视频以 MG 动画的形式呈现，每集时长两三分钟，分为《习近平新时代中国特色社会主义思想体系》《我国社会主要矛盾》《认识新时代》《理解新使命》《认识新征程》《认识新成就》六个部分。这组短视频，短小精悍，形式新颖，思想含量高，在长江日报新媒体平台首发后，受到用户欢迎，并通过长江日

报微信进行了二次传播。《深读十九大报告》系列短视频在中国报业协会举办的十九大融合作品评选中获优秀奖。

传播动起来，让用户参与主流舆论传播。习近平总书记指出，"读者在哪里，受众在哪里，宣传报道的触角就要伸向哪里，宣传思想工作的着力点和落脚点就要放在哪里"。新时代的传播是基于移动端的朋友圈传播。在传播手段建设和创新上，长江日报一系列新媒体产品通过增强互动性的方式，让用户参与到主流舆论的传播中来。2017年底开通的东湖绿道二期是武汉的一件大事。新媒体作品《星耀东湖，点亮武汉》综合了H5、视频、游戏等多种形式来呈现，以宇宙中探索"亮点"开头，将用户带入东湖绿道。用户通过分享不仅可以获得东湖绿道第一视角视频，还可以在线体验绿道每个景观段不同的美。作品上线一周参与人次达到百万之多，通过参与互动，用户的获得感、幸福感油然而生。在用户参与互动的过程中主流舆论也得以传播。

形式新起来，用直播推动党报全媒体化。移动直播成为新的入口，不少媒体都在进行这方面的布局。移动直播已成为长江日报新闻生产的一种常态。一是场次多，2017年全年进行的直播超过300场；二是参与面广，直播不是哪一个人或哪一个部门的事，已有超过1/3的记者参与到了直播中；三是题材广，从民生到社会、政经、人文，只要适合直播，都鼓励记者尝试通过直播来呈现；四是传播效果好，全年点击量"100万+"的就有7场。2017年2月20日，是武汉新一届市政府领导班子成员上班第一天。长江日报通过直播聚焦市政府大院里的工作状态，网上点击量超过80万人次，点赞超过56万人次。《人民日报》就此刊发评论：把媒体请进来，把政府的工作现场晒在网上，让媒体盯紧，让网民围观，就是政府主动走近群众、接受人民监督的新颖尝试。直播有效推动了长江日报的全媒体化，同时也为后期立体化传播提供了丰富的素材。

五、周边延伸，构建垂直细分传播链条

作为一家根植于武汉的城市党报，长江日报在推进深度融合发展的过程

中，立足于深耕城市，通过打造垂直细分的传播链条，重新构建与用户之间的连接。

从线上到线下打造"我读我城"读本。从校园到社会，从线上到线下，从报纸到网络，作为武汉百万中小学生"我读我城"的读本《超级课堂》，已构建起了全媒体传播链条。

公园大课堂打造美好生活新空间。长江日报通过整合城市园林资源，发掘城市的美好空间，将城市里的公园从"等客上门"升级为"约客来玩"，"公园客"全媒体平台很贴心。

"网红小镇"创新网红经济模式。长江日报传播研究院参与打造的全国首个"网红小镇"，让粉丝与明星的互动从虚拟走向现实。这开启了互联网时代网红经济新模式，是一次直播产业和粉丝经济的转型升级。

组建影像传播中心打造产品链。长江日报拥有国内顶级新锐摄影团队，江城最大最全图片库、航拍飞手及全系无人机组合，影像传播中心的组建，为传统纸媒影像传播链的开发做出新探索。

成立博览公司开拓全新产业。展开历史厚重，陈说当代价值。一线资深记者转型时以拓荒者精神从零起步成长为业内专家，专注于展览陈列及博物馆工程，起步之年成绩就不同凡响。

法治文化传播中心探索融合传播。从长江日报《法治武汉》版不断升级进化而来的法治文化传播中心，打响公益律师团品牌，探索"普法+直播"融合创新案例，推出全国首个"网红普法团"。

国防教育传播中心尝试融合新路子。国防教育传播中心致力打造驻汉部队和军人信赖的媒介中心，成功举办"军营开放"活动，推进建立"拥军百企联盟""军创大讲堂"，在实践中探索军民融合新路子。

食品药品安全传播中心实现融合互补。食品药品安全传播中心致力实现公共平台与专业平台融合互补，构建城市食品药品安全的权威宣传网络，后劲无穷。

长江婚典微信平台俘获新人芳心。"长江婚典"开创名品微信平台，深耕细分区块，打通渠道，进驻全市16个婚姻登记处，长江日报头版号外纪念版结婚登记照变身为抢手礼俘获新人芳心。

长江投资理财俱乐部成黄金桥梁。长江投资理财俱乐部抓取最新理财信息,传递独家理财技巧,搭建金融机构与社会企业间的黄金桥梁。在普惠金融时代,成为广大市民、理财爱好者的"黄金搭档"。

(作者为长江日报融媒体中心主编)

(2018年3月)

西藏日报社：深度融合增强党的声音

◎ 段宗宝　黄福特　调研整理

2017年，西藏日报社以人民日报社第四期、第五期技术援藏为契机，在人民网的大力支持下，在没有资金、没有项目的情况下，想办法、出奇招，创造条件推动项目实施，圆满完成了媒体融合首期项目的各项任务，西藏日报藏汉双语客户端、西藏日报全媒体采编"中央厨房"、多媒体音视频演播室等一批媒体融合新产品建成上线，地处边疆少数民族地区的西藏日报社紧跟全国媒体的步伐，成为建成"中央厨房"的省级党报。

一、加快融媒体建设是西藏特殊区情的必然选择

党的十八大以来，以互联网为代表的新兴媒体成为传播党的思想、汇聚民心民情的重要渠道之一。近年来，诸多重大社会话题都首先在新媒体上发酵、传播甚至引爆，新媒体已经发育成为一个新的舆论场，成为十八大以来的"红色阵地"。新舆论场诞生的背后是移动互联网的发展与普及，以数字技术为代表的新媒介迅猛发展，不仅促进了传统传播功能的延长和扩大，而且使党情、民情的传播途径和传播载体发生了革命性变化。

西藏在经济、民族政策、自然条件等因素的影响下，媒体融合发展显得更加迫切，也决定了西藏新闻宣传工作的一系列特殊性。在全媒体、资讯高度发达的情况下，只有实现传统媒体和新兴媒体的相互促进和融合发展，才

能有利于在边疆民族地区发出传播力强、覆盖面广、针对性更强的舆论声音。

经济社会发展滞后的特殊性。西藏经济基础薄弱，是欠发达地区，与全国相比还有较大差距，西藏城镇居民人均可支配收入和农牧民人均纯收入，仅分别相当于全国平均水平的73.5%和71.3%，按照国家新的扶贫标准，全区还有83万贫困人口，占农牧民人口的34%。经济的落后导致西藏无法完全仿照其他发达省份推动媒体融合，需要走自己的路径。同时经济落后也导致人才资源匮乏，迫切需要新的用人机制。

西藏反分裂斗争的特殊性。与其他许多省份不同，西藏地处意识形态斗争的风口浪尖，分裂与反分裂、渗透与反渗透的斗争形势尖锐复杂，反映在网络上形势严峻。据不完全统计，仅2014年9月，中国西藏新闻网就查出1000多个异常文件的网页，政务频道查出4个木马和2个后门。西藏自治区成立50周年、西藏和平解放65周年、藏博会等重大节庆节点，西藏的主流新闻网站都成为境外敌对势力攻击的重点。主流媒体面临着与西方反华势力和十四世达赖集团在意识形态领域争夺话语权及抢占舆论制高点的斗争。可以说，与十四世达赖集团的斗争是一场长期、尖锐、复杂的斗争，反分裂斗争的弦一刻也不能放松，这是西藏团结稳定和发展的基础，是长治久安的根本所在。特别是近年来，西藏日益成为国内国际舆论的热点，其中不乏西藏敌对势力和十四世达赖集团的反动宣传。要实现激浊扬清，正确引导舆论，倡导主流价值观，需要加强新闻舆论的主阵地建设，从而增强主流舆论和正能量的声音。

民族地区政策的特殊性。西藏是边疆少数民族地区，宗教问题与民族问题交织在一起，处理好宗教问题，有利于民族团结和西藏社会的和谐稳定。少数民族语言的特殊性加上民族、宗教在价值观、文化方面的差异，对宣传工作如何做到有效传递更是提出新的要求。

自然条件的特殊性。西藏自然环境较为恶劣，平均4000米以上的高原海拔，导致新闻制作成本高，采访工作难度大，其艰辛被形象地说成"开车一整天，见了两个人，说了几句话"。传统纸媒的困境凸显。

报纸发行面临特殊区情。西藏地域辽阔，占全国1/8的面积，85%的人口在农牧区，由于受交通条件的限制，报纸很难在3天之内全部送到，有的地方一个星期以上才能看到报纸，新兴媒体发展建设十分迫切。

二、借力央媒平台、技术、人才支持，推进媒体融合项目建设

近年来，西藏日报社借助人民日报社对口援藏优势，采取"引进来＋走出去"的方式，将人民日报的好经验、好做法、好措施引进西藏日报。同时，积极布局"走出去"，以更多元化的方式，汲取人民日报的优秀资源，助推西藏日报社客户端上线和媒体融合发展。

从2016年11月起，人民网、人民日报媒体技术公司、中广设计院组成的第四期人民日报技术援藏组进藏，专门就西藏日报社藏汉文媒体融合、"中央厨房"建设、新媒体客户端建设、多功能音视频演播室建设和新媒体中心采编平台建设开展需求调研，并在此基础上协助西藏日报社制定了《西藏日报藏汉文客户端建设方案》《西藏日报社多功能音视频演播室建设方案》《西藏日报社全媒体"中央厨房"建设方案》和《西藏日报社全媒体内容生产加工制作平台建设方案》，奠定了报社媒体融合首期项目基础，为后续全面融合、深度融合提供了平台、技术、人才等各方面支撑。

西藏日报社还实施2017年度重点人才培养项目，邀请6名来自人民日报社、中央民族大学等区外知名专家教授和4名来自区高法、区电视台、区农行的区内业界知名人士以集中授课、学员与授课老师互动、学员交流讨论等方式，对新媒体职业理念、新闻内容产生、融合新闻实践、客户端内容产生、新闻微视频摄像构图与后期制作、法律业务知识藏汉翻译等内容进行了培训，并对新进人员开展入职培训。全社从社领导到普通编辑、记者共有1500余人次参加14场各类专题讲座。与此同时，2017年以来，西藏日报社先后分三批次派出各业务部门骨干，赴人民日报社"中央厨房"、"两微一端"、侠客岛等部门培训学习、了解客户端编辑操作、选题策划、大数据和无人机航拍等各项技术，为报社媒体融合发展奠定了人才基础。

三、媒体融合项目有序推进

（一）西藏日报藏汉双语客户端

西藏日报藏汉双语客户端是"移动互联网领域的《西藏日报》"，客户端包含藏文版和汉文版，同时推送人民日报电子版、人民日报客户端、西藏日报电子版，开辟"西藏头条"等特色栏目和地市频道以及能源、水利、交通等重点行业频道。

西藏日报藏汉双语客户端于2017年7月正式上线试运行，在上线首日对拉林高等级公路主体工程完工进行了网络视频现场直播，该直播以太昭古城和米拉山隧道两个重点工程段为直播现场，分上、下两集进行了详细解说和现场拍摄。这是西藏日报社全媒体平台建设以来首次进行的网络直播活动，一经推出就获得了近3万的观看量，该直播还被人民日报客户端同步播送，共有12万网友同时在线观看，获得了圆满成功。

截至目前，西藏日报藏汉双语客户端的装机量已经突破5万。报社对其定位是移动互联网领域的西藏日报，其具有多频道、多功能、融媒体、大容量、传播快的特点和优势，目前已经上线的频道包括政务、专题、直播、视频、图片等。另外，报社还针对当下自治区重要事件，专门开设了"四讲四爱"专题频道。

西藏日报藏汉双语客户端是一个借助移动互联网传播的新媒体产品，其传播内容包括图片、文字、视频、音频、动漫、H5以及AR等，这些新媒体产品的制作生产，不再是传统报纸那样，单凭一张纸、一支笔画版就能完成的，必须依托新的技术支撑体系、新的内容生产加工制作平台。

（二）西藏日报社全媒体采编"中央厨房"

西藏日报社全媒体采编"中央厨房"既是硬件基础和技术平台，也是大脑和神经中枢，其具备集中指挥、采编调度、高效协调、信息沟通等基本功能。"中央厨房"建成后，将彻底改变报社传统采编流程，实现稿件"一次采集、多种生成、多元传播"，确保数据科学分类、有效管理、互通共享、安全存储。此外，"中央厨房"还可以实现报社报纸编辑在线选稿、在线编审、在线画版、在线审样，将传统办报流程转移到互联网上，实现各部门对新闻采编流程的在线监控、在线指挥管控。

西藏日报社媒体融合正是按照中宣部关于"中央厨房"的"四个一"要求规划建设的，即"中央厨房"要有一个工作平台、一个技术支撑体系、一个内容管理系统和一个传播效果监测反馈系统。

该平台的建成投用，将重新定义新闻的生产模式，以全媒体平台建设为路径，以用户为中心、搭建用户平台，汇集海量用户，形成数据库，打通新闻生产各环节。将进一步推动新闻生产转型升级，利用全媒体手段、全媒体内容形态传播中国梦西藏故事。

（三）多媒体音视频演播室

多媒体音视频演播室，可实现音频视频等资源的采集、录制、编辑，为西藏日报社全媒体内容报道提供支撑。演播室总面积达238平方米，另外还配套建设了160平方米的全媒体展示区。

多媒体音视频演播室积极尝试以VR为先期产品的去屏化技术在新闻领域的应用，大力实施"微传播工程"项目，依托演播室和演播室运营团队，全面加强原创视频、音频节目制作和发布，积极尝试微视频、微音频、网络剧创作生产，从图文静态传播、延时传播迈向图文音视频全媒体传播、7×24全时传播、实时直播和微传播时代。

多媒体音视频演播室既是内容生产平台，又是"中央厨房"最重要的技术支撑体系，演播室按照广播级要求规划建设，借助演播室，西藏日报社可以生产各类音频、视频节目，这些节目经过编辑加工后，不仅可以在西藏日报客户端传播，今后还可以直接分发给电视台、广播电台进行播放。

（四）新闻内容管理系统

在各个产品和平台之间流动和传输的，是数据。西藏日报社目前由于有全媒体传播矩阵，每日新增数据量在10GB以上，对这么庞大的数据进行管理就显得至关重要。

西藏日报社全媒体内容管理系统，可实现对汉、藏、英不同语种数据资源的分类管理、在线存储、在线加工和实时备份以及提供方便快捷的分类检索、多渠道分发，这同时也是日常编辑、发布稿件的系统。

（五）传播效果监测反馈系统

和报纸等传统媒体相比，新媒体最大的优势就是能对用户数据进行实时收集、分析。借助传播效果监测反馈系统，可以精确统计每一篇稿件的阅读数、传播数、分享数、评论数以及用户性别、用户地域、访问时段、停留时长等传播数据，以便精准掌握传播效果，对传播方式、传播内容进行动态调整，以进一步提高传播能力。

四、创新驱动提升全媒体建设水平和宣传报道质量

（一）抢占新媒体主流舆论高地，打造领先于西部边疆少数民族地区的新媒体集群矩阵

按照西藏边疆少数民族地区加快发展新媒体的实际，报社党委调研提出了报社媒体融合发展的新思路，在基础差、底子薄、无投资、无编制、一穷二白的情况下，建成了快搜西藏客户端、西藏手机报、西藏日报、今日西藏、新西藏（英文）、藏文媒体、缘藏、游藏、西藏宝物、精读西藏、图说西藏、视听西藏、西藏法制报、西藏找工作、西藏商报等一批20多个双微产品，全面构建了以全区74县网群建设为标志的报社新媒体集群矩阵。新媒体凸显了覆盖更加广泛，传播更加快捷的优势。目前，报社全媒体产品日阅读量约95万人次，覆盖了全区300万人口的30%，实现全区80万城镇人口全覆盖。其中新媒体占90.1%，远远超过传统纸媒的9.9%。双微产品占34%、客户端占5.3%、网站占46.4%、手机报占4.3%。新兴媒体立体传播体系形成的传播能力成为西藏日报全媒体群中的一道亮丽风景。

（二）树立导向意识和规矩意识，一手抓融合，一手抓管理，前置内容审核，管好新媒体

新兴媒体发展日新月异，要一手抓融合，一手抓管理，确保融合发展沿着正确方向推进。既要发展好，又要"管得住"，才能确保导向正确，不负发展的初衷，这在地处反分裂斗争前沿的西藏显得尤为重要。为了确保最终传播的产品导向正确，西藏日报将内容导向把关前置，所有记者采集回来的素材在进入稿库后都要经过一轮严格的导向审核，只有审核通过了才能被采用编辑，有效降低了传播出口导向控制的压力。

西藏日报社高度重视"管好新媒体"的要求，一手抓新媒体平台建设，一手抓新媒体制度建设和精细化管理。着力推进"建平台、打基础、强管理、促融合"的融合发展思路。2015年10月，西藏日报社审议通过了新媒体部草拟的加强新媒体管理的4个暂行文件：《西藏日报社新媒体运营管理方案》《新媒体平台信息审核发布和安全管理制度》《新媒体集群绩效考核方案》《西藏日报工作人员使用微博微信等社交媒体的规定》，11月16日正式颁布实施，有效确保了新媒体安全运营。为了确保平台和全区74县网站的安全运行，西藏传媒集团从制度上规范，先后制定实施了《网络安全协调机制和分工制度》《西藏自治区地县两级网络安全服务技术平台安全防护工作》《西藏自治区地县两级网络安全服务技术平台应急预案》《防止办公网内高危行为管理办法》《电子政务中心7×24小时值班制度》《全区县级政府新闻网信信息审发制度》等。为加强网络平台运维人员安全管理，制定实施了《员工行为准则》，严格的制度、举措的实施，全面有效地提升全区74县网群的新闻宣传质量，确保导向正确和安全运行。

（三）树立全媒体报道意识，以内容优势赢得发展优势

西藏日报新媒体集群矩阵建立后，新的媒介发展业态使西藏日报社报道图文音频异彩纷呈，实现了全媒体报道、立体化传播。遵循内容为王的新闻规律，报社积极推动全媒体融合报道出新出彩出特色。以西藏日报为龙头，整合人民日报藏文版、中国西藏新闻网（汉、藏、英文）、新媒体双微集群、西藏商报、快搜西藏客户端、西藏法制报、快搜西藏网、全区74县网群、西藏手机报等全媒体联动，实现报纸、网站、微信微博、客户端全媒体传播。通过组织策划，创新新媒体报道方式，采访制作适合微信、微博发布阅读形式的H5微杂志、微视频等，使新媒体从形式到内容有了新的突破，开辟了西藏日报移动互联网时代新闻宣传报道的立体传播新模式。

西藏日报立体传播体系显示了强大的传播能力。在西藏自治区成立50周年大庆期间，西藏日报与中国西藏新闻网、快搜西藏客户端、西藏商报、快搜西藏网、西藏日报微博微信集群、西藏手机报等联合报道，通过H5微杂志专题全面展示西藏自治区成立50周年来发展建设成就，在大庆当日，新闻网、客户端通过图片、视频和音频全媒体直播大庆盛典。西藏日报微信分别推出《微西藏——辉煌50年》、微刊《中央代表团的"西藏时间"》、微视频《祝福西藏之我为西藏唱支歌》、H5《西藏日报60年》等栏目。快搜西藏客户端在"4·25"地震20分钟上线相关专题，及时传递灾区信息，产生了巨大影响。中国西藏新闻网官方微博围绕西藏自治区50周年选题策划"五星红旗在西藏"，上线阅读数25.2万人次，在西藏日报微信号首发《史上最霸气的西藏照片，一定要横着看》，阅读数达10多万人次，被全国媒体广泛转载。大庆期间，快搜西藏客户端专题总流量超过300万人次，受到自治区领导和新闻界好评。

（段宗宝：人民日报社内参部编辑；黄福特：人民日报社地方部编辑）

（2018年2月）

上海 SMG：千帆争竞奋楫者先　打造新时代新主流

◎ 黄福特　根据提供材料整理

近年来，上海广播电视台、上海文化广播影视集团有限公司（Shanghai Media Group，SMG）积极响应党中央巩固宣传思想文化阵地、壮大主流思想舆论的重大战略部署，不断加快自身媒体融合与转型发展的探索，通过顶层设计，在组织架构上完成全媒体布局，搭建起"中央厨房"；研发了 X-news、@Radio、I-studio 等多个媒体融合的技术系统，较早地为媒体转型提供技术支撑；并在采编播流程方面进行优化，促进旗下各类新媒体产品蓬勃发展。

截至 2017 年底，SMG 共有微博认证账号 354 个（"个人+企业"）、微信公众号 326 个。据不完全统计，2017 年 SMG 旗下微信公众号共发送近 7 万篇文章，全年推送次数 1.18 万次，环比上升 15%，较 2016 年同期活跃度上升 8.5%。其中，第一财经、新闻坊、谈股论金、宣克炅等公众号已形成了较强的传播力与影响力。

SMG 共有移动客户端 49 个（"安卓+苹果"）、PC 客户端 1 个、官方网站 89 个，其中以重点新媒体产品为抓手，SMG "1+3" 新媒体矩阵已呈破局之势，取得不俗成绩。同时，SMG 基于母体与东方明珠耦合协同发展，已完整构建起包括"内容+平台+渠道+服务"的互联网媒体生态系统，以不断夯实综合内容优势，拓展依托云平台和大数据的融合媒体渠道优势，并加强统一用户体系建设，丰富线上线下服务体验，从而完善用户价值变现。

2017 年，SMG 推进媒体融合、打造新时代新型主流媒体的具体做法和取得的成效，主要体现在以下几个方面。

一、加快分兵突破，打造"1+3"新媒体拳头产品矩阵

SMG面向移动互联网，在打造全媒体集群的基础上，通过业务板块重组与流程再造，着力实施分兵突破，以重点融媒体产品和项目为抓手，打造并形成了"1+3"的新媒体格局，即一个平台：BesTV，三个垂直领域重点产品：看看新闻Knews、阿基米德App和第一财经新媒体矩阵；通过互联网产品的差异化定位，率先实现快速突破。SMG还组建了专门以互联网综艺娱乐内容为主业的互联网节目中心，不断深化互联网内容的整合运营。

其中，"BesTV"平台，是SMG战略转型的重中之重，作为互联网视频平台，已成为国内互联网媒体用户对接最广泛、市场份额最高的多渠道视频集成与分发平台之一。BesTV平台也是SMG内容产品在互联网上进行传递和增值的重要渠道——看看新闻Knews、阿基米德、第一财经，以及互联网节目中心的网络综艺、各种视频直播和App，都可以是其垂直产品。目前，"BesTV"平台有效用户超过1.5亿，其中IPTV 4000万，OTT 2100万，有线数字电视付费频道用户5200万，有线点播用户900万，移动终端月活跃用户超过2900万。BesTV App在全国综合视频App榜单中，排名全国第九，在广电系统仅次芒果TV，排名第二。通过BesTV平台汇聚的庞大用户规模，SMG新媒体产品传播得以迅速突破。在此基础上，东方明珠正在加速打造统一用户中心和混合云平台，促进BesTV平台"内容+游戏+购物+教育+健康"等功能的进一步丰富与发展。

"看看新闻Knews"，是SMG重点打造的融媒体新闻产品，主打互联网视频新闻品牌。其依托SMG对原电视新闻中心、外语中心、看看新闻网整合组建的融媒体中心，发挥综合优势与强大资源，着力打造两款核心产品："看看新闻"App和互联网视频新闻直播流"Knews24"，现已实现了新闻产品全屏覆盖、多平台分发。截至2017年12月底，"看看新闻"App累计用户数突破500万，日活跃用户峰值超过30万，短视频全网日均传播量达到7000万至1亿。新闻直播流"Knews24"通过百视通大屏终端覆盖用户超过5700

万,用户点播总数稳定在"500万+"/日。看看新闻的全网传播量日均触达7000万人次,峰值近1.3亿,在中央网信办"中国新闻网站"传播力榜上名列前茅。此外,2017年看看新闻Knews"短视频"战略取得了显著成效,曾荣获今日头条"金秒奖",并凭借超百亿级的全年总播放量和优质的原创视频内容,荣获了秒拍"2017年度影响力媒体大奖"。

"阿基米德App",主打互联网音频互动社区平台。以帮助广播转型为使命,"阿基米德"于2014年10月上线,目前已与全国百余家电台达成战略协议,湖北、贵州、江西等140多个省市级广播电台已正式入驻平台;平台聚集了全国16000多档广播节目社区。SMG旗下上海广播全部节目均已入驻,但仅占其整个产品节目比例的2%。目前,"阿基米德"在移动FM排行榜中列全国第十,广电系统排名第一。截至2017年末,"阿基米德"用户总访问量超过2.3亿,用户总数近4000万,用户已覆盖全中国所有省份、港澳台地区及美国、加拿大等163个国家和地区。2017年,"阿基米德"还实现了商业运营的突破,试水打造联合广告模式。目前,公司首轮融资已完成,正在进行第二轮融资。

"第一财经"新媒体矩阵,主打互联网财经应用,包括了网站、客户端、社交媒体矩阵群等。其中,"第一财经"App月活跃用户数超过200万,在全国财经类App中居前三名,人均单机使用时间则可排到第一。英文财经媒体"一财全球"(Yicai Global),已与彭博等众多国际著名财经媒体达成合作,Twitter、Facebook等粉丝数已接近250万。此外,一财网日PV超过500万;一财日报官方微博粉丝总数858万;微信公号矩阵群粉丝数超过400万,均处财经媒体领先地位。一财开发的投资应用"有看投",截至2017年11月初,已实现销售收入逾3500万元。

互联网节目中心,是国有广电媒体中第一个专门进行互联网内容的策划、生产和运营的机构,致力于跨电视和互联网综艺节目的IP开发。互联网节目中心自成立以来按市场化的互联网公司形态进行运作,已成功创立了网络综艺《国民美少女》和《小哥喂喂喂》等原创IP,其网络家装节目《WOW新家》成为电视原创节目IP化的成功典型,已初步树立了SMG在新媒体内容领域的品牌。

二、发力新媒体外宣,立足海外讲好中国故事

在社交媒体时代,SMG着力打造新媒体外宣平台ShanghaiEye、Yicai Global的传播力和影响力,使之成为立足海外讲好中国故事的重要"利器"。

其中,ShanghaiEye新媒体外宣矩阵(网站、Facebook、Twitter、微博、微信)依托于SMG融媒体中心的强大优势,与融媒体中心外语频道ICS等形成线上线下有效呼应。项目于2017年4月正式启动建设,到2017年末,ShanghaiEye的海外平台(Facebook/Twitter)总订阅人数增长超366%,达到近80万,表现出卓越的成长性,部分帖文展示量超10万,最高单帖展示量近200万;移动端网站ShanghaiEye于2017年6月13日上线,通过每天翔实的内容更新"联接中外,沟通世界",推出的自制动画《你所不知道的关于中国共产党》生动鲜活,"上海电视电影节专题""来上海博物馆看大英博物馆百物展"等系列专题报道立足上海、紧扣热点,"洋娃来读诗"系列视频充分体现"柔性"外宣效应,传播中国深厚文化底蕴,得到海内外多方好评。尽管上线时间不长,Shanghai Eye新媒体矩阵在SMG十九大重大宣传报道中,也有效地向世界传递了大会开放自信的姿态,进一步增强了中国十九大的海外辐射力和影响力。

SMG的另一个重点新媒体外宣平台"一财全球"Yicai Global,是第一财经汇聚全平台优势打造的英文财经新媒体。其于2016年8月正式启航,以优质财经内容和独特的社交媒体战略,已成功带动了中国财经故事进入西方社会,有效提升了中国原创英文财经新闻在世界经济事件中的报道分量和话语权。

一财全球以海外社交媒体运营作为核心战略方向,2017年选择全球最主流的社交媒体推特为主战场,并持续扩大全球各大社交媒体平台覆盖范围。经过努力,一财全球在没有进行大量资金投放,而是通过内容和加强与用户互动的情况下,在推特上的主账号收获100万用户,日均发文近百篇,日均阅读量约为16万,日均互动量超过5000次。其已成为亚洲英文财经媒

体中用户量最高的账号,先后超越亚洲最老牌的、有百年历史的著名财经媒体《南华早报》(53.1万)、Reuters China(51.5万)、WSJ China(7.9万)、WSJ China Real Time(60万)和Bloomberg Asia(3万)。其推特用户中既包括知名机构,如鲍尔森基金会、亚洲开发银行、三大评级机构之一穆迪公司;也有声名显赫的人物,如美国白宫前发言人John Kirby、区块链投资红人MarQuis Trill、Oculus首席技术官John Carmack等。

在推特战场上取得初步成绩后,一财全球又将脸书作为社交媒体第二战场,进一步提高国际影响力。凭借第一时间来自中国的财经报道和独特的内容,其脸书账号主页关注量和点赞数从年初的5万增长至超过70万,日均发文约60篇,日均阅读量约5000次,日均互动量约1000次。

2017年,一财全球还陆续开设了领英(专业职场人群社交)、YouTube(年轻、视频社交)、Instagram(年轻、图片社交)、Reddit(年轻、科技、知识类社交)、Pinterest(年轻、图片社交)等其他社交媒体平台账户。并通过有针对性的运营策略,在上述社交媒体平台上吸引了超过26万的用户量。

截至2017年末,一财全球拥有了包括文字、视频、图片、问答在内的多个种类社交账号,覆盖了几乎所有类型的主流社交平台,全面建立社交媒体矩阵,用户总量突破250万。其中,海外用户中25%均来自美国,占比最大。知名互联网评级机构Zoomph在2017年将一财全球的推特账号列为全球最具影响力的15个科技账号之一。

此外,"一财全球"从创建之初仅在彭博终端一个主流的西方财经媒体上有发稿渠道,经过一年多的努力其内容已进入Factiva(道琼斯)终端、日本最大的财经新闻媒体日经新闻,并均已产生收入。同时,其也是Business Insider的唯一中国合作伙伴。一财全球还推动内容登录Apple News,成为中国第三家加入苹果新闻这一"精英俱乐部"的成员。

总体而言,借助新媒体外宣平台的快速发展,SMG可以更好地为"讲好中国故事、传播中国文化、汇聚中国力量"做出新的重要贡献。

三、加大科技赋能，技术创新驱动媒体融合发展

技术创新始终在SMG的媒体融合中发挥着引领和驱动作用。面向互联网和移动终端，SMG已自主开发了满足"大屏小屏融合、线上线下融合、内容与服务融合"需求的技术系统与云平台建设，不仅可以为SMG自身服务，还形成产品推向市场，为全国广播电视转型提供服务，帮助广电企业在"互联网+"时代实现对智能生产、智能汇聚与大数据分析等多种功能的技术支撑。

2017年，SMG进一步加大技术研发投入力度，推出"SMG科创"品牌，以导入"科创基因"激活SMG技术驱动力，进一步引领台集团"四个+"融合媒体技术生态体系加快发展。

目前，"电视+"已通过SMG自主开发的Xnews电视新闻融媒体生产平台、PXmagic和iStudio等融媒体互动在线图文包装集群等，解决了传统电视新闻制作与演播以及传统电视播出的融媒体应对问题。"广播+"已通过@Radio广播新闻融媒体生产平台，解决了广播新闻制作与直播的融媒体应对问题，同时@Radio用云技术连接所有广播生产流程，并针对重点业务的发展，满足了广播新闻策划指挥功能，资源收集分配功能，广播节目编辑、制作与播出功能，新媒体音视频内容编辑制作与多平台分发功能。

在解决广播电视融媒体内容生产的产能产量和生产平台升级改造需求之后，为了吸引互联网受众，增强广播电视节目的吸引力和黏度，在媒体融合大背景下持续提升主流媒体的传播力和影响力，实现互联网内容的中央式生产和融媒体发布，SMG又打造了"受众+"板块及相关技术产品。"受众+"围绕以用户为核心的理念，已通过iFORMATS中国节目模式库、受众测试平台、iHub全互动云、iDitor全发布云等产品及应用，实现了广电受众行为与互联网用户行为数据的采集，并利用大数据分析、云采集、云存储等技术，构建智能化的SMG用户数据平台。

系统来看，"广播+""电视+""受众+"三大技术板块旨在完成各板块

内部的中央式生产，而"信息+"则旨在业务基础层实现信息汇聚、互联互通和智能推送，从而在 SMG 融合媒体全产业链技术生态体系的顶层真正实现"中央式生产、智能化推送、融媒体发布"。目前，"信息+"已通过无带化送播及归档、分发等周边服务，基本实现了 SMG 全频道、全类型栏目的覆盖，构建了全面的数字化网络化闭环，大大提高了 SMG 节目生产、送播、分发效率，实现了平台的高效、敏捷、人性化。

除此以外，SMG 还依托东方明珠新媒体，持续推进互联网全媒体云平台建设，以一云多屏技术促进 IPTV、互联网电视、有线数字付费电视、移动视频等渠道融合发展，为各项业务的安全、高效运营和创新发展提供技术支撑，推动和支持 SMG 媒体融合生态系统建设和产业布局。目前，为推进 BesTV 多渠道视频集成与分发平台上的混合云开发体系建设，已完成了大数据技术体系设计和架构布局，实现了基础平台搭建，初步建立起大数据平台框架及数据运营体系。

在此基础上，东方明珠新媒体通过跨业务的统一用户体系建设，着力打通各渠道用户资源，更好地优化产品体验、挖掘用户行为，来为后续的统一用户经营与用户变现提供良好支撑。目前，东方明珠新媒体已努力打通了旗下各个用户消费数据端口，丰富了各端口的行为偏好数据采集，同步积极推进"OPG Club"统一会员体系建设。OPG Club，是东方明珠的用户之家，会员中心。OPG Club 基于统一会员管理系统打通业务壁垒，为业务导流及用户价值深度挖掘赋予能力。利用 OPG Club，可将旗下每一个多元化娱乐产业的用户资源整合到一起，通过聚合助力化合反应，帮助服务升级。同时，OPG Club 用户的集聚，本身就可以产生运营价值，助力使每一个业务板块的用户价值得到提升。目前，该项目已取得阶段性的成果。

总体而言，在媒体融合的过程中，SMG 通过技术创新，不断完善适用于互联网时代媒体发展需要的基础设施。未来，SMG 还将持续跟踪国际先进技术，发挥传统媒体优势特点，尝试拓展包括可视电商业务、交互电视、全媒体广告营销、移动增强型广播服务等新业务；研究探索 VR/AR 技术在媒体娱乐业中的应用等。

四、坚持一体化发展，实现传统媒体与新媒体此长彼长

SMG 的媒体融合始终坚持传统媒体和新兴媒体一体发展的战略，实现了传统媒体与新媒体的此长彼长，传统媒体行业排名和影响力得到显著提升。

2017 年，SMG 通过创新和推进媒体融合传播，网上网下相互呼应、同频共振，以新闻报道、特色节目、纪录片、影视剧、演艺作品以及多种新媒体产品组合出击、大体量推进，不仅圆满地完成了党的十九大的重要宣传报道任务，还完成一批国家级重大活动、重要项目和任务，进一步扩大了 SMG 的影响力和美誉度。

荣获一批重要奖项。2017 年，SMG 共获得广播类奖项 228 个，比 2016 年增长 28%；演艺类奖项 88 个，包括国际奖项 14 个。获得包括"五个一"工程奖、第二十七届中国新闻奖、年度中国广播影视大奖广播电视节目奖等重要奖项，以及休斯敦国际电影节、亚广联奖、中加国际电影节、国际资料联合会大奖等境外奖项。

行业影响力不断提升。SMG 与旗下东方明珠双双进入 2017 年度《世界媒体 500 强》，分列世界第 58 位和第 91 位，以及中国第 5 位和第 9 位；同时，SMG 与东方明珠已连续六年膺获"全国文化企业 30 强"。SMG 旗下的东方卫视，经过持续打造，影响力节节攀升。9 月举行的第三届上海广播节，已成为中国广播行业盛会，正在向国际广播迈进。

（作者为人民日报社地方部编辑）

（2018 年 4 月）

上游新闻：让新闻动起来

◎ 周　辀　调研整理

2015年11月，上游新闻客户端正式上线，依托重庆日报报业集团，聚合各项资源优势、整合平台力量，努力适应媒体发展新环境。它是西部地区最早上线的综合新闻客户端，抢占了地区新闻门户级App高地，为用户提供专业的财经时政、重庆社会、国内深度报道，在行业内率先推出原创视频、校园频道、VR全景新闻等优质栏目。主要受众群体年龄25-40岁，用户呈现年轻化、精英化、品牌高忠诚度化。

以"汇聚向上的力量"为主旨，上游新闻在平台内容建设、技术迭代更新等多方向力争上游，为读者带来更方便、更快捷、更新颖的阅读体验。截至2018年5月，上游新闻客户端下载量接近1000万，日均活跃用户超过60万，日均访问量超过500万人次，日均发稿量600余条，覆盖重庆及中国西南部8000万用户。上游新闻客户端还推出了自媒体平台"上游号"，吸引了政府机构、企事业单位、主流媒体、高等院校等超过650家用户入驻。

通过整合"晨晚商"（重庆晨报、重庆晚报、重庆商报）三报新媒体资源，上游新闻已经成为重庆市委宣传部和重庆日报报业集团重点支持打造的具有全国影响、重庆特色的新媒体平台。2017-2018年度，上游新闻在视频新闻创作、VR新闻生产、采编领域的人工智能技术等方面表现可圈可点。

一、成立影视中心：深耕视频创作抢占风口

为了抢占视频风口，上游新闻影视中心应运而生。这个将具有 20 多年历史的原重庆晨报摄影部、上游新闻视频组、上游财经视频团队合为一体的全媒体团队，拥有完整的影视团队构架，涵盖前期策划、拍摄执行、后期剪辑、特效包装、动画制作，制作经验丰富，作品类型成熟。

用影视中心负责人的话来说，上游新闻影视中心"把最擅长后期剪辑的和最擅长前端拍摄的，都整合到一起了"，这是一个集影、音、内容、视频、VR、AR 等于一体的多媒体平台。

上游影视中心运行后，每天更新原创视频新闻近 20 条，已推出各类原创视频新闻、直播、纪录片等 250 余条，全年直播超过 210 场。

（一）把最引人注意力的内容在 7 秒内展现

时间碎片化是信息时代的一大特点，在上班的途中、在交通工具上，甚至是等候餐厅上菜的一点时间里，读者可能就会掏出手机。如何满足他们在这几分钟内的需求，是每个媒体人需要面对的问题。按照互联网时代的思维，读者要求的不仅仅是短时间，更要少操作。换句话说，他们希望获得的，是自动化的信息筛选。而这正是视频的价值之一。

根据时间碎片化这一特点，上游新闻影视中心在处理普通新闻视频时，打破传统新闻手法，坚持 7 秒原则，把最关键、最吸引人注意力的内容全部在 7 秒内展现，让读者能最快、最高效地获得自己需要的信息。影视中心运行的各项重大新闻报道中，《逐梦他乡重庆人新年贺岁视频》聚焦侨居英国、阿尔及利亚、美国、南非、日本、韩国、新西兰等国的华人华侨，1 小时平台阅读量破 10 万，4 小时内阅读量超过 70 万。十九大期间推出的《厉害了，我的祖国》等栏目也在 4 小时内收获 70 万点击量。

（二）细分用户，开设多档原创栏目

针对不同类型的用户，影视中心除直播、图集、新闻专题、视频、VR等日常工作外，还下设各类日播、周播栏目。无论是感人肺腑的正能量新闻报道，还是搞笑有趣的奇闻趣事，又或者是严肃认真的专业新闻，读者只需轻轻一点即可观看。主要运营节目如下：

《财会吃》（每周一更新）致力于发掘本土特色餐饮美食，探寻独门爆款菜肴的成功秘籍，展现店主的经营理念及美味心得，唯美精致的摄制，娓娓道来的独白，打造最接地气的本土美食探寻记录栏目。

《财经不知道》（每周三更新）一档专为泛财经人群打造的财经知识小百科，节目结合时下财经热点和社会话题，以动画形式每期解读一个财经知识点，内容风趣精练，解读深入浅出，有了财经"姿势"，看似晦涩"高大上"的财经话题，"吃瓜路人"也能聊得妙趣横生。

《创客说》（每周五更新）一档聚焦创客人群、关注创意价值的深度访谈栏目。栏目着力发掘本土新锐自主创业团队，不仅展示其创意产品和独有技术，更关注其创业历程及发展理念，以灵活多元的视角为创客人群构建更为丰满的群像。

《财经早知道》（每周一到周五，每日更新）一档服务于财经人群的快捷资讯类栏目。每个工作日早晨，轻松浏览便可快人一步精准获取每日财经动向和热点财经话题。

《上游脱口秀》（每周一到周五，每日更新）以幽默好玩为看点，坚持搞笑有趣的选题风格，调侃世界各地的奇闻趣事。

《上游早上好》（每周一到周五，每日更新）栏目致力于挖掘以本地为主的正能量事件，捕捉你我他身边动人的故事，让大家的生活多几分向上的力量。

（三）与企业合作，发力航拍

航拍也是上游新闻影视中心的发力点之一。2018年1月，上游新闻与龙兴通用机场、重庆神州通用航空有限公司签订战略合作协议，"上游新闻号"直升机命名并投入使用。"上游新闻号"直升机为上游新闻提供直升机、飞

行员等空中技术支持及其在航拍、航测等方面的投入使用。此次"上游新闻号"直升机投入使用，必将探索出媒体与通航企业合作的新模式，上游新闻也将为读者提供全新视角的新闻产品，打造重庆的一张"空中名片"。

（四）整合社会力量，集结千人拍客团队

充分利用在摄影方面的优势，上游新闻客户端开设了图片栏目。通过整合社会力量，影视中心目前已集结上千人的拍客团队为其提供图片、视频等素材，极大地丰富了栏目内容，也使上游新闻客户端成为摄影家和广大拍客展示美图的新媒体平台。

未来，上游新闻影视中心将继续深耕影视制作与传播，打造一批有深度、有价值、有辨识度的视频栏目及作品，探索传播的新渠道、新模式，增强原创内容的市场竞争力，让上游新闻影视中心成为西部地区影视制作水平的标杆、热门内容的保障。

二、VR新闻几分钟内回传：第一时间带读者到现场

近年来，智能可穿戴设备的普及，让VR走进了大众的视野。尽管当下VR行业发展迅速，但将VR运用在新闻领域的项目却并不多。上游新闻上线半年后，就率先推出了首个自主研发的VR新闻技术应用平台，成为国内首个打造VR新闻频道的专业新闻App。该频道的产品主要形态为视频的全景浏览，720度高空全景还原新闻现场。

上游新闻表示，推出VR新闻频道最大的创新在于，真正将VR作为一个重要的新闻产品门类，并赋予其与图片、视频等几乎同等的地位。对VR技术的应用，核心特征是"3I"，即沉浸（Immersion）、交互（Interaction）和想象（Imagination），带领受众以第一视角去感知新闻发生时的真正现场感。

（一）自主研发系统颠覆新闻生产流程

2017年，上游的VR新闻不仅为读者带来了新体验，更在团队内部产生

了强烈影响，生产 VR 新闻的意识深入各个部门记者以及编辑心中。在重庆、国内各地乃至国际的许多重要新闻现场，都能看到使用 VR 设备进行拍摄的上游新闻记者。

VR 新闻的出现，颠覆了上游新闻记者们传统线性采编新闻生产的流程。在传统新闻采访写作过程中，记者对现场的还原需要对文字、照片或视频进行加工，往往比较费时费力，一条新闻历经采访、写作、编辑、出版等工序，最少也需要数个小时的时间。在突发事件的报道中，VR 新闻显然更具有时效优势。

依托 VR 摄影机和上游新闻独有的 VR 后台，VR 新闻可实现批量化生产。上游新闻通过自主模块开发，建立了一套新闻管理发布系统，对记者进行了 VR 新闻采集技术的培训。记者到达新闻现场后可以不再依赖电脑，打开 VR 摄影机拍摄 VR 新闻照片，再通过其自有的 VR 后台上传新闻现场图片或进行视频场景回传。从拍摄到发布完成，还原新闻现场仅仅需要几分钟的时间。

目前上游 VR 平台已发布新闻数量千余个，达到数百万次的浏览量。

（二）逐步打造以内容为核心的开放平台

上游新闻 VR 频道的背后，是上游新闻强大的技术团队支持，其中有一大批域内优秀的软件工程师、计算机专业人才和互联网产品经理。目前，形成了以上游新闻 VR 终端研发团队为核心，外围有与北大方正信息产业集团有限公司、北京拓尔思信息技术股份有限公司、阿里云计算有限公司等著名互联网企业深度合作建设，重庆邮电大学、西南大学、重庆科学技术研究院等高校和专业科研院所参与的上游 VR 新闻数字出版技术团队，及时捕捉用户需求，增强和改进用户的体验。

未来，上游新闻 VR 平台将在视频 VR 新闻、直播 VR 新闻和互动 VR 新闻等方面进行全方位的拓展。届时读者只需穿戴上 VR 设备、设置好网络连接，就可以亲历体育比赛现场或是新闻现场，得到更方便快捷的交互式体验。

同时，上游新闻 VR 平台也将逐步打造以内容为核心的开放平台，除了自己的采编人员使用外，该平台也将向专业的 VR 爱好者和专业机构开放，使之成为一个共同生产、共同传播的共享平台，也让更多的新闻受众从"旁观者"变身为"目击者"和"生产者"，进而改善用户对新闻的体验。

三、布局采编领域的人工智能：快速生成新闻报道

上游新闻从 2017 年下半年开始布局采编领域的人工智能。2018 年初，其在采编领域的人工智能 1.0 版本正式亮相，涵盖了机器智能写作、大数据热点分析挖掘、资讯个性化定制与推送等多方面。

（一）"小游"开启新闻智能化

以"小游"为代表的上游新闻人工智能助手，开启了上游新闻智能化新时代。"小游"的外形为一条红色的小鱼儿，由上游新闻与阿里云合作开发而成。对用户而言，"小游"可通过语音识别和图形识别，让读者在上游新闻客户端上进行更便捷的阅读。值得一提的是，"小游"还收录了多种方言，能够实现方言的语音解锁识别。

（二）让机器具有智能写作能力

通过舆情分析全网各大网站、微博等新闻资讯，机器可实时捕捉新闻话题热点，并将获取的海量新闻信息进行多维度分析、研判、整合，形成不同的新闻信息框架模型。

同时，根据大数据热点挖掘能力，机器被赋予深度学习的核心数据处理能力，掌握新闻写作的基本规范，降低新闻编辑的差错率。并且可以在优化稿件质量的基础上，从不同的维度对新闻进行聚合。

这种智能写作能力可以快速生成新闻事件报道，比如发生地震时，机器一旦捕捉到这个热点事件，就可以智能化地替采编人员构思一篇稿件，供采编人员第一时间使用。

（三）对每篇文章进行精准分类

要让机器具有智能写作能力，需要建立庞大的新闻数据管理中心，海量的数据是机器能够模拟人脑神经思维、实现人工智能的基础。

智能算法可以对每一篇文章进行多维度的标签化和精准分类，能够建立丰富的标签库，实现文章的分类呈现和管理，为大数据营销建立基础。有了这种统一化的数据管理中心，就能够为各类大数据应用提供源源不断的、智能化加工的信息数据。

（四）在海量信息中寻找信息源头

有了上述的数据资源获取、整合、分类，采编智能秘书通过机器学习对文章、视频的语言理解，能够获取文章、视频的关键字，自动匹配标签。

生活中每天都会产生大量的新闻话题，而一篇新闻报道被多个平台授权使用是常态，读者在不同资讯平台上看到的新闻极有可能来自同一个媒体。那么采编人员如何才能找到这篇文章的唯一原始来源？智能文章排重正好能够解决这一问题，它通过对数据库中的文章逐一比对，最后锁定初始文章。

这一技术的实现，将大大提高新闻原始文稿的查找效率。此外，机器还可以帮助采编人员自动排版、自动匹配图片视频，全程检测文字使用是否正确，避免出现错别字的尴尬，从而协助完成一篇优质的文章。

（五）根据用户喜好实现定制推荐

用户在使用电脑、手机操作软件时，机器能够分析出用户使用 App 的行为习惯，形成一个清晰的用户画像，机器再对这些数据进行采集、整理分析，挖掘出用户的日常浏览喜好，从而向用户智能推送最感兴趣的阅读资讯。

这个功能即日常生活中人们所说的"猜你喜欢""个性化推荐"。不仅如此，机器还可以根据这些数据将用户分为不同类别，建立差异化标签，这对于营销团队来说无疑是打通了一个刺激用户消费的"任督二脉"。诸如根据某一文章的浏览量，我们可以得出各类人群所占的百分比，针对这些不同人群，采取针对性的个性化服务。

通过以上人工智能技术的帮助，目前上游新闻已经初步具备"以人工为主、人工智能为辅"的采编能力。前方记者可通过语音识别等方式录入回传稿件。后台通过智能识图、自动裁剪、视频初剪、检索相似配图、查重等功能，第一时间将记者传回的素材初编整理，提供给编辑，以便快速生成新闻事件报道。今后,这些技术将继续助力上游新闻客户端更进一步了解用户的行为习惯,继而以大数据为方向,提升采编智能技术,降低编辑差错,为用户提供更好的使用和阅读体验。

(作者为人民日报社国际部记者)

(2018年5月)

广州日报：打造媒体融合中央编辑部

◎ 黄福特　李洪兴　调研整理

近年来，广州日报按照"以传媒为根本，以融合促转型"的基本思路，加快实施全媒体发展战略，做实"中央厨房"模式的媒体融合中央编辑部，并以此为依托和抓手不断创新体制机制，按照互联网思维重构"策—采—编—发—馈"业务流程，推动全员转型融入全媒体生产体系，构建起了"报+网+微+端+院+库"一体化生产的产品矩阵，融媒体"四力"大幅度提升。通过一系列的改革和探索，广州日报初步解决了传统媒体与新兴媒体之间优势互补、一体化融合发展这个根本问题，媒体融合真正从"相加"迈向"相融"，报社从平媒整体向融媒转型初见成效。据统计，《广州日报》平均每期读者规模577万，数字报累计用户超过1000万；广州日报官方微博粉丝超过1200万，官方微视频粉丝超过1200万，官方微信粉丝超过110万；广州参考客户端用户超过1000万，微信粉丝超过40万；大洋网时均UV146万，PV1760万次。如今，广州日报已经构建起了以纸媒为龙头，以广州日报数字报、广州日报微博微信微视频、广州参考客户端、大洋网为骨干的"报+网+微+端"的融媒方阵，"1+N"全媒体用户向亿级迈进，影响力和舆论引导能力大幅度提升。

一、以媒体融合中央编辑部为抓手,以互联网思维重构"策采编发馈"流程,推动媒体融合从"相加"迈向"相融"

推动媒体深度融合发展,重构策采编发馈网络、再造策采编发馈流程是最需要突破的难点。广州日报按照"统一指挥、统一把关;滚动采集、滚动发布;多元呈现、多媒传播"的原则,做强"中央厨房"模式的媒体融合中央编辑部,建立了采编、设计、技术、运营等多个全媒体生产支撑部门,将其打造成为空间一流、技术领先、功能齐全、开放共享的"中央厨房",更好地承担起媒体融合的采编调度、统筹协调、信息集成、内容发布以及导向把控等职能。

在媒体融合中央编辑部的统筹指挥下,广州日报以互联网思维优化重组业务部门,重构"策—采—编—发—馈"业务流程,建立总编协调制度、部门沟通制度、岗位值班制度、采前策划制度、网情监控通报制度、传播效果反馈制度,以及与外部单位协同生产、传播制度等,确保媒体融合中央编辑部与策采编发馈网络紧密结合、高效运转。记者采集回来的文图、音视频等多种形态的新闻素材,经过媒体融合中央编辑部加工、把关、集成之后,由平媒、网媒、掌媒各个平台各取所需,做到新闻内容的一次采集、多元生成、多媒传播,达到传播效应叠加和效果最大化。

通过变革组织架构、重构业务流程、完善运行机制等一套"组合拳",广州日报的媒体融合从"相加"变为"相融",不仅使传统媒体与新兴媒体之间"你中有我、我中有你",而且真正做到"你就是我、我就是你",初步解决了不同媒介之间优势互补、一体化融合发展这个根本问题,探索走出了比较扎实、独具特点的融合发展之路。

二、整合新旧资源,打造新媒体矩阵,做强内容扩大传播,舆论引导力社会影响力显著增强

媒体融合中央编辑部所属各部门、各平台围绕党的十九大、省市党代会、

全国省市"两会"、纪念建军90周年、"一带一路"倡议、《财富》全球论坛等重大主题，推出图文、专题、直播、H5、动画视频、一图读懂等融媒体报道，在全国媒体报道中成为炫目风景线；紧扣"广州美、广州好、广州强"这一主线，持续发力广州中心工作宣传报道，唱响广州主流媒体强音；充分利用与人民日报、新华社等央媒之间的荐稿机制，让诸多宣传广州的主旋律报道，借力央媒亿级传播平台产生巨大阅读量和广泛影响力。

（一）"两微一端"做大做强内容，以多种形式载体积累流量，不断壮大用户数量

截至2017年底，广州日报官方微信粉丝超过110万，累计阅读数超过9000万，累计点赞数超过50万，平均每天的阅读次数53万次，最高一天的阅读次数超过600万次。2017年4月起，微信公众号全面改版，推送次数从1天1次增加到1天3次，传播信息全天候覆盖；内容除图文、视频外，还增加音频播报内容，影响力进一步提升。

广州日报官方微博粉丝突破1200万。微博加入视频MCN阵容，通过与报社下属子号微博形成矩阵，加快对音视频部门的原创视频在微博上的传播，运用专题视频录制、秒拍、一直播等新媒体展现方式，进一步扩大品牌影响力。其中，2017年春节《我爱广州跨年直播》的阅读数量高达2282.4万。

广州日报客户端用户突破13万。围绕"报纸标配"的定位，在内容上聚焦本土，以广州日报自有稿件为主，并适度跟进一些国内热点新闻。创新内容形式，拓展对外合作，与广州广播电视台合作，在App上推出《最美朋友圈》《一首歌一个故事》《一个人听》三档基于音频形式的电台节目。此外，还配合报社其他部门业务需求，新设置了《闲情》《广东》《广佛》等频道。

（二）广州参考打造"权威发布＋问政互动＋办事服务"的政务聚合功能

按照做强广州"政务＋新闻＋服务"的建设思路，广州参考客户端紧紧

围绕"广州主流新闻第一发布平台"这一核心定位,进一步完善产品技术功能,提升内容原创能力,加大市场推广力度,产品的知名度、影响力、用户数迅猛增长,微信粉丝数超过 40 万,客户端用户规模超过 1000 万,负责对接的项目营收超过 1000 万元。

2017 年全新上线的广州参考客户端 2.0 版,整合推出"新闻、政务、服务、订阅"四大功能板块,开设近百个新闻类、政务类、服务类、互动类频道,为主流用户提供有思想、有深度、有价值、有品质的优质新闻,同时满足分众人群差异化、个性化的内容和服务需求。

重磅推出手机端上的"广州政务大厅",设置有"政要、政策、问政、办事"四个基本功能模块和多个机构的专属入口,整合了 100 多项办事和服务功能。广州市人大、市政协、市纪委、市政法委、市中院、市检察院等重要机构以及 11 个区、40 多个职能局、多个群团组织已经进驻,每天发布近 200 条重要的政务信息、政策解读和新闻资讯,形成"权威发布+问政互动+办事服务"三位一体的政务聚合功能,在广州参考客户端上实现"广州政务一键通"。依托政务大厅开展的广州市政务办、市教育局网站、市工会客户端、海珠区双微等政务服务类项目运作顺利,赢得良好的服务口碑和丰厚的经济收益。

在围绕"广州美、广州好、广州强"全力做好中心工作宣传报道的同时,顺应移动化、视觉化趋势,抓住直播风口,开通视频频道,着力强化视频报道和新闻直播的质量和特色,并联动央媒直播平台和商业直播平台合作,全年推出百场以上精品视频直播。创新传播手段,丰富传播形态,推出十九大、全国省市"两会"、《财富》全球论坛等系列重磅融媒体产品。进一步扩大广州参考客户端"部门办频道"范围,不仅使部门承办的频道数量达到 10 个,而且承办频道的质量、效率、效益均大大提升。

(三)音视频部立足不同层级,服务各部门视频制作,深耕精品视频,抢占微视频市场

音视频部紧跟最新趋势和行业前沿,按照层级操作、梯次递进的原则稳步推进音视频内容建设,大大丰富拓展了广州日报、广州参考的优质原创内

容,提升了新媒体产品的传播力和影响力。

第一层级,抓好直播、短视频基础内容建设。树立"为各部门做好视频服务"理念,全天候拍摄、剪辑处理各类日常视频,拍摄、剪辑、编辑(含协助处理)短视频超过2000条,这些支撑着各端口视频内容的呈现。大力推进视频现场直播,积极推动手机视频直播在报社内部的应用,开展视频直播450场,各端口累计受众5000万,视频累计播放量超过1.6亿次,单条视频最高阅读量超过2300万。

第二层级,集中力量打造高质量原创精品视频。完成拍摄《探秘流溪河》《探秘广州山脊》《珠三角城市名片系列片》《孙中山在广州》《广州老行当系列》以及系列VR视频;制作《说吧》15集专题片;协助广告处、品牌部、政文部、珠三角新闻部等完成多场商业直播和视频拍摄。与品牌部、广告处等市场部门实现日常对接,并在商业直播方面逐渐铺开。

第三层级,拍摄年度纪录片《花城的秘密》《广州地下偶像》。其中《广州地下偶像》在2017年广州国际纪录片节中,从1200多部作品中突围而出,入围了200部作品复选。广州日报美拍稳定在74万用户,秒拍1340万用户,新开设的广视频官方微博用户增至40万,广州参考《视频》频道的总点击量在各栏目中名列前茅。

(四)新媒体运营部推广活动新意迭出,对接政务项目加快用户聚集

新媒体运营部组建以来,多管齐下不断强化产品推广力度,优化完善"双微"承包、频道年费、内容定制、活动承办、视频直播、商业广告等多种营收模式,根据客户需求提供全案传播营销方案,进一步提高新媒体的变现能力。

在政务服务合作方面,新媒体运营部按照"平台是依托、政务是核心、服务是关键"的原则,配备专职采编力量为多个单位做好报道策划、内容定制、活动策划组织等工作,开拓党报主流媒体与政府部门之间"信息共享、渠道互通、活动互推"的深度融合新局面。新媒体运营部已与广州市交委、教育局、纪委、市总工会、海珠区委、市科协、海珠公证处、人民银行广州分行、江门市委宣传部签订合作协议,对接政务服务类营收达1200万元。

在产品用户推广方面，新媒体运营部相继策划推出"高考微作文征集大赛""2016广州见义勇为好市民评选""2016广州好人评选""六一送祝福""财富论坛抽红包"等互动活动；完善用户积分体系，在广州参考客户端推出"每周赢现金"活动；与星巴克、麦当劳、肯德基、广州酒家等10多个知名品牌合作，进行了30多场线上活动；在广州国际车展、广州美食节等本地重大活动节点，展开大规模线下推广活动；开发定制出42寸广州日报新媒体产品显示屏，计划向政府部门、医院、图书馆等场所投放；通过与大型互联网公司端口对接、第三方应用市场等渠道，并辅以广告宣传、用户活动、地面推广等组合方式，运营推广效果显著，用户数量增长达到千万量级。

（五）新媒体技术部精心研发技术维护平台，为融合发展提供可靠保障

新媒体技术部研发了"广州日报+"和"今日靓汤"等小程序应用，对知识付费平台进行二次开发，开发了新媒体系统管理平台和新媒体应用微网站，开发了多款微信应用和新媒体接口，研究分析新媒体产品、新媒体应用、新媒体相关技术等相关工作，为报社新媒体产品和融合发展提供了可靠保障。

新媒体项目方面，微信小程序刚刚推出时，新媒体技术部第一时间申请注册了小程序开发者账户，快速完成"广州日报+""今日靓汤"小程序开发，实现无须编辑即可同步App内容；对多个知识付费基础平台的功能进行分析、测试和对比，完成知识付费基础平台的选型和采购，并结合报社的业务特点和业务类型，对基础平台进行二次改造、开发和升级；自主研发很多微应用产品和系统，并通过这一内容管理框架平台，支持不同的用户权限管理，不同角色用户使用权限不同，实现内容的安全性控制；开发新媒体应用微网站，实现新媒体微应用内容的集合。

微应用和接口开发方面，自主研发了发红包应用，适用于高并发大流量发微信红包，可应用于不同公众号；实时同步App中发布的新闻内容，实时生成RSS新闻接口，为一点资讯、企鹅号、今日头条等合作平台提供内容；开发了"十九大开幕倒计时""给两会提建议""上头条送祝福""母亲节活动""超级男生报名"等微应用；对广州日报微门户进行运营维护，方便集团

多个公众号接入该平台开展吸粉活动；对人工智能（AI）互动方面进行了研究，并开发相关 Demo 应用，拟应用在广州日报公众号上，实现智能回复用户经常问到的关于怎样爆料、怎样订报等问题；评测市面上多家机器人产品，采购了实体机器人产品，取代报社的阿乐聊天机器人。

三、以薪酬体系改革为基础，以激励机制为导向，加快全员转型融入全媒体生产体系，全面提升融媒体内容生产能力

打造一支数量充足、素质过硬的全媒人才队伍，是传统媒体转型成功的根本保证。广州日报以人力资源薪酬体系改革为基础，以激励机制为导向，通过专题培训、实战演练、业务研讨等方式更新观念提升技能，重点引导现有采编团队向全媒记者、全媒编辑、全媒管理人才转型，加快推动全员融入全媒体生产体系，全面提升全媒体内容生产能力。

设计科学合理的职级晋升体系。为了破解采编人员上升通道过于狭窄这一普遍性的行业难题，专门建立了一套"业绩为先、酬劳对等、能上能下"的职业晋升体系。通过这个专业通道和评价坐标，既能准确衡量出每位采编人员的能力和价值，又能给大家压力、动力和希望，从根本上解决"三年迷茫，五年恐慌，七年八年想转行，专业到老很绝望"的困境，激励员工心无旁骛提高技能，持续进行融合创新。

制定切实可行的考核评价办法。根据媒体融合业务模式变化情况，不断调整优化采编考评办法，体现多劳多得、优劳优得，鼓励调动融合发展的积极性。最新修订的《广州日报新媒体考核试行办法》，完全打通了新媒体与报纸的考核指标，新媒体每条好稿最高稿酬达到 10000 元，且新媒体稿分可与报纸换算通用；较大幅度提高新媒体岗位薪酬待遇，实现同岗同责、同工同酬，提升新媒体人员的事业心归属感。

打通纸媒与新媒体人才使用通道。在报社内部选择一些有潜力的领域和人才，成立中心工作、政务、教育、健康、大数据新闻等若干个融媒体小组和工作室，让名记者、名编辑、名评论员到新媒体平台上来施展拳脚，成为

传播正能量的"网红"。这些工作室在各个垂直领域不断创新内容表达、丰富呈现形式,生产出诸多与主流媒体气质匹配的融媒体内容精品。

(黄福特:人民日报社地方部编辑;李洪兴:人民日报社评论部编辑)

(2018年5月)

第六章

融合媒体发展之突破媒介

站在互联网传播的风口，伴随着用户认知的迅速升级与互联网技术的更新迭代，媒体行业的版图和生态正在发生深刻变化。面对传统媒介的限制和困局，互联网行业寻求破壁。当前，媒体融合通过深度相融和提速升级进入了系统性创新的新阶段。在短视频这一新兴社交江湖中，梨视频通过探索PUGC生产模式，来抢占有利地形；在技术持续刷新带来的媒体格局转变中，越来越多的自媒体学会抓住机遇主动实现转型升级；一些老牌传统网站也迅速嗅到改变的气息，调整自身定位，回应和凝聚用户群；还有一些称得上不忘初心、深耕内容的新闻网站，通过挖掘新闻生产新模式，进一步实现产品与用户的对话。此外，探索跨界融合，搭建服务平台，也成为传统媒介突破自身的一条路子。不同媒介的传播方式及发展环境催生着多元的融媒体产品，传统媒介的突破点在于技术更在于理念，本章节将对上述现象进行梳理和展示，并凝聚新的思考。

梨视频：探索严肃内容 PUGC 的实现机制

◎ 梨视频团队

近两年，短视频是互联网传播的一个风口。QuestMobile 数据显示，2017 年 12 月，短视频 App 用户平均单日使用时长已达 65.8 分钟。尽管面临整改问题，但在短视频这一新兴社交江湖中，多家平台持续发力、继续角逐。

2016 年 11 月 3 日正式上线的梨视频，在一年多时间里，树立起资讯短视频行业全球标杆，搭建起全球最大的拍客网络。在微博、微信、客户端上，梨视频仿佛在一夜间抢占了最有利地形，吸引了用户视线。梨视频是如何做到的？

一、打造符合移动端传播规律的资讯类短视频

选定短视频这个创业领域，梨视频团队经过了深思熟虑。作为一种新的信息载体，短视频通过移动终端完成快速拍摄，并对接社交媒体实现实时分享。短视频融合了文字、图片、语音和视频，拥有较大的信息量和冲击力，市场规模扩张迅速，在流行趋势上引人注目，在未来仍具有爆发空间。

从受众层面看，用户对资讯的需求一直存在。将短视频运用于资讯内容领域，简洁明了：用细节讲述人物故事，用全景展示事件现场，能在最短时间以最直观的方式表达内容。此外，在资讯传播方面，社交平台上即时拍摄、即时分享的短视频能够增强资讯可信度，提高资讯传播的时效性和信息到达率。

但短视频的有效传播也要求内容具有吸引力,尽可能剔除无用和干扰信息。尤其资讯类短视频,制作门槛不低,需要专业团队介入。

梨视频创立初期,市面上大多数短视频产品侧重于生活趣味,一些资讯类视频也多是电视台叙事逻辑,缺少符合移动端传播规律的产品。将专业的资讯内容与美观的剪辑包装和产品设计结合,打造一款不同于传统电视化表达、以短视频为媒介的资讯应用,值得一试。

目前,短视频已经出现纯用户生产(UGC)、专业用户生产(PGC)、用户和专业人员共同生产(PUGC)等多种模式,每种模式都有领先者。梨视频由资深媒体团队和全球拍客共同创造,采用 UGC 与 PGC 结合的内容生产方式,通过网络社区将不同阶层的内容生产者组织起来,是坚持生产严肃内容的 PUGC 生产者。

智能手机的普及降低了普通人视频拍摄的门槛,一定程度上填补了业余视频拍摄爱好者与专业视频拍摄者间的技能鸿沟。越来越多对视频感兴趣的用户不想再单纯消费资讯,更希望参与到产品的制作和传播中,梨视频为这些用户提供了一个平台。普通用户和机构成为梨视频拍客,拍摄、收集发生在他们身边的有价值的视频素材。

但是,梨视频并非直接发布拍客提供的视频内容。与传统图文相比,视频生产消耗用户更多的时间和注意力,在内容品质、信息含量和表达方式的要求上其实更高。梨视频对拍客提供的素材内容进行筛选、求证、剪辑,最后发布的成片既要符合专业资讯的标准,又要契合年轻人的喜好。

梨视频编辑团队对素材的专业判断和剪辑,保证了内容质量,提高了专业门槛,降低了拍客后期剪辑和内容分发中遇到的技术门槛和时间成本。更重要的是,能够引导拍客的创作导向,传播正能量的价值观念。

总体上,PUGC 的优势显而易见:既能发挥拍客地理分布广、选题多元灵活的优势,又通过编辑团队的介入,保证了拍客作品的真实性、品质及价值导向。

通过定位短视频,梨视频迅速在资讯短视频领域打开空间,某种程度上成为行业标杆。梨视频收获了数以亿计的网上用户,也让作品中的正能量价值传递到千家万户。同时,梨视频树立起专业(操作方式)、年轻(表达方式)、快捷(传播速度)、多元睿智(涉及领域)的品牌形象,打破语言壁垒、文化隔阂和年龄差异,吸引了大量海外用户。

二、建立全球规模的互联网视频生产拍客体系

在梨视频团队看来,在资讯短视频领域取得的最大成绩,是建立起一套全新的互联网资讯视频生产模式——拍客体系。拍客即视频的拍摄者,手持专业或业余的设备出现在资讯事件发生前线。

从 2016 年上线开始,"全球拍客,共同创造"成为梨视频的口号,梨视频不断扩张自己的拍客队伍,包括潜在拍客即拍客蓄水池和实际提供有效素材的专业拍客数量。在具体操作中,梨视频注重拍客在地域和垂直领域的布局。

目前,梨视频拥有约 4 万名核心拍客,分布在全球 110 多个国家的 500 多座城市,国内拍客则遍布 34 个省级行政区域的 2000 多个区县。在拍客类型方面,来自各行各业的社会拍客是最广大的群体,也是目前最大流量来源。此外,梨视频还与国际上专业的拍摄者建立合作,很多专业拍摄者都是日常为 BBC、CNN 服务的自由撰稿人或摄影师。

遍布全球的拍客首先带来的是"同等质量视频"生产成本的下降和效率的提升,用同样的成本撬动更大的资源和更广阔的人际网络。由此,处理信息的速度进一步提升,资讯内容的丰富性和多元性进一步加强。比如,拍客可在当地非常便捷且成本可控地完成拍摄,不用考虑交通、住宿这类问题。

2017 年 5 月,梨视频与饿了么达成合作。300 万名蜂鸟配送员以"饿了么小哥"身份,整体加入梨视频拍客平台,增加了梨视频潜在拍客的数量,扩大了拍客蓄水池。双方自建立合作以来,梨视频对"饿了么小哥"提供的素材进行剪辑、审核和分发,也促进了拍客内容的多元化,为平台注入更多独家、鲜活的正能量优质视频故事。"饿了么小哥"至今已推出多条网络爆款和热门话题短视频,比如 2017 年儿童节当天,《外卖小哥给儿子送了一次餐,转身后落泪了》仅在微博的播放量就超过 2000 万。

梨视频还跟中铁四局、滴滴等公司进行跨界合作。梨视频为中铁四局搭建视频发布平台，中铁四局集团所属各单位整体加入梨视频平台，并在各项目所在地为梨视频拓展拍客体系。中铁四局先后通过梨视频包装发布10余个短视频作品，内容涵盖施工现场、科技创新、社会责任等多方面，收获数亿总点阅量。其中，《壮观！航拍1500名工人9小时为铁路站"换血"》被《每日邮报》《独立报》等海外媒体转载和点赞，引发国际媒体对"中国速度"新一轮热议，美国太空探索技术公司首席执行官兼首席技术官埃隆·马斯克转发，并盛赞中国在先进基础设施上的发展要比美国快100多倍。

中央政法委、各地公安、消防、交警等越来越多的政府机构和各地党媒报刊，也以机构拍客方式进驻梨视频，提供了个人拍客难以提供的专业内容。梨视频还注重在娱乐、体育、财经等领域寻找垂直拍客，这些拍客可以进入各自专业领域进行采访和拍摄，比如电影节、运动会、企业家论坛。

此外，梨视频去年与Zoomin.TV签署了战略合作协议，联手打造史上最大规模、横跨中西的全球拍客联盟，双方在内容版权、品牌、拍客等方面实现资源共享和优势互补。

值得一提的是，梨视频是目前唯一在线即时完成对拍客稿酬支付的平台，实现平台与内容生产者之间最快捷的稿费支付，极大降低了沟通成本。梨视频研发了一套拍客管理系统"spider"管理拍客网络，对拍客信息有7个管理指标：认证管理、求证管理、属地管理、专业管理、标签管理、分级管理、数据管理。系统集拍客身份信息、报题派题、审核、24小时支付于一体。

三、构建渗透传统基因的内容生产与分发机制

拍客体系生产了大量一手视频，如何保证出现在梨视频App和各社交媒体上的是优质内容？

梨视频对海量素材进行筛选的首要标准是对价值观的把控。市场上，迎合资本需求、泛娱乐化、低俗的互联网产品比比皆是。传统资讯内容的价值维度包括深度、广度、力度，但短视频对资讯价值的评判标准有新的三维：

人性、现场感、用户获取资讯的效率，带有强烈情感色彩、有人情味的故事更受欢迎。

此外，真实性当然是视频质量的重要考量。新媒体环境错综复杂，在人人都可参与信息生产传播活动的情况下，隐形商业信息、炒作、片面和错误虚假的信息充斥其间。不完全依赖于技术对信息真实性的判别能力，梨视频对拍客提供的素材主动求证，将资讯真实性置于及时性之前。

梨视频是第一家将传统媒体"三审制"引入移动短视频生产全流程的市场化平台，专业编辑团队的一个核心任务是识别真伪，通过反复的交叉核实，鉴别事件发生的时间、地点及细节，把完全虚构或者部分造假的视频剔除出去。

与多数短视频平台和数据推荐算法平台不同，梨视频坚持人工选择与算法相融合。除了自动化系统外，目前，梨视频建立了多达250人的素材筛选、求证、编辑、审核、签发内容核心团队，由专业媒体人组成，传统媒体基因对梨视频的内容生产方式和发展方向产生了重要影响。

因团队极擅长资讯报道，所以能够在海量信息中快速敏锐地发现有传播价值的内容，以新闻生产的敏锐视角和洞察力，在快速滚动的信息中选择重点内容，结合社交热点进行分发推送。经过人工筛选的内容，是用户感兴趣的，但并不意味着是无底线地迎合受众喜好。

回归到内容生产源头，梨视频运用新闻报道的思维进行短视频内容创作。

对于素材的判断，首先是结合社交热点，除了契合时下社会热点事件外，还要贴近民生。其次是要能突出故事个性，移动互联网和自媒体时代，公众对热点事件的获知渠道很多，资讯平台对热点的跟进从来不会缺席，选取故事呈现的个性角度、个性特征，是在同质化的选题中脱颖而出的关键。

在实际运作中，梨视频注重内容的多元化。垂直领域拍客的发展避免了资讯短视频可能出现的题材单一、内容同质化现象，提供了多维度拍客素材。且在日常拍客运营中，梨视频建立拍客认证管理、分级管理、拍客信誉体系，通过对拍客的专业指导提升其资讯敏感性、应急反应度，以提高有效素材回传效率，对核心拍客的重点素材做到最及时处理。

专业剪辑团队也是高质量制作的保证。很短的视频时间往往很难呈现完整的故事信息，梨视频在制作剪辑上，要求去除无效信息，直观展示便于用户碎片化阅读。

四、未来发展路径

目前，梨视频日产 1500 条资讯短视频，单日全网播放量达 10 亿次。梨视频刊播的 50 万条优质短视频，叙述着朴实动人的中国故事。由于数据表现优异，梨视频目前已受到资本市场的青睐。

2017 年 11 月，梨视频获得了人民网 Pre A 轮 1.67 亿元的投资。人民网是中国最权威的党媒网站，梨视频是中国最大的资讯短视频提供商，拥有全球最大的拍客网络。强强联合下，人民网能够更好地运用短视频手段来传递党的声音，也能在梨视频拍客网络的协同下进一步讲好新时代故事；梨视频可借助人民网的资源和平台进一步发展壮大，在越来越紧密的高频合作中不断学习人民网的导向把握能力和审核把关经验，双方有望在联合定制栏目、直播和高端访谈等领域进行更深入的合作。

2018 年 4 月 16 日，梨视频宣布完成 A 轮融资，由腾讯领投，百度等跟投，A 轮融资总额为 6.17 亿元人民币。通过此次融资，梨视频有望将优质内容与流量平台结合起来，通过优质内容获得流量，从而完成变现和盈利。

当然，对优质内容而言，版权保护是当下的热点也是难点，国家相关部门越来越重视短视频版权保护问题。梨视频每日发布的大量优质独家短视频是侵权问题的重灾区。目前梨视频已经对一些平台的侵权行为进行诉讼并胜诉，将来这一团队会继续采取措施保护梨视频的权益。

（作者为梨视频团队）

（2018 年 5 月）

新世相：自媒体持续转型升级的实现机制研究

◎ 徐　丹　路静怡

2017年，新媒体在转型升级方面探索不断。表达方式上，新媒体开始尝试使用短视频、直播的方式以及AR、VR技术呈现内容，并举办结合线上线下的各类活动增强互动；内容推荐上，大数据与算法成为提升用户体验与用户黏度的高效工具；同时，新媒体突出特色、传播分众化的趋势也更加明显。

技术的更新迭代会催生新的产品样态，改写互联网生态与媒体格局。国家广播电视总局（原国家新闻出版广电总局）网络视听节目管理司原司长罗建辉在第五届中国网络视听大会上指出，在视听服务领域，不管是大屏还是小屏，用户的转移成本很低，这对媒体而言是前所未有的挑战。为了持续活跃在大众视野中并保证用户黏度，新媒体尤其需要重视自身的转型升级。

新世相以自媒体世相为起点，先后向内容公司和互联网公司的定位转型，在不断探索尝试和层层转型升级中收获许多经验。成立至今，新世相做过上百场活动。"四小时逃离北上广"活动直击都市青年痛点，首度打响了品牌知名度；接着又策划了"丢书大作战""青春版红楼梦发售""鲍勃·迪伦薯片诗集预售""如果高考可以重来""晚安故事博物馆"等线上、线下或线上线下联动的各类活动。

突破媒体广告盈利模式的天花板，是新世相持续转型、在内容创业上不断探索的最初动因。在这样的动力下，新世相的每次转型都目标明确、定位清晰。而其顺利转型也得益于自身的机制，新世相自主研发的系统使其能够准确把握用户心理状态、与用户持续互动、高效收录并调用纯用户生产即

UGC 内容，从而将用户与内容有效连接。

一、转型案例：围绕图书的全面体验

2016-2017 年，为了鼓励大众利用通勤的零散时间阅读，新世相在国内举办了从"丢书大作战"至"空中漂流图书馆"的一整套活动。新世相与众多明星合作，在北京地铁、滴滴顺风车和海航的部分航线上共投放一万本书籍，并附上手写留言。路过的乘客可以扫描扉页二维码了解、更新书籍流动信息，把书带回家阅读后再次投放，也可以主动投放自己的藏书。为了让图书在活动中更持久地漂流下去，新世相从 2017 年 3 月开始，又在深圳航空的国内航班、东方航空的国际航班和部分国内航班上提供图书 1000 本，建立"空中漂流图书馆"，帮助人们在漫长的飞行旅途中体验读书的乐趣。

"丢书大作战"的策划过程包括书籍来源、投放地点、活动授权三大部分。在书籍来源方面，新世相由于运营"新世相图书馆"而与许多出版社都有过合作经验。这次活动，新世相向出版社、出版集团发出合作邀请，提出希望在三天时间内获得两万本书，很快便获得积极回应。关于投放地点，新世相选择的合作对象包括北京的 14 号线、滴滴顺风车以及海航在北京、上海、广州三个城市之间的航线。而对于活动授权，新世相非常注重原创性，在活动开始前就与英国原活动"赫敏藏书"发起机构 Books On The Underground 取得联系，得到对方的热情支持。活动过程中新世相仍与对方保持邮件交流，获得了许多建议与帮助。这场活动中，新世相在向用户提供良好体验的同时，也建立起自己的品牌特性。

新世相创始人张伟说，"我们邀请到的人其实不像大家想的全是明星、艺人，他们的身份更多是我们的朋友"。参与者包括作家、媒体人、企业家等，由于他们的社会影响力，"丢书大作战"活动吸引到的社会关注度甚至超出了新世相的预期。

为使来自海外的活动创意适应本土文化，新世相在活动承载方式和出版机构合作方式上都做出了调整，比如，把传播介质从地铁拓展到更多维，与多家出版机构合作。同时，为了妥善指导线下丢书行为按合理的秩序进行，在提升群众阅读力的同时不给社会造成负担，新世相独立开发了一套专属网站和线上系统。丢书者、捡书者、书籍名称、丢书时间与地点等信息，都可在线上查询到，保证了信息的开放共享和活动的顺利运行。

积极借鉴，创新调整。新世相把"赫敏藏书"活动，从发挥个人影响力发展为多方合作、全民参与的读书热潮，丰富了其中的形式与规模，实现了新世相在推文中提到的愿望，"让拥挤的地铁和乏味的城市变得不一样"。

二、转型动力：突破盈利模式天花板

上述个案只是新世相向互联网公司转型时成功举办的诸多活动之一。长期以来，媒体在盈利模式上严重依靠广告。突破单一的广告盈利模式天花板、寻找更加开阔的道路，正是促使新世相从其前身世相持续转型为互联网公司的原初动力。新世相相关创办人认为，只有成为一家规模化增长的互联网公司，在内容创业这条路上创造更多的价值，才有可能实现这一突破，为用户带来具有更多价值感的产品。

在上述动力的推进下，新世相的每一次转型都有着清晰定位。"世相"时代的定位是自媒体，而从"世相"转型为新世相时，新生机构被定位为"内容公司"。在创建之始，该机构便是拥有技术团队、市场团队等配套执行团队的内容公司。而在2017年10月，新世相再次完成转型。

其实，新世相一直具备互联网公司的属性。"48小时交换""故事系统"等交互系统保证了它的互联网基因。对于超过500万的关注者，新世相一直将他们称为"用户"而非"粉丝"。而最近一次的转型动作，是2017年10月上线的知识付费服务——"新世相读书会"。

根据介绍，新世相的读书以及知识服务此前已经过一年半试行，半年筹备，此次推出的产品形态涉及在线音频、浓缩图书、"小专业"课程等，目前已有可听书上百本，浓缩书上千本，并在未来逐步拓展，主打"知识陪伴"服务。新世相与国内外的专业读书人合作挑选出国内外的好书，让用户在每天睡前 20 分钟进行收听。同时邀请冯唐、马勇、张宏杰等作家、学者进行书籍精读。不仅有每天一本基础听书服务和名家讲书专栏，更重要的是定期更新精品课，讲解文学、历史、心理、商业、自然科学等多个领域知识。

从内容公司到互联网公司，新世相更加"跨界"，发展了自媒体、网剧、社群、营销策划以及知识付费等领域，触角广泛。不过新世相仍然延续着品牌传统，每一个新动作都是从内容角度出发，把内容作为基础和支撑。在互联网公司的定位下，新世相进一步将内容的触角成功延伸至多个领域。

三、转型之基：有效连接用户与内容

从"新世相图书馆"到"丢书大作战"，从 50 张机票征集故事的推文到网剧《你的味道》，新世相在尝试打造具有延续价值的内容 IP，这使新世相转型之后的道路更加宽阔。新世相的创新策划与执行全部基于对用户情感的洞察及对用户需求的了解。

最初的世相已经具备大量一线城市的忠实粉丝基础，新世相账号重新更新首日即增长十余万粉丝。至今，新世相的微信公众号已有超过 500 万关注者，其中不包括其他平台，以及"新世相读书会"的用户。这些优质的读者既是新世相公司定位的参照系，也是具有高价值的原创内容生产者。对集中在一、二线城市的用户，新世相坚持着长期的陪伴与洞察，从而准确把握都市青年的情感诉求和普遍价值观，在此基础上生产的内容自然具有天然传播力。除此之外，新世相更善于对用户故事进行挖掘并创造性地传播。通过长久以来的深夜陪伴和故事分享，新世相在与用户建立情感连接的同时获得了更多 UGC 内容，最终形成一个内容生产的良性循环。

目前，新世相后台每天会收到数十万留言，有包括困惑、故事与需求在内的各种 UGC 内容。新世相为这些丰富而宝贵的 UGC 内容开发了后台故事检索系统"google story"，目前系统中已经收录了上百万个有具体来源的真实故事。在需要的时候，工作人员能够随时调用这些拥有巨大潜在价值的故事。

例如，2017 年新世相的文章《9 年后，我还是没有跑出去 | 震后余生》

在发出三天内获得近 1000 万的阅读量,它的素材就是用户生产内容。借助成熟的技术手段进行收录和调用,工作人员快速从庞大的信息中寻找到与九年前的汶川地震相关的内容,最终整理出这篇推文。

实现上述技术结构的基础在于,新世相在成立之初便拥有一支十余人的技术团队,这使其区别于大多数自媒体团队。除了"google story"的后台故事检索系统,新世相还开发了基于微信环境的跨账号互动系统,便于内容的生产和传播。在技术条件的支持下,数百万的关注者不仅能够阅读新世相,还可以使用新世相;而新世相在进行每一次事件策划和选题策划时,也更加注重用户思维。

四、结语

媒介技术高速发展,新媒体环境瞬息万变。新的时代背景下,传统媒体纷纷向新媒体、融媒体转型,而新媒体则需要重新审视自身定位。由自媒体转向内容公司,再成为如今的互联网公司,新世相的转型升级总是迅速而清晰。突破了广告盈利模式的天花板后,新世相不断延伸触角,寻求更加丰富的盈利模式。

"千举万变,其道一也。"在看似散乱的跨界探索中,新世相始终坚持由内容支撑产品、将用户作为中心的创业理念。从媒体、网剧到营销策划、知识付费,优质的内容都是其中最重要的组成部分;而自主研发的后台系统则体现出新世相非常重视对用户的倾听与陪伴,并在尝试运用 UGC 资源实现沟通中的良性循环。

转型升级是当前新媒体亟须考虑的问题,未来趋势尚无定论。新世相为新媒体行业提供的不仅是经验,还有更多灵感与启迪。

(徐　丹:人民日报社新媒体中心社交媒体运营室副主编;
路静怡:北京交通大学语言与传播学院本科生)

(2018 年 5 月)

B站：从核心用户群凝聚到泛核心用户群增长

◎ 徐　丹　白慕豪

目前，在新媒体领域，一些专注长尾内容的垂直媒体得到了很好的发展。出于用户数量增长的诉求，部分垂直媒体开始了培养泛核心用户群的尝试，即呈现出由只关注核心受众群体向兼顾泛核心受众群体的扩散战略。因此，如何处理好垂直化内容与泛核心用户增长的关系，如何在扩展泛核心受众群体的同时维系好独特的核心用户群体，成为当前广受关注的问题。

哔哩哔哩（bilibili，以下简称B站）近年来从二次元社区慢慢转型成年轻人文化社区，就是对这个问题的一次回应与实践。作为国内二次元文化的著名网站，B站最初以深耕ACG（单词Animation、Comic、Game的缩写，指动画、漫画和电子游戏等）垂直文化内容起家，深受二次元爱好者的追捧，用户黏性一直很高。近年来，B站又逐渐在核心二次元用户群体外，培养了一批泛二次元群体，既满足了扩展受众的需要，也没有失去其作为垂直媒体的独特性，现已成为一个包含丰富内容的年轻人文化社区。

本文以B站为个案进行研究，通过对其在处理核心受众群体与泛核心受众群体关系上的尝试进行分析，探讨垂直内容媒体在进一步的转型中如何权衡垂直化内容与泛核心用户增长的关系。

一、定位转型：由二次元到泛二次元的扩展

二次元文化是B站最初的定位，二次元"原本是数学中用来描述二维

空间的术语，随着20世纪60年代日本以动画（Animation）、漫画（Comic）、游戏（Game）为主导的ACG消费文化的兴起，人们开始使用二次元来指涉ACG涵盖的一系列存在于二维空间的产物"[①]。这一定位作为B站的核心定位始终存在。

2009年，B站正式成立，成为国内继A站（AcFun）以后的又一个二次元内容网站。它最先以来自日本的动画、漫画、电子游戏等为主，通过动画、番剧等内容在国内培养了一大批二次元文化爱好者，并且，由于这种小众文化的强凝聚性，这些二次元爱好者在B站形成了黏性很高的社群关系。此后，B站进行了定位上的转型，其内容从二次元扩展到了泛二次元。比如，就首页栏目而言，B站已从原有的以垂直二次元栏目为主，扩展到了包括动画、番剧、国创、音乐、舞蹈、游戏、科技、生活、鬼畜、时尚、广告、娱乐、影视、放映厅在内的14大版块。

B站在转型中并非"跨越式"地"去二次元"，而是在基于"二次元"的前提条件下，探索了"泛二次元"的可能性。一定程度上，这种"泛二次元"同样带有"二次元"的色彩："音乐"栏目中除了现实世界的音乐MV和节目视频等以外，还有很大一部分anisong（二次元音乐）；"舞蹈"栏目虽然包含真人舞蹈视频，但其中的"宅舞"仍然是二次元文化的体现等。可见，垂直小众领域媒体在向较为宽泛领域转型的过程中，仍需考虑对原先垂直领域内容元素的回应。

同时，新媒体时代下，用户不再只是受众，主动地选择自己想接收的信息也已经成为用户期许的目标。B站这样的垂直媒体将支配栏目的权利交给用户——用户自己选择导航栏中栏目的前后顺序，从而在细节上满足了二次元群体和泛二次元群体的不同需求。

最初，为了保障二次元用户的相对封闭性，B站采用答题准入机制。在2009年至2013年5月期间只开放了13次注册机会，每次时间只有一天，并且需要通过难度较高的OTAKU（御宅）知识考试，以二次元知识

[①] 陈一愚：《网络群体传播引发的二次元文化现象剖析》，《青年记者》，2016年第18期，第38—39页。

为主，难度较大。封闭注册途径在一定程度上维护了这一核心用户群体与其他用户群体的鲜明区分度，同时较难的注册机制刺激了用户的心理需求，一定程度上对提高用户留存率产生了影响。这种答题准入注册机制现在仍然存在，但在机制上已经做出了很大的调整，用户可以在给定的考试范围内选择自己擅长的领域进行作答，例如"文综""理综"等。虽然二次元的筛选力度减弱了，但兴趣仍然是筛选机制的底层逻辑，而这种兴趣保持逻辑也是 B 站能同时满足泛二次元用户和二次元用户的原因。

二、从线上到线下：垂直深耕凝聚核心群体

虽然 B 站在受众定位上有向泛二次元用户群扩展的趋向，但二次元仍然是 B 站的一个很重要的特征。其中，对于核心受众群体的维护同时包含了线上和线下——既在线上保持活跃的二次元文化氛围，也依托高黏度的社群将 ACG 文化带到线下的实体活动中。

首先，在内容方面，B 站对于二次元内容做了垂直生产，目前，B 站通过版权购买及其他手段，在"动画""番剧"栏目仍然有持续稳定的内容更新，并且，在 2017 年 3 月开设了国产专区以支持国产动画的发展。

而在用户对内容的获取渠道方面，B 站曾经承诺过不加片头广告，唯在一次版权合作中，应版权方要求添加了可以拖动进度条的"伪贴片广告"，但总体上仍然很少。部分用户对广告提出质疑，但也有不少用户通过发送弹幕表示，"为了 B 站，愿意看完广告"。值得注意的是，B 站当前的广告也包含了很强的二次元元素，比如，肯德基在 B 站投放的广告就借助了二次元 IP，采用了动画的形式，非但没有引起受众的反感，弹幕中还一片好评，对 B 站运营表示理解和支持。可见，从用户文化背景出发考虑问题，能够很好地增加受众对社群的认同感。

2017 年，B 站在游戏领域做出了很大推进，该年度游戏代理和联运业务占总收入的 83.4%，而 B 站在这些游戏领域的尝试大多基于二次元的 IP 改

编。[①] 以 B 站热门的手游《Fate/Grand Order》为例，以二次元故事 IP 作为游戏背景，除了游戏外，B 站还上线了根据游戏改编的"番剧"，同时游戏中的沉浸式体验也刺激了用户对游戏故事的加工和再建构，在社区中有大量基于游戏本身的 UP 主（上传视频音频文件的人）原创内容，如"FGO 小剧场""FGO 剧情翻译"等。二次元用户在其中不再是单纯地玩游戏，而是沉浸在以游戏、视频、文章等综合而成的独特生态系统中。其角色从 IP 的受众过渡到了玩家，最终成为原创内容的生产者，形成了"游戏—视频—文章"的良好生态循环。

而在细节方面，B 站也仍然维持了最初营造的二次元氛围。22 娘、33 娘是 B 站的两个娘化形象的吉祥物，于 2010 年 8 月 16 日投票产生，在 B 站的移动化转型过程中，吉祥物形象也从网站走到了手机移动端 App，并从线上走到线下。在 B 站与罗森合作的便利店，22 娘和 33 娘成了最重要的角色。娘化的形象是二次元领域的一个流行元素，22 娘和 33 娘拟人化、可接近的形象无形中可增加用户对 B 站的归属感和认同感。

B 站凝聚了全国的二次元爱好者，形成了黏性很强的二次元社群，这样高黏性的社群使 B 站从线上社群到线下活动的发展有了可操作性。根据 B 站发布的信息，"2017 年 7 月 21 日至 23 日，B 站在上海世博展览馆举办了线下活动 BML（Bilibili Macro Link，至今已举办 5 届），以线下演唱会的形式，聚集了以 B 站 UP 主为核心的主场 Live 和以声优、anisong 歌手等日本二次元艺人为主的 BML—SP，还增加了一场以海内外虚拟偶像为主，融合了 VR 技术的 BML—VR 专场，总共吸引了近 10 万名二次元爱好者，为观众带来了精彩的互动体验"[②]。此外，B 站还分别在首页和移动端推出了"会员购"项目，为用户提供全国各种动漫展和动漫节的购票渠道，这在给二次元核心用户群提供便利的同时，也在形塑更具凝聚力的二次元氛围。

---

① 《8 年奋斗终上市，不加广告的 B 站一直用游戏赚钱》，http://tech.163.com/18/0303/14/DBVT0EMG00097U7R.html。

② 《bilibili——关于我们》，https://www.bilibili.com/blackboard/aboutUs.html。

三、专业用户生成视频：社区互动扩大用户群体

基于兴趣生产的专业用户生成视频 PUGV 内容在 B 站的内容生态中扮演了重要的角色。"据 B 站上市招股书显示，由 UP 主创作的高质量视频是 B 站内容的重中之重，占平台整体视频播放量的 85.5%，2017 年活跃 UP 主的数量比 2016 年增长 104%。"① B 站来自不同领域的 UP 主基于兴趣，进行视频等内容生产，由此吸引了同样感兴趣的粉丝社群，进而塑造了泛二次元群体的青年文化社区，使得 B 站在专注二次元垂直领域的同时，又以优质的原创内容吸引了大批泛二次元用户。

通过"版权"取胜是当前视频网站经营领域一个普遍的方式。视频网站通过购买版权，靠内容吸引受众，但这也存在一定的局限性，即容易形成用户"看完即走"的尴尬局面。针对这样的困境，B 站探索了不同的方式——通过鼓励用户投稿形成了丰富的原创内容，UP 主通过发布高质量视频，基于兴趣机制吸引一批粉丝和社群，同时，这种社群又进一步转化成了社区的形式，UP 主可以在社区发布照片、文字等状态，而在从网站过渡到手机 App 端的过程中，这种社区互动的属性日益强化。

与二次元相对的，三次元指的是"由真人、真实事物作为拍摄对象的营造三维幻觉的电影、电视剧等"②。目前，在 B 站多元化的视频内容中，三次元内容也占据了较大的比例，而这些三次元内容在 B 站的走红，也常常与弹幕在其中的意义赋予有关。作为很早将弹幕文化传播到中国的网站之一，B 站目前也是弹幕最为活跃的网站。作为一种悬浮于视频上方的实时评论功能，用户可以通过这一功能实时对视频发表评论，而评论就会以"子弹"的形式从屏幕上实时飞过。这一功能为传统的评论构建了共时性的关系，每一个互

---

① 《B 站成功上市！投资方基岩资本：二次元是未来的主流文化》，http://stock.hexun.com/2018-04-08/192788049.html。

② 林品：《青年亚文化与官方意识形态的"双向破壁"——"二次元民族主义"的兴起》，《探索与争鸣》，2016 年第 2 期，第 69-72 页。

联网用户都可以在视频流的同一位置看到其他人的评论，甚至参与弹幕的讨论，形成一种"很多人一起看视频"的沉浸式体验。

在 B 站早期发展中，二次元核心群体曾通过弹幕建构了很多二次元流行语。随着 B 站在纪录片频道的不断尝试，人们也开始发现，原先看起来较为严肃的纪录片竟然和娱乐化的弹幕一起搭配产生了新的效果，也使得多部纪录片在 B 站成为"网红"，作为平台的 B 站也顺利成为中央电视台等传统主流媒体的纪录片宣发平台。一方面，这与"Z 世代"较为良好的教育背景分不开；另一方面，用户在讨论中形成了意义共享的过程，营造出一种虚拟的部落式观影氛围，使得 B 站日渐成为除了二次元 ACG 文化以外极具互动分享和二次创造的文化社区。

对于视频以外的业务，B 站也考虑到了泛二次元用户的需求。例如：在游戏代理和联运业务方面，虽然主要以二次元 IP 为游戏背景，但在游戏的运营中也对 IP 进行了更加普适的改编，与番剧等经典二次元媒介形式相比，降低了对二次元文化背景的要求——未深入了解过二次元文化的泛二次元群体也可以在游戏中获得较好的体验，从而也吸引了部分泛二次元群体的参与。而基于游戏的兴趣，又有一部分泛二次元群体参与到社区的讨论和内容生产中，与二次元群体形成互动，进一步扩大了 B 站兴趣社区中的参与群体。

可以说，B 站已经从一个高度垂直化、小众化的二次元内容社区，慢慢转变成一个在中国领先的年轻人文化社区，"在 QuestMobile 发布的《移动互联网 2017 年 Q2 夏季报告》中，位列 24 岁及以下年轻用户偏爱的十大 App 榜首"[①]。B 站似乎已经在"垂直化内容"与"泛核心用户增长"两个看似矛盾的趋向之间找到了平衡。

对于垂直媒体来说，垂直化的内容仍然是新媒体转型发展过程中的一个重点。在培养泛核心用户群体的同时，要注意垂直化标签的维系，不能跨越式地对原先的垂直内容进行无边界的扩张，同时基于垂直内容，将其中的文化元素进行提炼，根据这些元素较为针对性地寻求类似文化背景的用户群体，

---

① 《bilibili——关于我们》，https://www.bilibili.com/blackboard/aboutUs.html。

进而一步步实现泛核心用户群体的培养,最终实现用户规模的扩大和影响力的进一步提升。

(徐　丹:人民日报社新媒体中心社交媒体运营室副主编,
白慕豪:北京交通大学语言与传播学院本科生)

(2018年5月)

新浪新闻："明日头条"与"明日"的用户阅读体验

◎ 吴　姗　调研整理

深耕品质内容布局，用产品与用户对话，是新浪新闻基于产品创新和精细化运作的长期探索。据权威数据机构 Quest Mobile 的移动互联网年度报告显示，2017 年新浪新闻客户端 DAU 持续增长，2017 年 Q4 季度日活跃用户规模已达到 2510.48 万，同比增长 51.7%，月活跃用户规模达到 7674.84 万，已位居行业前三。但是，在认知升级的大背景下，用户对内容的要求在不断升级，如何打造多元化高品质的内容及更具个性化的交互体验方式，是各家资讯平台突围的重点。

近年，新浪新闻接连上线"即时推""二楼""明日头条"等创新产品功能，寻求行业新突破。尤其是去年 11 月，明日头条重磅新功能推出，成为业内首款对期待性阅读进行探索和尝试的功能，用户可对自己感兴趣的精品内容进行持续性、预期性关注，如明日头条甫一上线的口号所言，"你期待的才是头条"。

一、首次探索期待性阅读需求满足

明日头条不是一个单独的产品，而是一项创新的功能，目前置于新浪新闻客户端的"二楼"资讯中，在客户端首页进行下拉操作，便会看到明日头条的信息栏，信息以"3D carousel"悬浮卡样式展现，点进去可看到明日头条的页面，上拉就可退出。值得一提的是，3D动效的悬浮卡属业内首创，随着用户对屏幕的滑动呈现出动画效果，但不消耗流量。与初期直接放置在首页信息流中、没有特定入口的做法相比，明日头条有了更加明确和固定的功能入口。

到第二天，昨天的"明日头条"页面会整体变为"今日更新"，以卡片的形式放置在新的"明日头条"之后。刷完最新的明日头条，用户还可以跟进一下昨天看到的头条新闻进度，而第二天的信息数量和类型相较于第一天也更为丰富。比如，去年11月29日，用户查看了明日头条中的一则新闻"哈里王子婚礼将于明年5月举行"；11月30日，虽然没有进一步关于婚礼的消息，但相关信息也呈现在"今日更新"中，对用户的昨日关注有一个回馈。

为了造势，明日头条上线初期推送了不少明星娱乐、体育类新闻，比如11月28日当天晚些时候明日头条"预告"了易烊千玺生日会，11月29日凌晨又推出了穆里尼奥率领红魔客场挑战沃特福德的消息；明日头条还在宣传期间打出了"用户可以提前24小时知道明星动态，快人一步了解爱豆的全动态"的口号，让人对这项功能的定位产生了误解。实际上，依托新浪新闻客户端及微博拥有的丰富内容，明日头条目前已对体育娱乐类、财经科技、国内外时政新闻、民生等多个领域内容实现同步更新。

在综合资讯行业，各家都在做信息流推荐，但这样的推荐方式只能满足用户随意性阅读需求，期待性阅读、延伸性阅读等其他需求无法得到满足。明日头条的推出是在探索不同的阅读方式，为用户提供个性化阅读体验，进一步提升新浪新闻客户端的用户黏度。并且，"明日"是一个广义概念，未来即将发生的新闻都是明日头条的内容。

"明日头条"的推出，打破了传统综合资讯客户端随意性阅读和定向阅读的沉闷感，帮助用户实时跟进所关注事件的最新动态，令人产生持续性的、期待性的阅读体验。未来，明日头条将是大型报道以及商业、科技、时尚、娱乐等领域合作伙伴，举办重大活动、发布预热消息、专题延续的平台。

明日头条推出之前，新浪还做了几项功能性尝试，打下了基础。去年9

月,即时推功能上线,第一时间捕捉用户的"即时兴趣",向用户推荐当前最感兴趣的资讯、图片以及视频内容。用户在阅读一条内容返回首页时,系统会根据刚刚所阅读的内容以及用户兴趣相关性,再推荐一条相关兴趣内容,并以动态插入的形式呈现在之前所阅读的内容下方;如果用户对某一内容"兴趣十足",系统将持续推荐,直至用户兴趣结束跳过推荐内容继续阅读。新浪新闻客户端也成为国内首款基于用户"即时兴趣"进行内容推荐的综合资讯客户端。

今年初,新浪新闻客户端推出"二楼"功能,作为一个隐藏在头条信息流后面的精品内容聚合窗口,"二楼"通过搭建一个全新的阅读场景,为用户带来更专注、更具有深度的阅读体验。据了解,这也是业内首次对用户有预期阅读需求的探索和尝试。

二、捕捉用户即时兴趣打开资讯新入口

人们获取信息的方式总是随着技术的进步在不断进化。在 PC 互联网时代,门户网站成为比传统纸媒更重要的信息渠道;在移动互联网时代,微博、微信兴起,新闻客户端兴起,人们的阅读逐渐转移到手机端,而门户的影响力被瓜分;随着 AI 时代慢慢走近,信息流被各大平台广泛应用,个性化推荐成为资讯平台的标配。

作为业界"老牌"互联网公司,新浪直到 2016 年才开始在移动端发力,从门户网站转型成为智能媒体平台,当时已面临综合资讯行业竞争激烈、移动互联网行业人口红利消退的情况。但是,新浪新闻客户端起步晚却增速快,这与新浪在产品功能、技术研发方面的创新密不可分。

在消费快餐内容、各出奇招的新媒体营销时代,新浪显得有些"沉稳",坚守网站价值"本分"。新闻内容特点是更趋向于传统媒体,强调报道的及时性、视角的广阔性和剖析的深度性,在玉林狗肉节、马航失联等深度新闻报道方面引起较大反响。

这个特点在新浪新闻客户端推出的功能中也有体现。在下拉客户端主页

的时候,"二楼"频道才会出现在主页最上面,而平时这个频道隐藏在头条信息流后面。"二楼"是一个精品内容聚合窗口,其中既有《创事记》《地球日报》《重头戏》等客户端原生栏目,也有《局座时评》《囧哥说事》等媒体和自媒体创作的精品栏目。

新浪拥有强大的产品技术实力,明日头条作为新浪新闻客户端今年的核心功能之一,配备了优秀的产品经理和资深开发人员进行设计开发。多年积累的媒体经验以及对用户需求的洞察能力,也使得新浪的产品经理能够洞察到用户对于期待性阅读的需求。

近年来,随着移动互联网的高速发展,用户的关注点变得多元、分散,信息获取方式也由深度阅读转变为碎片化的信息流阅读。在市场环境驱使下,各大综合资讯客户端大力推行个性化推荐机制,通过智能算法不断以信息流的方式推送用户感兴趣的相关内容。

新浪新闻客户端在个性化的信息流推荐方式上更重视用户的即时兴趣、动态化场景和网状知识图谱,避免过度推荐和信息收敛的问题。并且,充分发挥客户端与微博的协同效应,在打通双平台的内容、数据和账号体系的基础上,探索更多形式,为用户提供更人性化、更高效的个性化内容。明日头条和信息流以及新浪新闻客户端各个频道的运行机制类似,不涉及特殊的流程,只是对内容的运营需要保持延续性,将时间维度纳入基于个性化推荐的新闻资讯分发模式。

依托人工智能技术,信息推荐系统会形成一套算法,捕捉用户日常使用新浪新闻客户端的各种行为,从而判断用户兴趣,明日头条会根据用户的兴趣为其推荐感兴趣的内容,一旦用户点击,系统会继续捕捉用户的这一行为,未来就会将相关内容继续推荐给用户。

不同于传统的阅读方式,"明日头条"的出现可谓是打开了资讯阅读的全新入口,对于新闻资讯推荐的及时性以及延续性,冲破了当下被大众忽略的阅读死角,阅读可以是具有连贯性和高黏度的。新浪新闻客户端通过预测、预告,以及持续的跟进推荐,深度挖掘用户的期待阅读潜力,这一功能的创新给未来综合资讯行业的发展提供了一个新的方向。

三、结语

目前，新浪新闻客户端"明日头条"功能还在不断优化，并逐步向用户开放更多元化的内容，探索未来更多的发展可能。

作为媒体基因深厚的综合资讯平台，新浪新闻与人民网、新华社、澎湃新闻等众多权威媒体保持着深入合作，汇总各家内容，要闻频道聚合新浪新闻的资深编辑团队，将这些优质内容进行整合。

值得一提的是，通过"人工+智能"的协同运作，新浪新闻客户端打通与微博双平台的内容、数据和账号体系，在庞大的内容数据与用户数据基础上，通过即时推、动态化场景、网状知识图谱等，精准把握用户的个性化需求，提升内容传播的纵深度，为用户提供更多维度、更多元化、更及时且有深度的内容。

今年春晚，新浪新闻上线了"GIF MAKER"功能，用户可以边刷新浪新闻的春晚精彩视频，边截取经典画面制作 GIF 图、表情包，分享至微信、微博等社交平台与朋友进行互动。2018 年，以"GIF MAKER"功能的上线为开端，新浪新闻在产品创新层面还将持续发力，为提升用户的阅读体验对产品进行精细化打磨。

（作者为人民日报社新闻协调部编辑）

（2018 年 5 月）

财新网：严肃媒体付费阅读探索之路

◎ 张继伟　黄　晨

近年来，随着技术手段的不断更新迭代，媒体行业的版图和生态发生了深刻变化。互联网特别是移动互联网以及社交媒体、自媒体的兴起，使严肃新闻媒体受到巨大冲击，在编辑业务、商业模式和价值观等不同层面，都对既有操作规范构成严峻的挑战。严肃媒体向何处去？成为一个令新闻从业者焦虑的话题。

财新网去年11月启动的付费阅读，即为应对这一外部挑战的重要探索。作为国内首家全面收费的新闻网站，财新网备受同业关注。同时，财新数据可视化实验启动较早，取得了不错的成绩。

一、媒体转型：严肃媒体面临对新环境的适应

毋庸讳言，严肃新闻媒体正面临商业上的重大挑战。社交媒体以海量用户、精准投放为特征，占据了广告市场越来越大的份额。与过去的同质化竞争不同，这是一种降维打击。社交媒体激发出的阅读需求，远远超过传统新闻媒体的覆盖范围——阅读在传统上是少数人精心选择的行为，读书看报都需要特定时间，甚至有一定仪式感。在移动互联网时代，阅读与社交、游戏甚至消费的边界全面模糊化，渗透到人们所有的生活空间，它所产生的经济体量和利润前景也是严肃媒体远不能企及的。

不仅如此，新生媒体以技术公司自居，无须对内容负责，它在内容生产及背后的价值观上与严肃媒体迥然不同。作为纯商业公司，可能以流量为最终追求，因此优先提供的内容满足读者"最大公约数的需求"。各种轻松消遣甚至低俗的内容，在社交媒体上最为畅销，各种段子、搞笑图片视频、生活交流类内容，都成为流量之王，通过数据开发将其转化成最终利润。

这显然与以引导舆论为己任、以社会公器自居的严肃媒体截然不同。然而现实的悖论在于，严肃媒体的商业价值被严重冲击时，其社会价值却在呈指数级上升。一方面，严肃新闻是稳定社会不可或缺的公共品，建立在事实基础上的调查报道是凝聚社会共识的基石。从近期 Facebook 涉泄露信息操纵美国大选案来看，社会的公平稳定秩序越来越有赖于严肃媒体舆论之锚的作用。另一方面，互联网舆论场对普通用户有极强的赋权效应，却并没有建立相应责任机制，太多情绪性评论，太少扎实的事实依据，这一根本性失衡不仅带来新闻传播乱象，也对政治、经济、社会生态产生深远影响。

因此，严肃媒体不能放弃自身的责任，在内容生产上随波逐流，而要积极调整、创新，寻找到适应新环境的传播方式。真正的转型成功不是变成另一家社交媒体，而是找到自给自足的商业模式，延续并扩大自身的社会影响力。

财新网启动付费阅读战略，正是这一转型理念的必然选择，也是内外部环境日臻成熟的结果。事实证明，对于艰难转型的严肃新闻行业而言，实施付费阅读除了重塑自身的造血机制外，还能起到以下作用：凸显原创新闻价值，抑制造假和恶炒风气，推动影响力、公信力、传播力、引导力"四力"建设。

二、付费阅读：整体性改造完成一项系统工程

无论是从需求端、供给端还是技术端，国内付费阅读市场已经具备雏形。

从需求端看，从音频、视频到打赏、公益众筹，超越大众的、高阶资讯需求正在凸显，新一代消费习惯兴起，为网络产品付费已经蔚然成风。85后、

90后新生代读者版权意识的增强，以及对社会公益事业的自觉维护，也为新闻产品付费阅读的推出奠定了较好的基础。

从供给端看，免费新闻内容质量的下降已经显性化，质量落差的出现为付费阅读提供了空间。一些互联网平台公司，比如今日头条、腾讯等，也意识到了这一问题，纷纷推出了激励原创内容的举措。与此同时，知乎、得到、喜马拉雅等新兴平台，以知识付费名义打造的各种实用性、功能性课程，从供给侧和需求侧都大大拓宽了付费阅读的用户基础。

从技术端看，付费阅读发展的一个利好因素，是移动支付的普及。网络付费阅读过去的短板在于支付界面不够便捷、直观和友好，而目前则基本可以做到一键付费，这对用户体验至关重要。移动支付手段的便利性，还体现在销售手段的丰富性上，比如像小鹅通、小程序等工具，可以提供包括激励用户传播的分成机制在内的多种销售手段。

经过大量的市场研判、技术准备和内部动员，财新网于2017年11月6日正式上线付费阅读功能。针对不同用户，将产品分成不同层次：首先主打产品是"财新通"，定价为每年498元，订阅用户可通读财新网、财新周刊的全部内容。其次是财新周刊网络版产品——"周刊通"。事实上，财新周刊自2010年上线起即为付费阅读，已经积累了大量付费用户及相关数据。此次财新通的收费自2017年10月16日开始试运行，而周刊的付费用户（298元/年，后调整为398元/年）在11月6日前均可获得免费升级财新通（498元/年）的优惠，这既回馈了老用户，也激活了大量新用户。作为一个参照系，周刊付费使得"财新通"订阅更显超值。再次是面向专业机构用户的数据库产品——"数据通"，定价为每年1998元。最后是面向英文读者的财新英文通。四种产品满足了不同读者的需求。

独立的知识付费产品"财新私房课"已试水一年，赢得了广大用户的积极参与，复购率和黏性都远超同类产品。与"得到"合作、以《王烁学习报告》为代表的财新分享课，以《赤龙》为代表的财新小说，有效拓宽了财新的读者群，增强了财新读者的可选择性和获得感。这两个产品的成功为财新通的运营推广做出了有益的探索。

付费阅读是一项系统工程，它包含着对支付开发、页面设计、内容生产、网络运营、销售客服等各个环节的整体性改造。在支付入口和页面设计方面，财新做了大量开发工作。2015年即已上线的财新商城为财新通的技术开发奠定了基础，随后调试了与微信、苹果应用商店等平台的打通机制，以及与各种支付手段之间的连接功能。由于各个平台之间数据不分享，用户订阅后的跨平台阅读面临巨大的技术难题。对此，财新技术团队做了充分的开发工作，在页面设计上也精益求精，尽量消除用户的使用障碍。以用户体验为中心与以编辑为中心的思路有着本质不同，包括付费按钮、提示语、分享页面的安排等，每一个细节都需要反复斟酌和测试，也对技术、运营、编辑部的内部沟通机制提出了较高要求。

此外财新还开发了月订（自动续订）、单篇付费、用户升级等功能，方便读者选择。在网络运营方面，财新充实了原有队伍，根据数据和用户画像加大精准推送力度，在挖掘老用户潜力和开拓新用户渠道方面双管齐下，积极开拓机构用户渠道。在客服方面，全员动员并编制客服手册，及时总结用户环节中存在的各种问题，通过不断优化提升用户体验。

在编辑部层面，财新仍然坚持采编独立和防火墙的原则，但是加大了前后台的沟通机制。对于以影响力为追求的编辑部而言，付费阅读容易带来传播焦虑。财新近年一直在内部研讨付费阅读的可行性，并逐渐达成共识：对于重大、有影响力的报道，通过摘要和编辑荐读的方式扩大影响；对于公益性较强的文章，可先放开一定时间再收费，并提供红包功能，比如每个付费用户可以转发给五个读者免费阅读。这项付费阅读功能尽力把握社会功能与商业目标的平衡，同时保持对新用户的吸引力，精细运营不仅保证了流量的稳定和影响力的增长，也使得阅读数和在线时长大大提升。

付费阅读的启动对于内容端也产生了积极影响。一方面，对编辑部的写作规范、反应速度提出了更高要求，在行文风格上更注重对象感。另一方面，通过用户画像的总结提高选题的精准度。比如，对于金融、商业等专业领域的报道，在议题设置上更加注重与读者的互动。在社会题材上，加大非时效性的特稿写作比例，并挖掘历史稿件的呈现力度。这些都有效增加了读者的获得感。此外，鉴于音频市场的发展，财新还将在音频领域开发垂直性产品。

从用户反馈来看，用户的付费习惯正在培养壮大之中，对于高质量内容的认同是一切付费的基础。客观、准确、深入的新闻报道，无论是财经题材还是社会题材，在当前的媒体市场上都是稀缺品，有着强烈的刚需特征，也易于激发读者的参与热情。财新付费功能上线之后，财新自身的报道魅力充分展现出来，诸如大资管新规、共享单车、反腐调查、贸易战等爆款报道，稳定、持续地带来了新订用户的流入。这也说明，与注重实用性和垂直细分市场的知识付费产品不同，新闻付费产品的延展空间极强，并容易受到新闻热点的带动。2018年春节期间，财新还推出了"先免费试读再付费"的做法，相当于给予读者一定的犹豫期，取得了良好效果。

财新的实验证明，在消费市场不断扩大的今天，高质量付费新闻作为一个品类是有一席之地的，特别是受教育程度较高、社会责任感较强的用户基础很大，这恰巧匹配财新长期以来的读者群体，较易获得转化。只要在用户界面的打磨上做到便捷、易读，价格并不是障碍，甚至仍有较大的提升空间。另外，市场的培育与供给规模也密不可分，可供选择的付费新闻产品增加，会创造更多用户需求。培育付费意愿，是一个从高端到低端，从窄众到大众的长过程。从官方新闻机构的角度，可考虑采取一定补贴措施，一方面可弥补机构的收入缺口，另一方面可推动新闻报道付费阅读的潮流，进而以优质的新闻内容获得用户的认可，进入良性循环。

在中国的语境下，付费阅读遇到的一个顽疾就是知识产权维护问题。财新通上线不久，不仅遭遇媒体抄袭，还出现一些商家直接复制售卖的现象。打击盗版需要社会各方共同努力，在追责处罚、打击洗稿、集体诉讼方面仍需制度上的改进。

三、数据可视化：形式创新增加读者的阅读黏性

对于财新刚刚启动的付费战略而言，数据新闻的贡献比较突出。这其中既包括团队独立创作的报道，也包括配合各条线报道的协调策划。大量的数据经过提炼和可视化之后，能够有效减轻读者的阅读负担，因此更适合当下读者快速获取新闻的需求，令读者增加对财新的阅读黏性。

数据可视化或者说计算机辅助报道，在国际新闻界已是标准配置之一，但在中国新闻界还处于整体起步阶段。财新传媒从 2011 年起就开始尝试用互动图表类的新闻解读财经选题，后来又成立了财新数据新闻中心（原数据可视化实验室），用可视化的方式解读新闻，并试图从数据中挖掘新闻，真正做到数据驱动型新闻（Data-driven Journalism）。

财新发展数据报道的契机或初衷，源于财经领域的报道。因为选题本身包括很多数据类素材，尤其适合以数据可视化的手段呈现。财新数据新闻实践过程，经历了中国新闻业从纸媒向网媒、从 PC 端向移动端转型的几次浪潮，每一次浪潮都对技术实现发起了新的挑战。尤其在移动端转型过程中，如何用小小的手机屏幕装载大量的数据，如何用简单的交互实现丰富的阅读体验，这都需要团队不断学习掌握新的技术以应对新形势的需要。

财新数据新闻中心 7 年来用大量有影响力的作品开创了新的报道类型，既丰富自身的"工具箱"，也实现了报道形式上的"供给侧改革"，更在过程中持续自我更新迭代，锻炼出一支有新媒体意识和创作能力的采编队伍。目前财新数据新闻产出逐年递增，除了大型的选题策划，轻型产品产出更多，这类选题体量小、产出快、性价比高，成为专题类项目的有力补充。可以说，数据可视化报道内容已远超出当时预期，除了应用在经济金融类题材中，也在政策、法治、民生、国际等各条线报道中充分使用。

近年，财新在数据新闻领域获得不少荣誉，连续 4 年获得亚洲出版业协会（SOPA）卓越新闻奖；2016 年入围数据新闻奖（Data Journalism Awards，DJA）年度最佳数据新闻网站，是唯一入围的中国媒体；连续 2 年入围英国凯度信息之美数据可视化奖。此外，还获得过腾讯传媒媒体高峰论坛年度数据新闻大奖、网易华语新媒体传播大奖年度数据报道大奖、中国国家卫计委中国烟草控制大众传播活动一等奖等。2018 年初，用以体现北京城区规划的可视化数据新闻作品《五环之外》受到了北京市主要领导的批示和肯定，新闻影响力得到切实体现。

从财新积累的经验来看，数据可视化适合于能达到一定标准的数据支持的题材，数据要成序列、成规模、干净、结构化。从财新读者的反馈看，用户对于用数据解读热点事件的题材非常认可，当然，易读的可视化设计也是影响读者接受度的重要因素。

无论是数据新闻还是多媒体报道，媒体本身已经掌握大部分技能并有优势，缺乏的是新媒体的包装能力，机构只需要配备相应的产能去补足从优质内容到新媒体产出的"最后一公里"。这并不是一个巨大的挑战，关键是要有转型和升级的意识。新闻从业者往往格外重视内容生产而轻视传播包装，这令许多优秀的新闻报道在新媒体时代体现不出应有的影响力，数据新闻所代表的新媒体模式需要在媒体中配置具有新媒体生产能力的人员，包括统筹、设计、技术、运营等多个新岗位，机构应在这方面加强布局。

（张继伟：财新传媒常务副总编辑、财新网总编辑；
黄　晨：财新网助理总编辑、财新数据新闻中心负责人）

（2018年5月）

雄安媒体中心：在融合发展中升级传播力

◎ 文松辉

2018年1月16日，时任人民日报社社长杨振武与中共河北省委书记王东峰共同为雄安媒体中心（"中央厨房"）揭牌，标志着雄安新区第一个"对内对外宣传的重大媒体平台"诞生。雄安媒体中心（"中央厨房"）运行以来，创新理念、机制、模式，应用无人机、VR、大数据、云计算等前沿技术，在线索共享、选题策划、内容生产、产品传播方面实现中央、省内、省外、新区、三县媒体"五个打通"，统筹各方力量共同生产制作传播了400多篇优秀融媒体产品，为雄安新区规划建设凝集起强大合力，在深度融合发展中不断壮大主流舆论阵地，初步发挥出媒体平台的作用。

一、建设新区党媒体系，为规划建设鼓与呼

设立河北雄安新区，是以习近平同志为核心的党中央深入推进京津冀协同发展做出的一项重大决策部署，是继深圳经济特区和上海浦东新区之后又一具有全国意义的新区，是重大的历史性战略选择，是千年大计、国家大事。人民日报作为党中央机关报，一直把做好雄安新区宣传报道，为新区规划建设鼓与呼作为重要工作；同时充分发挥人民日报在媒体融合发展中的标杆和示范作用，对口帮扶雄安新区，从思想、理念、机制、队伍、财物等方面为新区党媒体系建设提供全方位的支持。

为建设好雄安新区的党媒体系，雄安新区党工委书记、管委会主任陈刚

于 2017 年 7 月 26 日率团赴人民日报社，考察了"中央厨房"建设并商定合作框架和合作要点。人民日报"中央厨房"在全国处于最先进水平，多次得到中央领导肯定。与人民日报社共建雄安媒体中心（"中央厨房"），有利于推动媒体融合事业的深度发展，也是建设新区党媒体系、打造新区宣传平台的现实需要。之后，陈刚请人民日报社雄安新区项目组赴新区调研并召开推进会。同年 9 月 4 日，雄安媒体中心（"中央厨房"）开始试运行，为新区宣传事业迈出了坚实的第一步，打开了生动发展的新局面。

无改革创新，无雄安价值。由雄安新区党工委、管委会主办，人民日报社支持组建的雄安媒体中心（"中央厨房"），自诞生那一刻起就蕴含着创新、开放、共享的基因，在理念、机制、模式、技术、评估领域全面创新，人员、技术、资源、产品、渠道、用户充分共享，生产传播了一大批"站在天安门看问题，立足田埂上找感觉"的优秀融媒体作品，为雄安新区规划建设提供了强大的舆论支持，在海内外产生广泛的社会影响，发挥了媒体融合发展的创新示范标杆作用。

雄安媒体中心（"中央厨房"）运行以来，坚持"中央厨房"的"一次采集、多种生成、多元传播"理念，树立全新的策采编发机制和流程，实现内容策划、采集、加工、传播、效果评估一体化的先进体系，积极应用无人机、VR 应用、大数据、云计算、人工智能等前沿技术，统筹协调人民日报系媒体、河北省媒体、三县宣传部等宣传力量，联合制作高质量的"文字、图片、视频、H5"等受众喜闻乐见的全媒体内容。并且，通过雄安发布公众号、雄安天下客户端、中国雄安网、人民雄安网等渠道发布，同步向人民日报客户端、人民网等中央和省级其他媒体推送，形成"一个平台＋N 种媒体端口"的矩阵传播方式，高起点构建起雄安新区的媒体融合新模式、新格局，在融合发展中壮大雄安新区的主流舆论阵地。

二、在人员构成、采编业务运行机制上深度融合

雄安媒体中心（"中央厨房"）在人员构成、采编业务运行机制上体现出

深度融合趋势。按规划，雄安媒体中心（"中央厨房"）有人民日报社派驻 10 人，河北日报、河北电视台、长城新媒体、河北工人报、河北青年报 11 人，雄安新区宣传中心 3 人。来自不同单位的人员统一于雄安媒体中心，群策群力服务好一个目标：讲述雄安好故事，传播雄安好声音，建设雄安新区的党媒体系。在采编业务运行机制上，设立雄安媒体中心主任办公会制度、总编辑值班制度、采前会制度、新闻线索通报制度和传播力排名制度，通过制度有效调动各方力量、提升运转效率、提高生产质量。雄安新区宣传中心主任兼任雄安媒体中心主任，人民日报社派驻负责人兼任雄安媒体中心常务副主任、总编辑。

雄安媒体中心主任根据工作需要，不定期主持召开主任办公会，部署重要工作、宣传重点、重要选题及整体协调、导向管理等。雄安媒体中心总编辑主持中心的宣传报道工作和舆论导向管理，包括策划重大选题、制订报道计划、分解报道任务、布置采编对接、审核把关稿件、推送不同端口、采编人员管理。通过每日采前会制度，通报新闻线索，安排部署每日新闻采访工作的内容、途径、时间、产品构成、交稿时限等，所有媒体人员根据安排，分工协作合力完成多元化的融媒体产品。

建立严格的导向管理与稿件审核制度，根据新闻采编及发布流程，建立内容"3+1"审核制度：一般性稿件采取编辑初审、新区业务部门二审、雄媒中心总编辑终审的三级审稿流程；重要稿件实行编辑初审、新区业务部门二审、雄媒中心总编辑审定、分管宣传的新区副主任（重大主题向上级逐级请示）终审的多级审稿流程。做到分工负责，层层把关，严把导向，统一出口，多端推送。并对雄安媒体中心发布在各级各类报、台、网、端、微的新闻产品传播效果进行排名，利用大数据实现传播效果的科学评估，并为后续报道科学调配力量提供支撑。

三、资源共享、联动，推出 400 多篇融媒体产品

雄安媒体中心（"中央厨房"）在融合发展中唱响主旋律、凝集起共识、

提升影响力。围绕雄安新区的工作重心和大局，雄安媒体中心（"中央厨房"）在线索共享、选题策划、内容生产、产品传播方面实现中央、省内、省外、新区、三县媒体的"五个打通"，共享新闻线索、联合策划选题、共同实施报道或为其提供新闻素材、半成品和成品，共同生产制作传播了400多篇优秀融媒体产品，影响广泛。

譬如，围绕雄安新区的第一个春节，雄安媒体中心联合人民日报总编室、人民日报新媒体中心推出新春走基层特别策划——探访"雄安新区的第一个春节"。来自不同媒体的记者、主持人、摄像、技术等多个工种配合，直播雄安市民服务中心、奥威路、年货一条街等现场的见闻，完成人民日报客户端实时在线《直播雄安：首个春节年味儿浓》、雄安发布图文报道《首个春节年味儿浓！人民日报客户端带你访雄安》、人民日报版面文字报道《这个年，咱肯定能过好（新春走基层）》等多元化的报道呈现，展现出雄安新区成立以来的重点工作成绩，百姓文明、祥和、安全过年的家国主题。据不完全统计，此次报道直接受众超过千万，报道传播覆盖面接近7亿人次。

围绕雄安新区成立一周年，联合人民网策划推出《雄安，一岁啦》短视频报道，精心选择雄安新区一年来的N个"第一"，用精美镜头生动展现新区一年来的工作成就，内容精、形式活、思想深，视频在人民日报客户端、人民网、全国党媒信息公共平台、雄安发布公众号、雄安天下客户端等平台同步推出，被中央网信办全网推送，新浪、腾讯、百度、河北发布等几百家网站及微信公号转载、推荐，传播广泛，反响良好。

在这种新闻线索共享、采访报道联动、新闻产品共推的过程中，在深入基层、深入群众、深入一线的融合报道过程中，雄媒中心进一步密切了与中央媒体、省内媒体、省外媒体、新区媒体和三县宣传力量的关系，加强了与新区有关部门、三县和各驻新区单位的联系沟通，各方在深度融合中不断壮大主流舆论阵地，凝集起强大合力为雄安新区规划建设画好同心圆，共同推进新区事业的发展。雄安媒体中心（"中央厨房"）平台的影响力、传播力也在融合发展中初步显现。

四、讲述雄安好故事,构建媒体新生态

在融合发展中要进一步探索构建媒体新生态。随着规划纲要公布,雄安新区转向建设发展的新阶段,雄安媒体中心("中央厨房")的重大媒体平台价值进一步凸显,在功能、定位、建设等各方面还需要进一步加强融合。按照规划设计,今后任何新闻机构在雄安新区设立网站或分支机构,其采编人员及新闻作品都要统一纳入雄安媒体中心管理;对雄安新区现有采编力量要进一步整合,所采写稿件统一进入雄安媒体中心,统一对外发声;进一步加强雄安媒体中心平台拥有雄安新区官方发布端口的管理功能,把雄安新区的雄安天下客户端、雄安发布公众号、中国雄安官网以及未来可能的报纸、电视台、杂志等统一都纳入雄安媒体中心管理。

此外,还应进一步拓展雄安媒体中心的服务功能,加强中心在新闻发布、媒体协调、舆情研判、危机处理、传播效果评估等方面的作用。着眼未来,雄安媒体中心将进一步完善体制机制构建媒体新生态,充实融媒体人才队伍,持续拓展工作平台,发挥"中央厨房"在策采编发各环节的枢纽和调度作用,统筹协调中央、地方、雄安各类媒体的采编力量,生产更多有思想、有温度、有品质的融媒体作品,推送到全球各类报、台、网、端、微等传播平台,面向全球讲述雄安好故事,传播雄安好声音,为高起点规划、高标准建设雄安新区营造良好的舆论环境。

随着雄安新区奋力创造"雄安质量"、成为新时代推动高质量发展的全国样板,雄安媒体中心也将不断探索具有国际领先水平的理念、机制、模式,创新技术应用和传播方式,努力打造具有广泛影响力和国际知名度的一流媒体平台,推动引领中国新发展的"雄安质量"成为带动世界发展的"雄安引擎"。

(作者为时任雄安媒体中心常务副主任、总编辑)

(2018年5月)

光大银行客户端："金融+媒体"移动端深度融合尝试

◎ 杨兵兵

融媒体的发展对银行业意味着什么？随着传统媒体传播方式的转型及银行"场景化"金融布局的加速，重塑银行业在网络语境下的新生态、制定相应的媒体融合传播应对策略，显得越发急迫。近年来，中国光大银行手机银行开始探索根据不同媒介的传播方式及其发展环境、发展现状，实现金融和科技的结合，实现传播形式、内容与创作理念的变革。

2018年1月，"一部手机，一家银行"2018中国光大银行新版手机银行发布会在北京举行。本次发布的光大银行新版手机银行引入和应用生物识别技术，在六大模块上实现全面升级，并对各项业务流程进行了全面优化，成功打造出"一部手机，一家银行"的整体品牌输出概念和移动金融整体传播矩阵，提升客户体验。其中，新版手机银行定制财经资讯的新功能引起了市场普遍关注，并受到了客户的广泛好评。

一、统一传播标准　权威发声塑造可信形象

光大银行手机银行在融媒体传播过程中，内容上坚决采用一个标准、一把尺子、一条底线。银行是严肃金融行业的典型代表，肩负着维护国家金融市场稳定和守住风险底线的重大使命。在年轻化、轻型化传播的今天，不能

放弃传统行业原有的沉稳、权威的内容主体,而要有真材实料和真情实感,规避"假大空"现象。

人民日报在媒体融合道路上一直走在行业前列,光大银行手机银行选择与人民日报"中央厨房"进行合作,是一种"主动"选择也是一种必然趋势。不仅能在内容上、思想上、传播角度上与党报保持高度统一,而且能为进一步巩固我国的宣传思想文化阵地、壮大主流思想舆论工作贡献一分力量。

在互联网时代,信息的发酵和传播速度十分迅速,对舆情的把控应做到防患于未然。光大银行手机银行采用大数据、人工智能等多种技术手段和资源渠道,建立成熟的负面信息预警机制,以掌握更多舆论主动权。在信息来源选择方面,财经资讯栏目收集了来自包括新华网、中国经济网、中国新闻网等权威网站在内的财经资讯,致力于打造权威、效率、专业的金融行业形象。通过图文结合的方式呈现,在热门新闻链接后进行标注,并在文章底部设置"点赞"和"不喜欢"按钮,以互联网思维布局手机银行的界面和功能,以及时获取用户的偏好情况及意见反馈,切实把握好舆论走向。

同时,"金融+媒体"的作用是相辅相成、互相促进的,精准丰富而权威的媒体资讯丰富了手机银行生活服务场景体验。目前,金融客户中85%的客户日常行为是生活化行为而非金融行为,其中又有10%是支付行为,连接了所有的"金融+生活"的场景,只有5%是客户金融的刚性行为。因此服务于客户的时候必须抓住生活场景,让金融服务走出柜台融入生活,在移动端广泛而深入地完善金融服务解决方案,构建移动金融生活交互圈,让终端成为可靠的银行网点,从而进一步提升客户的活跃度和忠诚度。

融媒体发展趋势给商业银行带来了一场深刻的变革,促进金融服务从"关注整体"向"关注个体"转型,经营方式从以"产品为中心"向以"客户体验为中心"转型,运营管理从"粗放式管理"向"精细化管理"转变。

作为最早涉足金融融媒体传播领域的商业银行之一,未来光大银行手机银行将继续加快对各类媒体传播技术的综合应用更新,不断创新普惠金融服务方式,持续助力金融便民惠民,切实打通金融服务的"最后一公里",时刻以用户需求为核心,让金融科技深度融入人民的美好生活。

二、加强合作　推动跨界融合服务升级

当下我国融媒体的发展具有跨媒体、跨专业、跨行业的特征。在发展初期阶段，光大银行手机银行尝试在信息传播中与不同行业充分合作、共同策划、协同生产，不断整合各类"碎片化"信息，重新塑造各个媒介在新兴网络语境下的传播功能。定制财经资讯功能就是与人民日报"中央厨房"的一项大胆合作尝试。

去年10月，光大银行手机银行成为38家首批入驻"全国党媒信息公共平台"的客户端之一，也是唯一一家首批入驻的金融行业代表。而此前，双方早已在"融媒体聚合平台"服务能力整合上达成共识，将重点开展"互联网＋媒体＋金融＋大数据"的产业新模式。

掌握第一手资讯才能在金融投资里稳中求胜。通过与人民日报"中央厨房"的战略合作，光大银行新版手机银行紧跟新媒体发展趋势，针对用户的关注点进行大数据分析，为用户提供实时化、个性化的财经报道。财经资讯栏目实现了将讯息与交易在一个手机银行App里无缝结合的功能，栏目内容在每日热点财经新闻推送的基础上，通过精准构建App用户画像实现的定制分发，让用户能够随时、随地获得最新的财经信息，切实满足用户的资讯需求。

人民日报"中央厨房"是融媒体发展过程中的成功典范，而内容个性化推荐也是"中央厨房"重点推进的工作之一。随着互联网科技的快速发展，信息资讯的传播格局已发生了深刻变化，"互联网＋""大数据"等技术与人们日常生活实现了更进一步的连接。光大银行高度重视互联网技术发展，依托人民日报"中央厨房"这一全媒体平台，成功实现内容智能分发、推荐等相关技术功能，让"中央厨房"的优质内容在升级后的手机银行财经资讯栏目落地，成为用户生活中随身携带的"金融助手"和"移动金融场景"。

未来，光大银行计划将其支付接口接入"中国媒体融合云"，为媒体用户提供全方位移动支付解决方案。

三、以客户为中心　明确移动新媒体优先战略

在移动互联网传播不断提速的大环境下,提供更加优质的"移动金融+生活"服务,响应了公众对日益增长的美好生活的需要。客户的消费能力以及社会主力人群的转移,使现在的客户圈不乏大量80后、90后,银行传统的物理网点各类资讯投放方式已经不适应现代互联网移动信息的传播策略。

光大银行手机银行为客户搭建了基于大数据分析下的个性化资讯栏目板块,在第一时间推送最新的财经报道,打造出精准的金融综合资讯平台。

在向客户传播优质移动金融服务上,光大银行早就明确了移动优先的战略选择。此外,光大银行一直高度重视资讯力量及传播手段创新,充分研究线下客户倾向于通过单一渠道高效获取海量信息的心态,决定采取更加多元化的一站式信息传播渠道,其主攻方向就是移动互联网。

坚持"内容为王",杜绝对传播内容简单地堆砌和生搬硬套,通过建立健全内容的引入和审核机制,挖掘创意和深度故事,注重真情实感及与客户心灵的互动沟通。此外,逐步采用互动式融媒体传播手段,让客户产生参与感,成为信息的共同制作者,实现"裂变式"传播效果。

新产品发布热点图、H5、微视频、直播……以移动新媒体为传播载体,网络数字媒体在营销传播中的重要性凸显。光大银行综合利用全媒体传播工具,打好图文、音视频、直播等手段的"组合拳",以"全媒体"策略应对碎片化传播环境。实现内容全方位可视化、立体化、动态化、移动化,满足客户获取资讯的需求。

下一步,新版手机银行还将引入直播这一现下流行的新媒体传播形式,并以此为突破口,不断寻找和采用符合受众需求的传播方式,创新金融产品的推广和运营模式,提升客户的满意度,逐步将光大银行手机银行打造成全能的"金融+生活"场景服务工具。

手机银行作为传统银行场景化的全电子渠道集中地,提供一站式金融产

品服务和创新资讯传播方式是大势所趋。通过对生产机制、流程、定位的调整，光大银行打破过去围绕金融产品本身的布局模式，树立"内容＋服务"的"大金融"品牌概念。

（作者为中国光大银行电子银行部总经理）

（2018年5月）

第七章

融合媒体发展之国际观察

互联网、新媒体技术快速发展的这些年，国际上涌现出一批积极探索融合发展的个体。这些个体有的是传统媒体，如《华盛顿邮报》、BBC、Sky News、《纽约时报》等，它们在数字订阅、内容制作等方面取得新突破，做出许多有特色的新媒体报道，转型红利初现；有的是谷歌、微软这样的科技公司，它们在技术革新方面不断努力，致力于用科技改变人们的生活。除此之外，传播与技术的革新也对其他一些行业产生深刻影响，如尝试"众筹制作+融媒体推广"的日本动漫行业，以及新媒体营销的"初学者"阿迪达斯公司，它们利用新的制作、营销与推广方式，为跨界融合提供借鉴。

《华盛顿邮报》转型红利逐步显现

◎ 胡泽曦

2013年,美国科技界巨头、亚马逊公司首席执行官杰夫·贝索斯收购《华盛顿邮报》,给该报数字化转型增加了动力。2017年以来,《华盛顿邮报》数字化转型取得明显进展,在数字订阅、运营理念、内容制作等方面都出现了新气象,多媒体产品不断在全美传媒业评奖中有所斩获,也取得了较好的市场效果。

一、数字订阅新进展

美国传媒界分析称,在纸媒数字化转型初期,相当一部分出版物的转型战略聚焦于追逐数字化广告市场,以缓解发行量下降带来的经济压力。但事实证明,这种策略从未真正见效。目前,美国纸媒数字化转型呈现出了新的方向性变化,各发行商都在更注重成本管控的同时扩大数字化内容供给,以吸引新的数字化订阅客户,而这种策略正在奏效。《华盛顿邮报》的案例一定程度上也符合上述分析,目前该报运营理念的核心是加大数字化产品供给,以提升品牌质量,吸引数字订户。

《华盛顿邮报》2017年完成了向一份全美性数字出版物的转型。据该报发行人弗莱德里克·瑞恩(Frederick J. Ryan)的一份内部备忘录显示,该报在2017年年中实现了数字订户超过100万的里程碑式目标,同《纽约时报》

《华尔街日报》一起成为全美三家数字订户过百万的纸媒。2017年9月，瑞恩表示，"《华盛顿邮报》订阅增长强劲，特别是数字订阅从1月以来翻了一倍；同去年同期相比增长了两倍"。《华盛顿邮报》表示，目前数字订阅取得的进展进一步坚定了该报扩充新闻报道团队和网络工程师团队的信心，希望继续提高面向用户的多媒体产品供给能力。

近年来，提升数字订阅逐渐成为《华盛顿邮报》转型的努力方向，该报提出的"杠铃策略"即是这种努力的一部分。杠铃的一端是长期付费订户，另一端是第三方新闻聚合平台（苹果新闻等）聚集的随机受众，贝索斯称之为"驱动流量的受众"。该报的目标是扩大在第三方平台的存在，并尽可能多地靠自身价值将随机受众转变为付费订户。此外，该报也制定了相对"廉价型"的定价策略，还为Prime会员和Kindle Fire用户（两项都是亚马逊的服务）提供优惠。

分析称，目前《华盛顿邮报》数字订阅的激增，除了得益于该报内部转型，也同特朗普政府上台有较为密切的联系。特朗普政府成立以来争议不断，提升了美国社会对时政新闻的关注度，因而像《华盛顿邮报》这样的主流大报数字用户出现了上升。在特朗普时代，《华盛顿邮报》刊发新口号——"民主在黑暗中死去"，同时也加大了对白宫和时政的报道力度，包括特设专门报道团队、增加事实核查板块等。刚刚公布的2018年普利策奖上，《华盛顿邮报》关于"通俄门"的报道榜上有名。

二、运营理念新变化

2013年，杰夫·贝索斯收购《华盛顿邮报》，引发美国传媒界广泛关注。贝索斯本人曾表示，"我对报业一窍不通，但我的确对互联网有所了解。正是因为这一点，再加上我所能提供的金融渠道，就是我买下邮报的原因"。自贝索斯入主《华盛顿邮报》以来，虽然其本人不参与报纸日常运营，但该报运营向互联网方向全方位转型的步伐明显加快，不断收获业界和市场的认可。

首先，《华盛顿邮报》内部坚定了数字化转型的方向。"我们没有地图，开辟新的道路并不容易。我们需要发明，这意味着我们需要进行大量的试验。"这是贝索斯在写给《华盛顿邮报》全体员工的信中所说的话。瑞恩作为发行人，提出的运营理念是"我们永远希望做挑战者，而不是在位者"。事实上，贝索斯挑选政商两界经验丰富的瑞恩出任发行人，也是为了将《华盛顿邮报》转型为一家用户第一的媒体。据报道，贝索斯收购《华盛顿邮报》并不是出于个人兴趣，而是因为其对媒体的社会责任有较深思考，因此在打造《华盛顿邮报》在互联网时代社会影响力方面投入较大。对《华盛顿邮报》来说，以最快的速度建立大规模数字内容受众群体是首要目标。该报执行总编、美国新闻界大名鼎鼎的马蒂·巴伦（Marty Baron）则提出，转型过程中的用户意识就是要让"'全平台全覆盖＋聚合内容吸流量'成为新闻编辑室的共识"。

其次，《华盛顿邮报》不断围绕数字化转型的需要优化内部架构。自2013年以来，该报增加了近50名从事计算机工程、设计、产品制作的专业人员。在瑞恩的打造下，目前《华盛顿邮报》在数字化产品的生产方面实现了网络工程师和该报记者协同设计、优化，最大限度连接了优质新闻内容和先进表现技术。因为在数字化生产方面投入巨大，再加上特朗普政府带来的东风，该报在网络上的存在度大大提升。目前，《华盛顿邮报》每月有将近10亿次网络页面点击量，点击用户每月达到1亿人，而该报在自有网站、应用及脸书、MSN Video、AOL Video、YouTube、苹果新闻等所有平台上的视频浏览量每月为3600万。值得一提的是，该报的国际影响力也在持续上升。目前，该报自有网站每月吸引的国际用户为3000万人。该报数字化产品在业界的口碑也有所上升，2017年度更是抱回不少奖项。

再次，该报将自身转型过程中开发的技术系统推向市场，推动业内融合成为亮点。《华盛顿邮报》开发完善了一套名为"天穹"（Washington Post Arc Publishing）的数字内容发布系统，以提升用户从不同平台浏览其网站时的体验。目前除了自身使用该系统外，该报也将这一系统向同行推广，吸引了《纽约每日新闻》《波士顿环球报》《多伦多邮报》等客户。这一业务为《华盛顿邮报》的同业融合打开了局面，也为公司带来了额外收入。因为不断推出类似的服务，该报内部人士称，目前《华盛顿邮报》正越来越将自己视为一家科技企业，而非只是一家媒体。事实上，近年来为了支撑自身转型，该报开发了一系列技术工具。例如，Websked 用于处理计划、安排日程，Anglerfish 和 Goldfish 用于拍摄照片和视频，Ellipsis 针对多作者快讯报道进行优化，等等。

最后，《华盛顿邮报》在数字化转型过程中全力保留自身在调查报道方面的优势。马蒂·巴伦明确表示，如果《华盛顿邮报》放弃了调查式报道，20 年后会后悔，人们会认为我们没有履行好自己的核心使命，"原则优先于各种指标"。马蒂·巴伦将这一点同《华盛顿邮报》的品牌形象相联系，认为优质内容是公众对《华盛顿邮报》的首要需求。与此同时，此前提到的瑞恩内部备忘录也显示，《华盛顿邮报》数字订阅的增长，相当一部分来自千禧一代用户，而这一代人更倾向于为自己认为有价值、有内涵的服务付费。

三、内容制作新趋势

在转型过程中，《华盛顿邮报》在内容生产方面出现了一系列新调整，大大增加了多媒体报道的比重，同时集中力量向视频生产发力，其数字内容生产能力目前在美国业内已被认为是标杆之一。

《华盛顿邮报》管理层表示，贝索斯尽管不参与该报的日常运营，但是给该报引进了大量智力支持，尤其是为该报引进了大量顶级的技术人员。据报道，该报工程师团队在过去两年时间里增长了近两倍，达到近 400 人，贝索斯称其堪比"硅谷的任何团队"。为了支撑多媒体数字内容制作，《华盛顿邮报》大批雇佣有原生数字媒体从业经验的员工。这些熟悉互联网的新鲜力量大量使用前卫工具来做视频、互动和数据报道，且十分擅长通过内容聚合来制作爆款。《华盛顿邮报》内部数据显示，2015 年以来，该报浏览量超过 10 万的数字内容中有 80% 以上属于热点内容聚合。为了跟上数字化生产需求，目前《华盛顿邮报》在自有的 750 名左右采编人员基础上，逐渐发展了十分强大的撰稿人网络。同该报长期合作的"撰稿人"包括文字撰稿人，也有视频提供者，这些人员经受过编辑的考核，随时待命以响应内容制作的需求。

值得一提的是，该报数字内容生产过程中十分注重提升用户体验，并为此开发了一系列技术工具。例如，Bandito 是该报开发的未出版稿件受欢迎程度预测系统，它允许编辑为同一篇文字制作 5 个不同的标题，搭配不同的图片，并给予不同风格的叙事，最终由算法来决定哪个版本的报道最能吸引受众；Loxodo 系统可以通过算法比较该报和其他媒体新闻发布速度、质量和向移动平台推送内容的数量差异；此外，该报也和专业数字出版技术公司 PageSuite 合作，通过"移动优先型呈现"和"界面驱动型呈现"帮助该报在新闻阅读移动社交化趋势下吸引更多读者。

为了跟上当前网络阅读的视频风向，《华盛顿邮报》在提升视频生产能力方面投入巨大，且成效明显。该报视频部主任迈卡·格尔曼（Micah Gelman）表示，2017 年初时他手下共拥有视频记者编辑 40 人，但当年内，这一数字就上升到了 60 人。目前《华盛顿邮报》60 人视频采编队伍中有 20 人专注于制作"快速反应内容"——通过该报视频记者所拍摄素材和美联、路透等通讯社提供的内容，在突发新闻发生时快速推出视频产品。

2017 年，《华盛顿邮报》对飓风"哈维""厄玛"的报道已成为业界普遍认可的成功案例，主要体现在以大量视频报道展现了飓风的超强破坏力及对民众生活的影响，其讲述故事的能力被认为胜过了大多数电视媒体。该报报道飓风"厄玛""哈维"时向前线派出了 10 名视频记者，且在前方拥有"自由拍摄人"网络，他们的任务是直播拍摄以及为后续视频报道积累素材。据统计，在飓风报道中，该报总计制作了超过 1000 个单独视频，进行了多场直播，且制作了一部微纪录片。此外，该报的文字报道也穿插了大量一线拍摄的动图。

（作者为人民日报驻美国记者）

（2018 年 4 月）

移动视频成为英国媒体信息传播新趋势：以 BBC、Sky News、《每日电讯报》及《每日邮报》手机 App 为例

◎ 强　薇

一、英国主流媒体融合发展历程

英国传统媒体在世界范围影响力巨大。就报纸而言，无论是以《泰晤士报》《金融时报》为主的高端报纸，还是《每日邮报》《镜报》这样以普通民众为受众群体、话题偏向轻松的报纸，不仅在英国的发行量很大，在世界范围也非常知名。就电视而言，BBC（英国广播公司）成立于 1922 年，其 BBC One 频道从 1936 年开始播放电视节目，是世界上第一个电视台，BBC 也曾长时间垄断英国电视行业；Sky News（天空新闻台）始于 1989 年，是英国 24 小时新闻频道，也是欧洲第一家 24 小时播放国际新闻的电视频道，总部设在伦敦，在世界多地都设有分社。

随着互联网、新媒体的快速发展，英国传统媒体反应迅速，积极寻求与新媒体融合，进行转型升级。如今，英国的主流传统媒体都已实现向网络化、移动化的过渡转型，一方面设置网站实时更新新闻内容，另一方面积极开发手机等移动终端应用（App），努力成为受众可以"带在身上"的媒体资源。而近年来，更有 App 逐渐打败网站成为主要收视流量来源的趋势，读图和观

看视频也逐渐超过阅读文字成为更多用户接受新闻的选择。因此，英国各大媒体也集中报道和技术优势，钻研用户习惯，力求在移动终端上做出内容更加丰富、更加符合移动阅读习惯的视频新闻。

本文选取了以 BBC、Sky News 这两家电视媒体，以及《每日电讯报》《每日邮报》这两家报纸媒体的手机 App 为例，分析英国媒体移动视频的特点及发展。

二、英国媒体移动视频节目特点

目前，这几家媒体的手机 App 均已在其主菜单栏设置了视频（Video）栏目，Sky News 更是推出了"现场直播（Live TV）"功能，与电视台同步播放实时新闻。由于 BBC 和 Sky News 本身为电视台，有内容丰富、高质量的视频资源和技术优势，仅需按照用户习惯将适合在电视上收看的视频重新剪辑制作，改为利于在移动终端上播放的形式即可。因此，BBC 和 Sky News 移动视频在数量和质量上相较于《每日电讯报》等历史上没有视频资源的传统媒体有先发优势。

（一）BBC

在 BBC 的手机 App 首页，每天都会推出一个名为"每日视频（Videos of the day）"的简短视频组合，挑选 8 个当日最为热门的话题，每个话题长度 1-2 分钟。为了便于用户用手机观看，这档栏目将视频改为竖屏播放，让用户无须调转手机就能观看。同时，也为视频添加了字幕，不仅视频中出现的所有语言都会配有字幕，而且还会插入字幕板块提示或概括每一部分的内容。这样一来，即便是在地铁等嘈杂环境或是不方便收听声音的前提下，也可以明白视频的主要内容。

在 BBC 的"视频（Video）"栏目中，也设置了"一分钟世界新闻（One-minute World News）"，播放世界重大新闻提要。但"视频"栏目中的节目主要沿袭了电视节目的特点，没有字幕，更适合横屏播放。

BBC 的 App 中视频更新的速度并不算快，其频率为每天更新 10 条左右，但这些视频节目都经过精心挑选。此外，几乎所有出现在 App 上的视频节目时长都在 1-2 分钟，这也是综合考虑了手机用户的观看习惯和网络支持。过长的视频新闻既不易观看，也会由于网络原因难以保障流畅的观看效果。

（二）Sky News

如前文所述，Sky News 较其他媒体移动视频栏目的不同之处就在于，其设置了"现场直播"功能，让手机成为一个"小型电视"。

Sky News 的视频栏目将画面设置成了正方形，同样无须调转手机便能观看，并且配有字幕。同时，Sky News 将这一版块的浏览模式设置为几个视频竖直摆放，更便于用户用手机观看。

在视频内容的选择上，没有突发新闻的情况下，Sky News 每天更新 5-10 条视频，并且会保留几天前较为有人气的一些视频。可以看出，在手机 App 上，Sky News 并不把视频作为报道新闻的主要手段，而是给了用户另一种接收信息的选择。

（三）《每日电讯报》

《每日电讯报》是英国销量最高的报纸之一，历史悠久。在融入新媒体方面，《每日电讯报》也一直走在时代前列。1994 年《每日电讯报》即推出电子报纸，成为欧洲第一家网上报纸。目前，其 App 采用了免费与付费相结合的方法，为付费用户提供更具有深度的文章。

在其视频栏目，《每日电讯报》充分发挥了文字优势，在每段视频下方配上相关的文章，同时在视频中用字幕的形式进行解说。总体看来，其挑选的视频较为重视可看性，而非信息传达的数量和速度。

与 BBC 和 Sky News 以播放硬性时事新闻视频不同，《每日电讯报》的视频节目虽然数量较少，但选题范围较广，会选取一些可读可看性更高或是文化方面的视频节目。在视频素材来源方面，《每日电讯报》既会做一些原创视频，也会抓取 BBC 及其他媒体的视频内容。

(四)《每日邮报》

《每日邮报》App 沿袭了其报纸的内容模式,严肃的政治经济新闻较少,而日常的"花边新闻"较多,因此其视频栏目也以用户上传的视频为主,话题比较轻松。视频长度多在一分钟以内,没有过多剪辑处理的痕迹,仅是在视频窗口的下方添加了一段说明性的文字。

三、移动视频成为媒体传播新趋势

(一)添加字幕、改变播放窗口形状等新举措,贴合移动受众观看习惯

若想在移动时代融入新媒体大潮,就要想方设法贴近用户移动接收信息的习惯。实际上,调整视频播放窗口形状、添加字幕对于一条视频来说都可以算得上是"细微之处"的改变,但正是这些细节上的变化更加贴合了受众的观看方式,一方面提供了更多便利性,另一方面也会让受众感到"媒体在为我做出改变",进而拉近受众与媒体间的距离。

(二)改变叙事风格,抓住年轻受众

任何媒体在进行融合的过程中必须要明确的一点就是,从传统媒体向新媒体过渡时,媒体的受众群体是否会改变。由于年轻人更易于接受新事物,对互联网和移动媒体依赖性更强,因此无论传统媒体的传统受众是哪些人群,当它转移到"线上"之后,其受众都会有年轻化的趋势。因而在转型过程中,媒体不仅要过"技术关",还要根据受众群体的改变对内容和编排方式进行创新。有分析称,年轻化的受众更易于接受"面对面讲故事"型的新闻传播模式,因此在叙事风格上,也需要做出改变。

以 BBC 为例,BBC 的手机 App 上播放的视频,多为现场感较强、有配乐、画面形式多样的节目,而几乎没有传统新闻节目中的主持人出镜、说教式的播送画面。加之在移动环境下,受众不会集中精力对视频内容进行深入思考,用简洁明了的画面,辅之以必要的字幕提示核心内容,有助于受众理解视频

内容，增强传播效果。

（三）要专业还是要原创？

新媒体的特点之一，便是从单向的传播方式转变成了双向的传播方式，受众也多多少少可以参与到媒体传播中来，不仅可以评论、点赞，还可以自行编辑喜欢收看的栏目，一些媒体还会采用用户上传的视频、图片。

上述四家媒体中，BBC、Sky News 和《每日电讯报》的手机 App 视频内容，是经专业化团队制作的，画面优美、信息量大。而《每日邮报》的手机 App 视频节目大多取自非专业人士拍摄的素材，视频内容也以轻松趣味，或是猎奇性质为主。一是考虑到其受众人群，二是在做硬性新闻方面明显要比 BBC 和 Sky News 实力弱，《每日邮报》选择了这样的视频栏目风格，也不失为一种独特的市场定位。

总而言之，在传统媒体向新媒体转型、信息传播模式不断涌现出新趋势的过程中，英国各传统媒体并未一味跟风，而是仔细研判自身的受众群体以及所擅长的报道方式，做出了有特色的新媒体报道形式。此外，不仅技术要革新，观念也需突围。在技术不断进步的新时代，对于媒体而言，更重要的也许不是在什么样的平台做报道，而是用什么方式来更好地讲故事。

（作者为人民日报驻英国记者）

（2018 年 4 月）

"众筹制作 + 融媒体推广"：日本动漫行业面面观

◎ 刘军国

说起"动漫"一词，很多人都会不自觉地把它与日本联系在一起，这足以表明日本在动漫行业的特殊地位。2017年，是日本国产动漫诞生的第100个年头。这些年来，以互联网为代表的信息技术发展日新月异，引领着社会生产新变革，也对日本动漫行业产生了深刻影响。互联网思维、融媒体推广、众筹制作等产业内的整合与创新，让日本动漫进入一个新的时代，也为跨行业的融合发展提供了思路与参考。

一、全过程数字化制作达七成以上

随着电脑技术、数字技术的迅猛发展，日本动漫制作也在不断变革，最大的变化是动漫开始实现了全过程数字化。

20世纪90年代开始，日本就开始推动动漫制作的数字化。当时，数字化制作主要用在上色和摄影工程上。随着技术不断进步，电子笔和液晶平板电脑开始出现，数字作画具备了可能性，但是由于技术尚未成熟，动漫绘制员在使用电子笔和液晶平板电脑作画时，无法像铅笔一样细腻、灵活，所以很多动漫绘制员坚持用笔和纸来作画。

2017年3月，日本的一项调查显示，72%的专业动漫绘制员已经实现全过程数字化。与手工作画相比，数字作画可以提高效率、缩短时间，从而降低成本，今后将有更多的动漫绘制员进行数字作画。

科技的迅速发展，也改变了人们收看动漫的习惯。在此之前，日本人要么是去电影院观看，要么是在家里通过电视观看，还可以通过租买光盘观看。如今，更多人则是在平板电脑或者智能手机上通过互联网观看，其中，智能手机观看动漫的现象在日本最受关注。

在日本，购买手机时，电信运营商会给顾客推荐五花八门的套餐服务，其中一项叫"定额无限量观看动漫"服务。顾客每月花费400-1000日元就可以无限量观看从怀旧经典动漫到最新动漫。2012年，日本电信运营商都科摩和角川公司共同推出了"d动漫商店"业务，每月只需支付400日元（税前），就可以无限量观看1600部动漫作品。2015年，订购这项业务的日本人超过了200万。除了"d动漫商店"之外，日本还有多家企业推出了类似服务。

对动漫行业来说，新的放映方式是一个利好消息。与在电影院和通过电视观看动漫等传统方式相比，在平板电脑和手机上观看动漫有明显优势——可以在全世界同时上映。由于互联网没有国界，制作好的动漫可以通过互联网同时在世界各国上映。

二、众筹制作，融媒体推广

几十年前，日本动漫基本上是由电视台或者电影公司进行策划、出资，之后委托给专门的公司完成制作，广告代理商和赞助商也参与其中。动漫制作完成后，要么是在该电视台播放，要么通过电影公司直营电影院或者有关联的电影院进行放映。如今，这种方式已经越来越少。

现在，这种营销模式已经渐渐被一种叫作制作委员会的新方式取代。制作委员会方式是指由电影公司、动漫制作公司、广告代理公司、出版社等一起凑钱成立一个制作委员会，然后由这个制作委员来具体指导动漫制作的过程。这种方式在一定程度上就是，几家公司共同出资、共担风险，动漫作品的知识产权由几家公司共同享有。随着制作委员会方式的普及，动漫的市场营销也开始融媒体（Media Mix）推广之路——一件作品可以通过动漫、游戏、漫画等多种媒介进行推销。

三、面临挑战，市场瞄准海外

与任何一个行业一样，日本动漫行业的发展也并非一帆风顺。21世纪初，日本动漫行业曾出现过下滑。从2009年至2016年，日本动漫产业市场连续攀升，2016年首次突破2万亿日元。尽管如此，日本动漫产业还面临着潜在的危机。

当前，日本最大的社会问题是少子化、老龄化，已经影响到日本社会的方方面面，动漫自然无法幸免。一般而言，动漫的观众以年轻人为主，随着日本年轻人数量减少，日本国内观看动漫的人数也将减少。随着科技不断发展，娱乐方式也不断多元化。年轻人既可以看动漫，又可以玩手机游戏，还可以上社交媒体。因此，观看动漫的日本年轻人将会不断减少。对日本动漫产业来说，要想维持甚至发展下去，就必须保证用户数量。

全球化时代，日本动漫行业把目标瞄准了国外。从2012年至2016年，日本动漫产业的国外销售额连续增加，2016年达到7676亿日元，在日本动漫产业中的比例占到三分之一。其中，最受瞩目的国外市场是中国。2016年，日本与外国共签署了6639件动漫合同，中国与日本共签订了355件，也首次超过美国，位居第一。日本动画协会发布的《动漫产业报告2017》指出，日本动漫行业应该做出根本性的改变，以适应中国等海外市场，而不应仅仅盯着日本国内。

另据日本动画协会统计，日本目前有622家动漫制作企业，其中87.1%集中在东京。尽管日本动漫产业不断向东京集聚的趋势非常明显，但是把总部设置在京都府宇治市和富山县南砺市等地方城市的动漫制作企业的表现也十分抢眼。与东京相比，地方城市在商业上会有很多不便之处，但是也有明显的优势。地方城市环境优美，更能集中精力去创作动漫产品。此外，越来越多的总部在东京的动漫制作企业，开始在地方城市设立工作室。

四、后宫崎骏时代，动漫大师在哪儿

在日本动漫界，宫崎骏是一个非常传奇的人物，曾导演过多部家喻户晓的动漫作品。他导演的《千与千寻》2001年在日本上映，票房超过300亿日元，创下了日本最高票房纪录，至今未被打破。2013年9月，宫崎骏宣布不再导演长篇动漫作品，消息一经公布，全世界一片惋惜声。很多人对缺少领军人物的日本动漫界未来充满了忧虑。

令人高兴的是，日本43岁导演新海诚制作的《你的名字》，于2016年在日本上映，广受好评，票房也取得了意想不到的效果，超过了250亿日元，仅次于《千与千寻》，在日本国产电影中排名第二。此外，这部动漫在中国、美国、韩国等120多个国家上映，总票房达到2.81亿美元，创造了日本电影在国外的最高票房纪录。

然而，2017年，日本国产动漫百年华诞之际，日本却没有出现一部有影响力的动漫作品，这让日本动漫迷多少有些失落。2017年的一个消息，又让日本动漫迷有了些许期待——76岁的宫崎骏复出了。据悉，目前宫崎骏正在全力导演新的长篇动漫，预计这部作品将在2019年上映。

宫崎骏虽然再次复出，但毕竟已年近八旬，还能创作几部动漫作品不得而知。新海诚能否成为引领日本动漫界的新一代大师，这也值得全世界日本动漫迷们期待。

（作者为人民日报驻日本记者）

（2018年4月）

《纽约时报》以内容优势追求"订阅第一"

◎ 郑　琪

创立于1851年的《纽约时报》长期被认为是美国报纸业的旗帜、高质量新闻的代表。近年来，在数字化转型热潮中，《纽约时报》起步较早、幅度较大、效果明显，被视为全行业的成功案例。

2017年以来，《纽约时报》深化数字化转型的战略进一步明确，即继续扩大数字付费订阅以弥补广告收入下降带来的经营挑战，放弃对浏览量等指标的片面依赖，扩大在数字化时代的品牌优势、内容优势。这一战略设计在《纽约时报》内部引发一系列调整，包括人员配置、内部架构、工作流程、内容制作、市场营销、经营策略等方方面面。

一、付费数字订阅大方向进一步明确，1000万数字订阅用户成为目标

2017年，《纽约时报》首席执行官马克·汤普森提出，1000万付费数字订阅用户是一个可以达到的目标。这一表态反映了近年来该报大力发展数字订阅取得的进展，也表明了该报下一步继续数字化转型的战略方向。

据2017年《纽约时报》年终财报显示，当年数字订阅情况表明"订阅第一"的战略正在取得成功，该报受众愿意为高质量的新闻服务付费。截至2017年12月31日，该报所有产品付费订阅用户达到360万，跨越208个国

家和地区，属于史上最高水平。其中，付费数字产品订阅用户达到264万，与前一年同期相比增加了42%。值得一提的是，"Crossword""Cooking"等数字服务类产品的付费订阅用户达到了41万。2017年，《纽约时报》网站美国国内用户的月均访问量为9700万（包括PC端和移动端）。从全球看（包括美国境内用户），该报网站的总计月均访问量为1.36亿。与数字产品订阅出现的明显进展相比，该报纸质版发行水平基本保持稳定。截至2017年底，纸质工作日版订阅数为54万，周日版订阅数为106.6万。

2017年初，《纽约时报》内部推出"杰出新闻"报告，由执行主编迪恩·巴盖特指定的7人撰写小组起草，就该报的下一步数字化转型做出了全方位规划。该报告明确指出《纽约时报》是一份坚持"订阅第一"的媒体，其对成功的定义不在于页面点击量。从2017年报看，数字订阅收入在该报营收中所占比重不断上升，支撑了该报管理层"订阅第一"战略的继续实施。《纽约时报》管理层认为，向数字订阅转型不仅是适应互联网时代的必然要求，也意味着出版、分发成本下降，且有助于通过用户数据来更好了解用户行为，改善经营水平。

《纽约时报》在其年报中指出，其网站和移动应用的主要竞争对手是《华盛顿邮报》、CNN、Yahoo！ News、Buzzfeed、HuffPost、Vox、Vice等其他深耕数字平台的美国媒体，以及Facebook Newsfeed、Apple News、Google News等平台型新闻聚合器。面对激烈的竞争，该报管理层认为《纽约时报》要坚持付费订阅模式，首要任务是提升《纽约时报》数字产品的品牌形象、质量水准，进而在大量免费内容的竞争中赢得用户。

为了提升数字订阅，《纽约时报》目前正着力丰富旗下产品门类，以改善用户体验。该报产品与技术执行副总裁金赛·威尔逊认为，创造价值的唯一方式就是将各种服务整合到一起。从这种思路出发，该报Beta团队陆续研发一系列较为成功的数字产品，例如烹饪应用Cooking、房屋编目应用Real Estate、健康与健身博客Well、影视剧荐评应用Watching。

同时，该报在推广数字订阅方面也在不断创新方式，除了报道较多的定价策略优化外，该报也在推出各类颇具特色的订阅活动，有些取得了良好效果。例如，在特朗普政府争议不断、引发美国公众对时政新闻更大关注的背景下，该报去年推出一项"捐赠—订阅"活动，邀请公众通过自身捐赠为美国高中生订阅《纽约时报》，以帮助后者培养公共精神。截至去年3月，共有超过15500人参与该捐赠活动，筹集的资金为130万名美国高中生订阅了《纽约时报》。

二、调整人员配置、工作流程、考核体系，全力打赢同免费互联网内容的竞争

在"订阅第一"的战略引领下，《纽约时报》不断对内部架构进行调整，涉及人员配置、工作流程、考核体系等，目标是加强优质内容生产能力，确保在同免费互联网内容的竞争中胜出。

2017年年中，《纽约时报》自2008年起第6次推出自愿离职计划。这次自愿离职计划主要目的是精简编辑团队构架，所节约的成本将用于增聘至多100名前线记者，增强前线发掘原创新闻的力量。根据该计划，该报新闻编辑室文字编辑和"后台人员"负责内容调配整合的工作，将被一个覆盖内容整个生产过程的编辑团队替换，再由团队外的一位编辑在内容出版之前最后把关。简而言之，此次内部架构调整是为了改变以往《纽约时报》编辑层级多、低效工作比重大的问题。

该报执行主编迪恩·巴盖特（Dean Baquet）和总编辑约瑟夫·卡恩（Joseph Kahn）在写给员工的内部信中表示，"数字化转型要求所有员工都参与其中。记者和不同岗位编辑严格区分工作的流程和模式（记者提供内容，编辑按序进行编改、校检、排序、加配图片、加写导语和封面图等）在纸质版时代运行良好，但在首要注意力为数字订阅用户的今天，这种方式太缓慢、太累赘且不利于激发创造性"。

近年来，《纽约时报》每年平均招录70名新人，其中一半进入采编岗位，以完成内部正常的新老交替。为了深化转型，该报下一步计划加快引进人才的步伐，特别是视觉记者、富有创意以及擅长制作分析性与对话性报道的编辑。"杰出新闻"报告认为，在数字媒体时代，平庸就意味着失败，这对记

者编辑提出了更高要求,其报道表现将在社交媒体上被立刻做出评判。《纽约时报》要在与免费内容的竞争中保持优势,就不能提供同质化产品,内容生产必须有更强的精品意识。

在内部工作架构上,《纽约时报》计划进一步加强新闻编辑室和数字产品制作团队的整合写作。早在2014年该报的内部评估报告《革新报告》中就指出,新闻编辑经常对技术团队的程序员和产品设计师说"不"。2017年的"杰出新闻"报告指出,该问题仍在延续,新闻编辑室和技术开发团队的相互了解还是很不够,这导致了很多问题,例如该报网站的设计和功能在过去十年间几乎没有大的变化。

为了加强优质内容生产,《纽约时报》还计划改变对成功的定义。该报认为,在纸质报纸时代,《纽约时报》的成功主要表现为整体成功,不同部门的具体报道效果很难追踪;但在数字化时代,每个部门、每个报道组都必须有属于自己的明确目标。

数字化竞争时代,对报道效果的考核必须加快,不能时隔数年才看成效。在管理层面,为了强化采编团队的受众意识和市场意识,《纽约时报》将考虑对表现出色的报道团队增加投入,同时也不排除削减或者取消对表现不佳的团队投入。

就具体报道的效果评判来说,《纽约时报》正在研发一个新的模型,以更加综合性的体系考核特定报道在吸引、保留订阅用户方面的表现。《纽约时报》认为,最成功的报道往往不是浏览量最大的报道,而是让受众觉得这是自己在其他平台无法看到的报道。

三、全方位排查内容生产现存问题,力求报道更好回应用户需求

《纽约时报》在数字化转型中的核心理念是,读者的习惯和需求发生了变化,报纸需要随之而变;《纽约时报》的价值观没有变,但表达自身价值观的方式需要变。该报执行副总裁兼COO梅雷迪思·科皮特·莱维(Meredith

Kopit Levien）认为，新闻订阅也是消费，《纽约时报》要把自己当作一个品牌，理解用户的消费逻辑才能理解订阅心理。

目前，该报新闻编辑室开发了相关分析软件，以帮助编辑、记者更好实时掌握发表内容的读者反馈。为了继续增强优质内容生产能力，《纽约时报》首先对自身内容生产上存在的问题做了全方位把脉，指出了一系列病症：

没有充分使用加强报道效果的各种数字化工具。例如，2016年，该报对纽约地铁路线设置问题做了报道，但有读者反馈说，这样的报道竟然没有插入最简单的地铁线路图。

新闻报道更多时候屈从于几十年形成的惯例，且最主要的表现形式依旧是文字报道。

过于强调800字标准化新闻报道，浪费了记者编辑大量精力；

每天刊发大约200篇报道，其中相当一部分报道缺乏受众关注，主要包括事实跟进性质的报道（在这类报道上，《纽约时报》报道相比网络上的免费内容，没有明显竞争力）、大量没有时效的特写和评论、以模式化语言撰写的对年轻受众缺乏吸引力的新闻故事、缺少图片图表或者视频的长篇文字报道等。

针对上述种种问题，《纽约时报》正着手进行调整。首先，增加报道的视觉呈现。该报自身统计显示，2016年9月，有视觉元素的报道只占全部报道的12.1%。针对这一问题，《纽约时报》目前已经明确提出，未来在一部分报道中，需要让视频编辑、图片图表编辑扮演首要角色。

其次，《纽约时报》计划开发更多的数字化专题栏目。该报认为现有的"每日吹风（The Daily Briefings）"专题——梳理当天主要新闻并组合相关报道为受众解释新闻事件——是一个成功的数字专题范例，下一步需要通过新闻订阅邮件、移动端推送、问答、计分板、音频、视频或者其他未知形式开发更多类似数字产品。该报认为，这类数字化专题栏目需要摒弃纸质版《纽约时报》所惯常使用的语言，用更鲜活、更符合互联网受众阅读习惯的语言写作（并不一定是第一人称），同时结合该报专家型记者对新闻事件的熟悉把握，为受众提供高品质产品。

最后，《纽约时报》认为，增强受众对产品的评论体验，有助于提升用户社区感，进而增强用户忠诚度。下一步，该报计划进一步增强受众参与点评、相互交流的体验。目前，《纽约时报》已经同谷歌旗下的 Jigsaw 公司合作，以人工智能自动筛选"有毒"点评与"健康"点评，进而辅助该报的更多报道面向读者开放点评功能。

此外，《纽约时报》还计划进一步加大服务类产品的开发，利用长期积累的品牌效应开拓新市场。该报认为，现有的 Cooking 和 Watching 这两个数字服务产品获得了良好效果，反映了服务类产品的巨大市场潜力。该报新产品及投资部主管艾利克斯·麦克考勒姆（Alex MacCallum）此前曾提出"生活方式类话题"的细分，包括亲子教育、健康、美妆和时尚等 10-15 个领域，并且认为每个领域均有可能推出独立产品。

目前，《纽约时报》已经收购产品评论网站 Wirecutter（该网站目前已经开发科技产品、餐饮、健康、母婴、户外等领域产品测评），同时推出了"Smarter Living"服务，标志着该报正朝着服务方向大举迈进。另外，《纽约时报》旗下定制品牌营销工作室 T Brand Studio 也在逐步打造自身作为一家创意机构的品牌形象，以不断提升该报的数字广告业务。

（作者为人民日报驻美国记者）

（2018 年 4 月）

新媒体营销的"初学者"阿迪达斯：利用数字化趋势重新定义其营销

◎ 冯雪珺

自 2015 年开始，在阿迪达斯董事会主席、首席执行官卡斯珀·罗思德（Kasper Rorsted）的带领下，阿迪达斯制定了全新的营销战略，未来其营销力量将重点专注世界范围内 6 座大都会城市，并希望通过全新的营销媒介和方式，带来新一轮的品牌效应，以改善阿迪达斯的全球销售情况。

引领这股转型热潮的，是位于上海的阿迪达斯总部。根据德国《商报》描述，中国目前是新媒体传播运用最广泛、受众覆盖率最高的市场，而位于上海的阿迪达斯中国总部，也是最早响应罗思德营销战略的地方。当地的市场营销人员通过在中国重点城市投放广告，尤其运用公共区域的多媒体广告平台，诸如可以互动的多媒体屏幕等，营造出一股"三条条纹"构建的运动冲动，让中国的消费者，尤其是工作压力大、关注运动健康的新兴白领阶层，将阿迪达斯与健康联系在一起。

这样通过新媒体手段投放的广告，其效果也是显著的。仅在 2017 年上半年，阿迪达斯在上海一座城市的销售额收入就超过 1 亿欧元，这个数字比其在奥地利和瑞士的销售额总和还多。从中国市场来看，运用全新营销手段后，销售额收入比上一年同期增长了近 30%。

根据罗思德近 3 年前制定的营销战略，阿迪达斯将所有的营销重点放在世界 6 座大都会城市——上海、伦敦、巴黎、纽约、洛杉矶和东京，并且不断扩大他的城市战略内容。在罗思德看来，大都会城市成功的品牌效益将逸散到全球各个角落。

在6座城市中，阿迪达斯建立起运动社区，将各个领域的世界体育名将聚合在这里，定期组织重大体育赛事，邀请消费者观赛。长期跟踪分析阿迪达斯营销策略的运动服专家弗朗茨·施密特—普莱斯勒表示，在数字化时代，一定要坚持与客户的个人联系。此外，据德国《商报》估算，阿迪达斯在2017年投入约25亿欧元，在6座城市相继开设规模庞大且具有吸引力的旗舰店，在纽约还为设计师创立个人创意工作室。

上海的营销事例最为典型。在上海，阿迪达斯在3个半星期内，组织了一场名为"体育共和国"的春季运动活动，在市中心搭建临时帐篷，吸引了5.4万名运动员举行体育节。专业教练为比赛选手提供200门培训课程，17座当地体育馆加盟，世界名模卡利·科洛斯、篮球运动员达米恩·利拉德，以及足球名将保罗·博格巴都来到现场，与观众互动。尽管这一活动是线下的、个体的，但它的广告效益却早已冲出上海甚至中国——参与者将大量的照片、短视频发布到社交媒体上，这些由个人发布的照片和短视频又被很多人转发，辐射至世界各地。据悉，有1亿多在线用户以数字化的手段，参与到了"体育共和国"的活动中，成为阿迪达斯的消费者。

数字化时代，不是让消费者与制造商的关系数字化，疏远与消费者的联系。恰恰相反，制造商应该利用便捷的数字技术，创造更多与消费者直接的联系，增加线下个人纽带，并利用社交网络庞大的人脉力量，让个体消费者将这种亲密联系传播出去，造成更深层的品牌效益。施密特—普莱斯勒指出，消费者与品牌的关系对销售的作用，比以往更为重要。"阿迪达斯将顺应这一趋势。该集团在过去几年中的管理堪称典范，形象也获得大幅提升。尽管企业拥有200亿欧元的巨大营业额，但每个消费者仍能感受到自己与品牌的亲密联系，可以享受到贴心的个人服务。"以阿迪达斯名为"原创"的复古风格线为例，对复古时尚有着追求的小众群体，仍可以获得满足。

阿迪达斯内部人员坦言，德国整体新媒体发展趋势滞后。但阿迪达斯作为德国品牌，柏林仍然是非常重要的一站。因此在柏林，阿迪达斯的营销策略有所变化。在当地，阿迪达斯经营了一个足球基地、一个跑步俱乐部，在德国的青年目标群体中，将柏林打造成一座可以进行体育指导的阿迪达斯城市。

罗思德在接受德国媒体采访时表示，几年前，在阿迪达斯销售额下降之际接掌的他，当即将中国市场、数字化、3D打印作为拯救阿迪达斯销售的三个重要因素。罗思德表示，数字化对阿迪达斯的持续增长非常重要——新型可穿戴健身运动设备的潜力长期以来一直被体育用品制造商低估。根据阿迪达斯2017年的内部研究，阿迪达斯在可穿戴设备增长市场中代表性仍然不足，而在全球市场，已有1.7亿个可穿戴设备投入使用。

同在2017年，阿迪达斯收购奥地利健身应用开发商Runtastic，并将此前推出的自主线上运动平台miCoach数据同步合并到Runtastic，在将数字化与生产相结合的道路上再次迈进。未来，阿迪达斯将提供全面的数字体育训练支持产品，从健身手环到足球，都可以拍摄运动速度、对运动技术做出评判反馈。不仅如此，在位于德国纽伦堡市附近的安斯巴赫小城，阿迪达斯建造了一座占地4600平方米的未来工程，拥有160多名员工。该工程的理念为"在靠近客户的地方生产运动鞋"，运用3D打印技术、德国"工业4.0"战略倡导的弹性生产技术和私人定制理念，提供"顾客下单、阿迪制造"的生产模式，为每个客户提供独一无二的定制体验，缩短交付时间，每年可生产超过50万双鞋。

阿迪达斯董事罗兰特·奥舍尔（Roland Auschel）表示，在世界上最大的数字化体育网络ISPO的帮助下，阿迪达斯的生产过程正在全面数字化，并将电子商务销售额目标提高至40亿欧元。"手机移动端将成为阿迪达斯销售增长的新动力。"

（作者为人民日报驻德国记者）

（2018年5月）

智能时代　未来已来

——美国人工智能发展扫描

◎ 吴乐珺

"雨滴汇入山谷的具体路径是不可预测的,但它的大方向是必然的。"《连线》杂志创始主编凯文·凯利认为,技术在很大程度上也是如此,它的发展趋势令人惊奇但又具有某种必然性。他认为,未来20年里我们想要让事物变得智能化的努力将对我们身边的每件事情都产生深远影响。

一直以来,技术创新是经济增长的直接动力。1955年,达特茅斯学院的数学教授约翰·麦卡锡发明了"人工智能(AI)"一词。如今,AI成为最重要的技术。

2018年5月,包括微软、谷歌、脸书和亚马逊等逾30家公司高管齐聚美国白宫,召开全美第三次科技大会,白宫在会上宣布,要在国家科学与技术委员会旗下组建一个AI特别委员会,在政府、军事、财政、外交、人口和教育等各个领域进行AI深度部署,以保持美国在这一领域的领导地位。特朗普总统的技术顾问迈克尔·克拉特西奥斯在会上承诺,为推进AI产业发展,美国政府将加大研究经费投入,并将出台其他支持措施。

在不久前召开的谷歌和微软年度开发者大会上,两家公司都表示对AI的前景感到乐观。此外,像脸书、亚马逊、苹果、特斯拉等,在软件或硬件发展上都聚焦于大力发展AI技术。

一、谷歌：面向个人，将 AI 嵌入所有服务中

谷歌在搜索、数字媒体、云计算方面奠定了互联网巨头的地位，如今在自动驾驶、AI、量子计算机、生物医药等前沿科技领域同样领先，并致力于将 AI 嵌入它的所有服务中。

在谷歌看来，科技应该更加实用，更易普及，公司希望将 AI 技术推向个人。例如通过隐藏式字幕和机器学习来解决多人谈话字幕问题，利用机器学习提供算法 Gboard 帮助残疾人士交流等，Google Duplex 语音技术使电脑能像真人说话那样跟人类打电话，谷歌地图提供个性化餐馆建议，帮你在陌生城市里找到路线的增强现实（AR）指路功能等。

而作为公司 AI 技术能力的直接体现，公司展示了 Google Assistant 语音助手的多项新特性。例如，添加了 6 种全新的声音效果，进一步呈现出真实的人类声音的效果，包括像普通人说话的自然停顿和口音等，更加人性化的口吻，营造出更自然的人机对话体验。此外，增强了任务处理能力，让语音助手可以同时连续处理某项或多项任务，还实现了拨打电话的功能，未来语音助手可以充当客服接听电话，回答复杂问题。

对于问世 10 年的安卓系统，谷歌进一步整合了 AI 与机器学习技术，并体现"数字健康"理念。针对智能手机让人上瘾以及数字内容让人分心的担忧，谷歌向其 Android 操作系统添加一些功能，帮助用户在如何使用手机方面找到更好的平衡。例如，新添加的一块"仪表板"（dashboard）将向人们显示他们在自己的设备上和特定应用上花了多长时间。用户可在应用上设置时间限制，超时后，用户将收到一条让他们休息一下的提醒，屏幕上的应用图标将会变灰。Android 系统还将引入一种"放空模式"（wind down mode），在该模式下，可以设置手机屏幕变成灰阶，并可在晚上启用"勿扰"模式，以防止它在用户睡前让他们分心。

二、微软：瞄准企业，以 AI 云端服务为突破口

作为全球第二大云服务商的微软通过云计算，将公司重心从硬件转向软件，计划推出 Project Brainwave 项目，加速公司在 AI 和机器学习领域的推进。Project Brainwave 能够利用 Azure 上最先进的 FPGA 基础架构完成实时的 AI 处理，让 Azure 成为实时运行 AI 最快的云平台，实现与 Azure 机器学习的完全整合，适用于云端与边缘计算，让更多的创新成为可能。未来 Azure 云服务将以 AI 云端服务为突破口，从 AI 硬件到服务各个场景模块的应用，为 AI as a Service 模式提供服务。企业将采取类似现在采购云服务的模式，通过付费享受微软的 AI 服务。

微软于 2017 年开始筹建一所名为 Microsoft Research AI 的研究院，专注于研究通用 AI 技术。微软研究院的总监 Eric Horvitz 透露，他们成立 AI 研究院是为了实现可以应用于多个领域的通用型 AI，而不是专注于利用 AI 来完成诸如面部识别这样的特定任务。Horvitz 还举出了一些这种通用型 AI 的应用实例，包括城市最佳行车路线规划、最佳缴税方案选择，以及理解人类手势等复杂的概念。

微软推出一系列新工具以及 Windows 机器学习新平台、开源 Azure IoT Edge Runtime 项目，让开发者对公司设备和云服务拥有更大控制权，帮助开发者在智能云中创建机器学习模型，降低数据实时分析的成本。

微软公布了两个新的合作伙伴关系：与高通公司联手打造物联网应用，与无人机制造商 DJI（大疆）合作，以更新加速目前的物联网系统。微软 Azure IoT Edge 将应用在大疆无人机上，系统中的微软 AI 模型可让整个计算的过程更加智能。

微软还发布了一项重要的 App "你的手机"，借助这款程序可以实现手机和电脑的互联，效果是在电脑上镜像你的移动设备，由此，电脑用户可以自由访问手机的短信、照片、通知，发送网页等，而且这款 App 不仅支持 Windows 手机，iOS/Android 也都能通用。

三、机器学习：无须人工解释如何完成所有任务

AI，尤其是机器学习（Machine Learning，ML），即机器能够不断提高性能，变得更加有效和广泛，而无须人工解释如何完成所有任务。在过去50年的大部分时间里，信息技术的发展及其应用集中于编纂现有的知识和程序，并将它们嵌入机器中，是将知识从在开发人员头脑中的形态转化为机器能够理解和执行的形式的艰苦过程。而ML则是一个重要突破，代表了一种创建软件的完全不同的方法，即机器从示例中学习，而不是为特定的结果被显式编程。

AI的重要应用是语音识别技术，虽然目前还不够完善，但已经有数百万人在使用它，例如Siri、亚马逊Alexa和谷歌助理。斯坦福大学的计算机科学家James Landay和他的同事进行的一项研究发现，语音识别的平均速度是在手机上打字速度的三倍，错误率也由8.5%降至4.9%。

AI的另一应用是图像识别。例如Facebook和其他应用程序在发布的照片中认出了你的许多朋友的脸，并提示你用他们的名字来标记他们。智能手机上的应用程序可以识别任何野生鸟类。在自动驾驶汽车上使用的视觉系统，以前在30帧（这些系统中的摄像机记录每秒30帧）时，常常会出错。现在，它们在3000万帧中出错的频率要少得多。从一个名为ImageNet的大型数据库中识别图像的错误率从2010年的超过30%下降到2016年的4%。而随着一种基于非常大或"深层"神经网络的新方法被采用，图像识别改进的速度迅速加快。

2016年3月，谷歌DeepMind团队训练的深度强化学习项目AlphaGo击败了围棋世界冠军李世石，这是AI的一次里程碑事件。谷歌的DeepMind团队使用了ML系统，在数据中心的冷却效率提高了15%以上。

网络安全公司正在利用智能代理来检测恶意软件，并通过PayPal来防止洗钱。亚马逊通过使用ML来优化库存和改进产品推荐给客户。Infinite Analytics[①]开发了一个ML系统来预测用户是否会点击某个特定的广告，改进

---

① Infinite Analytics为美国科技公司Webtrends Analytics开发的数据分析旗舰产品。

全球在线广告投放，以及在巴西的在线零售商中改进客户的搜索和发现流程。

ML系统不仅在许多应用程序中取代了旧的算法，而且在许多曾经被人类做得最好的任务上也变得更出色了。一旦基于AI的系统在给定的任务中超过了人类的性能，就更有可能迅速传播。例如，Aptonomy和Sanbot，分别是无人机和机器人的制造商，正在使用改进的视觉系统，将安全警卫的大部分工作自动化。软件公司Affectiva和其他人一样，利用它们来识别焦点群体中的喜悦、惊讶和愤怒等情绪。Enlitic是几家深度学习的初创公司之一，能够扫描医学图像，帮助诊断癌症。

微软创始人比尔·盖茨接受本文作者采访时表示，人工智能能够提高生产率，降低产品生产和服务提供过程中的人力投入，这样能够释放出劳动力去帮助老年人或者残障人士等弱势群体，缩小阶层差距。如果发展得足够好，我们甚至可以缩短每周的工作天数，或者让人们提前退休。所以当生产率提高时，如果政府能够以明智的方法确保人人平等地从中受益，在过程中创造出新的机会，那它就是一件好事。比尔·盖茨认为未来几十年，人工智能能够带来非常积极的好处，这一点是很明确的。

由此可见，AI技术的引领为不同行业提供了先进生产力，商业价值巨大。从长期看，AI将会在所有领域彻底改变人类。未来已来，人类准备好了吗？

（作者为人民日报驻美国记者）

（2018年5月）

第八章

媒体融合大事记

一、2017 年

1 月

1. 推进媒体深度融合工作座谈会召开

1 月 5 日，推进媒体深度融合工作座谈会在京召开，时任中共中央政治局委员、中央书记处书记、中宣部部长刘奇葆出席并讲话。刘奇葆强调要深入贯彻落实习近平总书记系列重要讲话精神，坚定不移推进传统媒体和新兴媒体深度融合，尽快从"相加"阶段迈向"相融"阶段，实现融为一体、合而为一，不断提高新闻舆论传播力、引导力、影响力、公信力。刘奇葆强调，推进媒体深度融合，要重点突破采编发流程再造这个关键环节，以"中央厨房"即融媒体中心建设为龙头，创新媒体内部组织结构，构建新型采编发网络。要确立移动优先战略，创新移动新闻产品，打造移动传播矩阵。要加强全媒人才培养，加强媒体融合政策保障，推动形成中央媒体为引领、省级媒体为骨干的融合传播布局。

2.《宣传思想文化系统事业单位领导人员管理暂行办法》发布

1 月 13 日，中央组织部、中央宣传部日前联合印发《宣传思想文化系统事业单位领导人员管理暂行办法》（以下简称《办法》）。《办法》突出宣传思想文化单位意识形态工作特殊属性要求，强调坚持政治家办报、办刊、办社、办台、办新闻网站，把具有坚定的政治信念和党性原则作为宣传思想文化系统事业单位领导人员任职首要条件。

3. 百亿元全媒体文化产业基金成立

1月15日，南方财经全媒体集团与中国建设银行共同组建的总规模达100亿元的全媒体文化产业基金，在广州宣告成立。基金以私募股权投资（PE）、产业并购为主，搭配定向增发以及中早期项目的风险投资（VC）等，为国内和"一带一路"沿线国家和地区的科技、媒体、通信、泛金融等企业提供服务。

4. 人民网创办20周年座谈会在京举行

1月16日，人民网创办20周年座谈会在京举行，中央和国家机关有关部门负责人、专家学者以及网友代表等200多人，围绕党报媒体转型与深度融合发展深入探讨，达成广泛共识。同日，人民网数据中心楼正式启用。

5. 中国财富传媒集团挂牌

1月19日，中国财富传媒集团正式挂牌成立。这是新华社贯彻落实中央深化文化体制改革重大部署，提升主流媒体在财经信息领域传播力、引导力、影响力、公信力的重要举措，也标志着新华社财经媒体资源的深度整合基本完成，开始走上一体化、集约化发展道路。

6. 中国互联网投资基金设立

1月22日，由国家互联网信息办公室和财政部共同发起的中国互联网投资基金在北京成立，基金总规模1000亿元，专注于互联网投资。基金将坚持国家战略导向、市场化运营、专业化管理，聚焦互联网重点领域，通过市场化方式支持互联网创新发展，为优秀互联网企业助力，为网络强国战略服务，推动互联网更好造福国家和人民。

2月

7.《关于深化中央主要新闻单位采编播管岗位人事管理制度改革的试行意见》审议通过

2月6日，中共中央总书记、国家主席、中央军委主席、中央全面深化改革领导小组组长习近平主持召开中央全面深化改革领导小组第三十二次会议并发表重要讲话。会议审议通过了《关于深化中央主要新闻单位采编播管岗位人事管理制度改革的试行意见》等12个文件。会议强调，要深化中央主要新闻单位采编播管岗位人事管理制度改革，统筹配置编制资源，开展人员编制总量管理试点，深化人事薪酬制度改革，完善考核评价和退出机制，增强新闻舆论工作队伍事业心、归属感、忠诚度，为新闻事业长远健康发展提供坚实有力的人才支撑。

8. 北京首设"数字编辑"职称 新媒体人才获专属职称

2月17日，由北京市新闻出版广电局举办的北京市数字编辑人才队伍建设经验交流会在京举行，65人获颁2016年度数字编辑专业高级职称证书。这是北京首批具有高级职称的数字编辑，北京也成为全国首个为数字编辑设立专业职称的地区。北京首次数字编辑专业高级技术资格申请人数为76人，经过答辩评议和专家评审，最终26人通过高级编辑专业技术资格评审，39人通过主任编辑专业技术资格评审。

9. 人民直播平台正式上线

2月19日，全国移动直播平台（人民直播）正式上线。"人民直播"由人民日报社新媒体中心发起，与新浪微博、一直播合作建设，旨在净化直播环境，引导直播发展，用新技术传播和壮大正能量。目前已有百余家媒体机构、政府机构、知名自媒体、文体名人等首批加入人民直播平台。平台成员将共享优质直播原创内容、全流程技术解决方案、免费的云存储和带宽支持，在内容生产和内容分发上探索全新发展路径。

10. 新华社正式启动"现场云"平台

2月19日，新华社正式启动"现场云"全国服务平台，旨在与国内媒体共享成熟的"现场新闻"直播态产品，为国内媒体提供融合发展新平台。包含中央媒体、地方媒体、地方党政机关在内的首批102家机构同步入驻该平台。

11. 央视新闻移动网正式发布上线

2月19日，央视新闻移动网正式发布上线。央视新闻移动网包括一个覆盖目前国际各主流移动端应用市场的新闻资讯客户端，以及一个基于移动端的新闻网站，能够使用户直击正在发生的新闻现场，并能通过移动端看到更多、更快的新闻资讯。

12. 经济日报社全媒体中心正式启动运行

2月24日，经济日报社全媒体中心正式启动运行。经济日报社全媒体中心亦称经济日报社"中央厨房"，分为策划指挥、新闻编发、值班调度、远程会议室等多个功能区，是经济日报及移动端、中国经济网、直属报刊实时联通、资源共享、全天候日常滚动编发新闻的业务平台。

3月

13. 刘云山到人民日报社调研

3月22日，时任中共中央政治局常委、中央书记处书记刘云山到人民日报社调研。刘云山调研时强调，要深入学习贯彻习近平总书记系列重要讲话精神，牢牢把握正确政治方向和舆论导向，加快推进媒体融合发展，打造具有强大传播力、竞争力的新型主流媒体，为党的十九大胜利召开营造良好舆论氛围。

14. 新闻出版大数据用户行为跟踪与分析实验室成立

3月30日，广电总局首批新闻出版业科技与标准重点实验室"新闻出版大数据用户行为跟踪与分析实验室"及"国家新闻出版广电总局新闻出版大数据应用重点实验室合作联盟"成立仪式在北京师范大学举行。实验室的主攻方向包括：新闻出版决策智库建设、产品传播与营销、数据管理与运营、知识挖掘与增值服务、资源编码与管理、出版大数据应用人才培养与队伍建设等领域。

4月

15. 广电总局出版融合发展（人教社）重点实验室揭牌

4月13日，广电总局出版融合发展（人教社）重点实验室揭牌仪式在人民教育出版社有限公司举行。出版融合发展（人教社）重点实验室以华中师范大学教育信息化的科研实力和人教社传统教育出版的优势为基础，深入探索传统出版与新媒体出版融合发展体制机制，并以国家教育发展方向、新课程理念和教学实际需求为导向，积极建立以数字教材为核心的数字化内容产品和服务产品体系，研发出能够满足当前教育现代化发展需求的教育出版系列产品，推动传统教育出版转型升级和融合发展。

16. 国家级版权监测中心平台上线

4月19日，中国版权协会版权监测中心平台上线发布会在京举行，中国版权协会版权监测中心官网（www.12426.cn）正式上线。这预示着版权方可通过线上进行版权认证、预警、监测、下线等系列维权工作。据了解，成立于2016年8月的中国版权协会版权监测中心依托第三方科技公司开发的"指纹特征比对技术"，利用人工智能搜索、云计算、版权大数据分析等先进技术，能够从海量信息中快速搜索疑似侵权内容，实现全作品、全平台、全时段的版权监测、下线处理、诉讼维权等一站式监测维权服务。监测范围涵盖了全球PC全网、移动App、智能电视、机顶盒、聚合APK等所有网络播放平台，并针对云盘、贴吧、直播平台、P2P网站等新型平台通过云平台监测子系统进行分类监测。

17. "中国新闻媒体版权保护联盟"成立

4月26日，在2017中国网络版权保护大会上，由人民日报社、新华社、中央人民广播电台、中央电视台、中国国际广播电台、光明日报社、经济日报社、中国日报社、中国新闻社、中国搜索等10家主要中央新闻单位和新媒体网站联合发起的"中国新闻媒体版权保护联盟"宣告成立。

5月

18.《互联网新闻信息服务管理规定》发布

5月2日，国家互联网信息办公室公布《互联网新闻信息服务管理规定》（以下简称《规定》），自2017年6月1日起施行。《规定》分总则、许可、运行、监督检查、法律责任和附则六章,共二十九条,对互联网新闻信息服务许可管理、网信管理体制、互联网新闻信息服务提供者主体责任等做出规定。

19.《关于深化中央主要新闻单位采编播管岗位人事管理制度改革的试行意见》印发

据新华社5月9日报道,中央宣传部、中央编办、财政部、人力资源和社会保障部近日联合印发《关于深化中央主要新闻单位采编播管岗位人事管理制度改革的试行意见》,要求既充分发挥事业单位体制凝聚人才的重要作用,又善于运用灵活用人机制激发新闻舆论工作队伍活力,探索新形势下吸引使用人才、评价激励人才、培养管理人才的有效措施,增强新闻舆论工作队伍事业心、归属感、忠诚度,为新闻事业长远健康发展提供坚实有力的人才支撑。

20.《互联网新闻信息服务许可管理实施细则》发布

5月22日,国家互联网信息办公室公布《互联网新闻信息服务许可管理实施细则》。细则旨在进一步细化《互联网新闻信息服务管理规定》有关条款,提高互联网新闻信息服务许可管理规范化、科学化水平,促进互联网新闻信息服务健康、有序发展。细则共十八条,对互联网新闻信息服务的许可条件、申请材料、安全评估;许可受理、审核、决定;监督管理要求等做出要求,自2017年6月1日起施行。

6月

21. 金砖国家媒体高端论坛在京举行

6月7日至8日,金砖国家媒体高端论坛在北京举行。来自金砖五国的25家媒体机构负责人围绕"全媒体创新与媒体发展""媒体义务与社会责任"等议题深入研讨。此次高端论坛以"深化金砖国家媒体合作,促进国际舆论公平公正"为主题,由新华通讯社倡议并联合巴西、俄罗斯、印度、南非主流媒体共同发起,旨在完善金砖国家主流媒体高端对话平台和高效协调机制,推动金砖国家媒体创新,促进国际舆论公平公正,展示金砖国家发展合作成就。

7月

22. 第二届全国党报网站高峰论坛举行

7月1日,2017(第二届)全国党报网站高峰论坛暨内蒙古自治区成立70周年媒体融合研讨会在呼和浩特举行。论坛主题为"深度融合 创新发展——党报网站如何找准角色定位"。论坛现场还发布了《2017全国党报融合传播指数报告》及《中国移动互联网发展报告(2017)》。

23. 第十二届中国传媒年会举行

7月7日至8日,第十二届中国传媒年会在贵阳举行。年会以"媒体深度融合与大数据"为主题。年会开幕式上发布了中国传媒融合创新报告(2016-2017)、视听媒体发展报告、内容大数据助力主流新闻客户端报告等研究成果,通过了第十二届中国传媒年会《贵安共识》。与会媒体代表在舆论导向、融合发展、传媒体系建设、新闻精品生产、新闻版权保护等5个方面达成了共识。

24. 国家网信办开展互联网直播服务企业备案工作

7月15日起,按照国家网信办的通知要求,全国互联网直播服务企业向属地互联网信息办公室进行登记备案工作。此次备案主体为从事互联网新闻信息转载服务、传播平台服务的互联网直播服务企业(包括开办直播栏目/频道的商业网站、新闻客户端),以及其他类互联网直播服务的企业。取得互联网新闻信息采编发布服务许可的中央(地方)新闻单位(含其控股的单位)主管主办的相关业务平台不在此次备案之列。

8月

25. "2017媒体融合发展论坛"在深圳举行

8月19日,由人民日报社和深圳市委、市政府联合主办的"你就是我·我就是你——2017媒体融合发展论坛"在深圳举行。中央部委和各地宣传、网信部门的负责人，中央及地方媒体代表、互联网企业人士、知名专家学者等近500名嘉宾，围绕"你就是我·我就是你"主题，通过致辞、主旨演讲、圆桌对话、成果发布等形式，分享从"相加"迈向"相融"的经验成果。开幕式上，还举行了全国党媒公共平台发布仪式和"中央厨房"融媒体学院签约仪式。与此次媒体融合发展论坛一起举办的，还有由人民日报评论部和南方报业传媒集团联合主办的第二届党报评论融合发展论坛，全国31家省级党报主要领导及评论业务负责人齐聚一堂，共同探讨党报评论融合发展问题。

26. 国家网信办公布《互联网跟帖评论服务管理规定》

8月25日，国家互联网信息办公室公布《互联网跟帖评论服务管理规定》，自2017年10月1日起施行。《规定》共计十三条，其出台对于加强互联网跟帖评论服务管理、促进互联网跟帖评论服务发展，具有重要意义；对于各级互联网信息办公室切实强化属地管理责任，依法开展互联网跟帖评论服务管理，互联网跟帖评论服务提供者严格履行主体责任，健全各项规章制度，不断强化人员队伍建设，依法提供互联网跟帖评论服务起到积极作用。

27. 第十七届中国网络媒体论坛在呼和浩特举办

8月25日，由国家互联网信息办公室指导，中国经济网和内蒙古自治区网信办、中共呼和浩特市委、呼和浩特市人民政府共同承办的第十七届中国网络媒体论坛在呼和浩特举办。论坛围绕"数据经济时代的媒体发展"的主题，设立"人工智能时代的媒体创新与发展""新媒体遇上新市场""增强国际竞争力唱响中国好声音"三个分论坛。来自政府机构、行业协会、主流媒体、高等院校、知名企业的各界人士共商数字经济时代网络媒体发展之道，并就论坛的主题进行了深入讨论和经验分享，形成了推动媒体创新发展、开辟产业新市场、不断增强国际传播力等一系列共识，并通过了《呼和浩特共识》。

9月

28. 浙江省新媒体专业委员会成立

9月1日，中国记协在国内的首个省级新媒体专业委员会试点——浙江省新媒体专业委员会成立。浙江省新媒体专业委员会由浙江省委宣传部、省委网信办、省新闻出版广电局、省记协、省市主要新闻单位新媒体部门、重点新闻网站负责人以及重点新闻院校、新闻研究机构从事新媒体研究的专家学者等人员组成。

29. 第二届海外华文新媒体高峰论坛举办

9月5日，第二届海外华文新媒体高峰论坛在成都举办，论坛以"'一带一路'与海外华文新媒体"为主题，全球42个国家和地区的上百家海外华文新媒体代表、知名侨领和专家学者等300余位嘉宾与会。论坛设立主论坛和五个平行分论坛，围绕媒体融合、技术创新、绿色金融、人工智能等"一带一路"建设和媒体发展进程中的热点话题进行了探讨。

30. 国家网信办发布《互联网群组信息服务管理规定》

9月7日，网信办出台《互联网群组信息服务管理规定》（以下简称《规定》），《规定》于2017年10月8日起施行。《规定》明确，互联网群组信息服务提供者应当落实信息内容安全管理主体责任，配备与服务规模相适应的专业人员和技术能力，建立健全用户注册、信息审核、应急处置、安全防护等管理制度。

31. 国家网信办发布《互联网用户公众账号信息服务管理规定》

9月7日，网信办出台《互联网用户公众账号信息服务管理规定》（以下简称《规定》）并于2017年10月8日起施行。《规定》明确，互联网用户公众账号信息服务提供者应当落实信息内容安全管理主体责任，配备与服务规模相适应的专业人员和技术能力，建立健全各项管理制度。

32. 2017"一带一路"媒体合作论坛召开

9月19日，以"命运共同体，合作新格局"为主题的2017"一带一路"媒体合作论坛在甘肃敦煌举行，本届论坛由人民日报社和甘肃省委、省政府联合主办。来自126个国家和国际组织的265家外媒代表出席论坛，论坛提出，未来将从六个方面进一步推进媒体合作：一是发布"一带一路"媒体合作蓝皮书；二是成立人民日报社国际问题研究中心；三是启动人民日报社"一带一路"新闻合作中心及"一带一路"跨境联合采访；四是成立"一带一路"区域合作联盟；五是成立"一带一路"文化中心；六是出版中、英文版"丝路华章——'一带一路'建设成就报告"丛书。

10 月

33. 中国国际电视台融媒中心建成启用

10月10日，中国国际电视台（中国环球电视网，CGTN）建成启用融媒中心，可实时共享中央电视台所有电视和新媒体新闻资源，并能汇聚全球2.5万多家网络媒体和70家权威媒体机构的资讯，全天候提供适应电视、移动网、客户端、社交媒体、视频通讯社等多渠道、多形态传播的新闻内容和产品。在十九大报道中，CGTN新媒体总发稿量达4119条，总阅读量超过3.7亿，总独立用户访问量达到2.8亿。

34. 举世瞩目的中国共产党第十九次全国代表大会在北京胜利召开

10月18日至24日，举世瞩目的中国共产党第十九次全国代表大会在北京胜利召开，这无疑是2017年中国最重要的时刻，也吸引了全球目光。据十九大新闻中心数据显示，报名采访十九大的记者共计3068人，其中境外记者1818人，记者总数及境外记者人数均创下历次党代会历史纪录，其中来自"一带一路"沿线国家和金砖国家的记者报名尤其踊跃。

35.《互联网新闻信息服务单位内容管理从业人员管理办法》发布

10月30日，国家互联网信息办公室公布《互联网新闻信息服务单位内容管理从业人员管理办法》，该办法是中国在互联网新闻信息发展进入新阶段，新技术、新业态、新模式不断涌现，针对网络空间治理出现的新问题和新形势，加强对互联网新闻信息服务单位从事信息服务和相关业务从业人员的管理所出台的一部重要规范性文件。

36.《互联网新闻信息服务新技术新应用安全评估管理规定》发布

10月30日，国家互联网信息办公室公布《互联网新闻信息服务新技术新应用安全评估管理规定》，自2017年12月1日起施行，该规定着力于规范开展互联网新闻信息服务新技术新应用安全评估工作，维护国家安全和公共利益，保护公民、法人和其他组织的合法权益。

11月

37. 习近平致信祝贺中国记协成立80周年

11月8日，中共中央总书记、国家主席、中央军委主席习近平致信祝贺中华全国新闻工作者协会成立80周年，向全国广大新闻舆论工作者致以诚挚的问候。

习近平在贺信中指出，长期以来，中国记协加强新闻队伍建设，拓展对外新闻交流，引领广大新闻工作者积极宣传党的主张，深入反映群众呼声，唱响主旋律，传播正能量，为我们党团结带领人民不断取得革命、建设、改革伟大胜利凝聚了强大舆论力量、营造了良好舆论氛围。

习近平强调，在新时代，希望中国记协深入学习贯彻党的十九大精神，牢记党的新闻舆论工作职责使命，深化改革，开拓创新，保持和增强政治性、先进性、群众性，更好把广大新闻工作者凝聚起来，真正建设成为"记者之家"。希望广大新闻工作者坚定"四个自信"，保持人民情怀，记录伟大时代，讲好中国故事，传播中国声音，唱响奋进凯歌，凝聚民族力量，为实现"两个一百年"奋斗目标、实现中华民族伟大复兴的中国梦不断作出新的更大的贡献。

38. 新华网成立20周年座谈会举行

11月20日，新华网成立20周年座谈会在新华社举行。与会中央和国家机关有关部门负责人、专家学者围绕新时代新华网如何锐意创新、开拓进取，建成具有广泛国际影响的一流新闻网站和拥有强大实力的互联网文化企业进行探讨。

39. 第三届两岸媒体人北京峰会举行

11月24日，第三届两岸媒体人北京峰会开幕。两岸160余名媒体负责人、传媒学者、新闻界代表等出席，共同回顾两岸新闻交流30年历史，畅议两岸融合发展与增进媒体合作共赢。

12月

40.《互联网新闻信息服务单位内容管理从业人员管理办法》施行

12月1日起，国家互联网信息办公室公布的《互联网新闻信息服务单位内容管理从业人员管理办法》开始施行，对互联网新闻信息服务相关从业人员提出要求。办法明确，互联网新闻信息服务单位内容管理从业人员不得从事有偿新闻活动。不得利用互联网新闻信息采编发布、转载和审核等工作便利从事广告、发行、赞助、中介等经营活动，谋取不正当利益。不得利用网络舆论监督等工作便利进行敲诈勒索、打击报复等活动。

41.《互联网新闻信息服务新技术新应用安全评估管理规定》施行

12月1日起，国家互联网信息办公室公布的《互联网新闻信息服务新技术新应用安全评估管理规定》开始实施。规定明确，互联网新闻信息服务提供者调整增设新技术新应用，应当建立健全信息安全管理制度和安全可控的技术保障措施，不得发布、传播法律法规禁止的信息内容。同时，规定鼓励支持新技术新应用安全评估相关行业组织和专业机构加强自律，建立健全安全评估服务质量评议和信用、能力公示制度，促进行业规范发展。

42. 习近平致信祝贺第四届世界互联网大会开幕

12月3日上午，第四届世界互联网大会在浙江省乌镇开幕。国家主席习近平发来贺信，代表中国政府和中国人民，并以他个人的名义，向大会的召开致以热烈的祝贺，向出席会议的各国代表、国际机构负责人和专家学者、企业家等各界人士表示诚挚的欢迎，希望大家集思广益、增进共识，深化互联网和数字经济交流合作，让互联网发展成果更好造福世界各国人民。

习近平在贺信中指出，当前，以信息技术为代表的新一轮科技和产业革命正在萌发，为经济社会发展注入了强劲动力，同时，互联网发展也给世界各国主权、安全、发展利益带来许多新的挑战。全球互联网治理体系变革进入关键时期，构建网络空间命运共同体日益成为国际社会的广泛共识。我们倡导"四项原则""五点主张"，就是希望同国际社会一道，尊重网络主权，发扬伙伴精神，大家的事由大家商量着办，做到发展共同推进、安全共同维护、治理共同参与、成果共同分享。

习近平强调，中共十九大制定了新时代中国特色社会主义的行动纲领和发展蓝图，提出要建设网络强国、数字中国、智慧社会，推动互联网、大数据、人工智能和实体经济深度融合，发展数字经济、共享经济，培育新增长点、形成新动能。中国数字经济发展将进入快车道。中国希望通过自己的努力，推动世界各国共同搭乘互联网和数字经济发展的快车。中国对外开放的大门不会关闭，只会越开越大。

43. 全国省级党报集团版权保护联盟成立

12月9日，全国20余家省级党报集团负责人齐聚海南陵水，参加由中国新闻出版传媒集团和海南日报报业集团共同举办的第三届中国报业集团高层座谈会。20余家省级党报集团在国家版权局的指导支持下，联合发起成立"全国省级党报集团版权保护联盟"，并集体加入由中国搜索牵头组织的中国新闻媒体版权保护联盟。全国省级党报集团版权保护联盟将在新闻版权统一管理、制定版权合作规则、组织共同议价、支持成员维权等方面扮演积极的角色。

44. 第五届中国新兴媒体产业融合发展大会在成都举行

12月26日，第五届中国新兴媒体产业融合发展大会在成都举行。大会由新华社和成都市政府共同主办，以"深度融合·跨界融合"为主题。大会现场发布了《中国新兴媒体融合发展报告（2016-2017）》。400多名媒体代表和高校专家通过主题演讲、研讨交流、高峰对话等形式，探索传统媒体和新兴媒体在内容、渠道、平台、经营、管理等方面的深度融合，交流分享新形势下媒体深度融合的发展之道。

45. 147家媒体机构入驻全国党媒信息公共平台

2017年8月19日，人民日报在"中央厨房"建设取得阶段性成果的基础上，正式推出"全国党媒公共平台"（后更名为"全国党媒信息公共平台"），开启向平台化迈进步伐。"全国党媒信息公共平台"联结人民日报"中央厨房"、人民日报客户端、人民网等机制与终端，激活全国党媒优秀团队，汇聚全国党媒优质资源，联通全国党媒各类端口，构建全国党媒内容共享、渠道共享、技术共享、数据共享、盈利模式紧密协作的公共平台，全面提升优质产能和舆论引导合力。2017年12月28日，来自全国各地的57家媒体机构在湖北省襄阳市集中签约入驻人民日报全国党媒信息公共平台，至此全国已有147家媒体机构入驻该平台。

二、2018年

1月

1. 全国宣传部部长会议召开　王沪宁出席并讲话

1月3日，全国宣传部部长会议在京召开。中共中央政治局常委、中央书记处书记王沪宁出席会议并讲话。他表示，要坚持以习近平新时代中国特色社会主义思想为指导，增强政治意识、大局意识、核心意识、看齐意识，紧紧围绕学习宣传贯彻党的十九大精神这条主线，扎实做好宣传思想文化工作，为在新的历史起点上进行伟大斗争、建设伟大工程、推进伟大事业、实现伟大梦想提供坚强思想保证和强大精神力量。

2. 2018年全国新闻出版广播影视工作会议召开

1月3日至4日，2018年全国新闻出版广播影视工作会议在京召开。会议深入学习宣传贯彻习近平新时代中国特色社会主义思想和党的十九大精神，落实全国宣传部部长会议精神，总结2017年工作，分析形势，安排部署2018年新闻出版广播影视工作任务。中宣部副部长，国家广电总局局长、党组书记，国家版权局局长兼中央电视台台长聂辰席代表总局党组在会上做工作报告。

3. 人民日报社与雄安新区合作共建雄安媒体中心

1月16日，人民日报社与雄安新区管委会正式签约，共建雄安新区文化传媒平台，雄安媒体中心（"中央厨房"）同时揭牌运营，"雄安天下"客户端和"人民雄安网"也正式上线。河北省委书记王东峰和人民日报社社长杨振武出席签约仪式并致辞。

雄安媒体中心由雄安新区党工委、管委会主办，人民日报社支持组建。"雄安天下"是雄安新区官方客户端，由人民日报媒体技术公司开发运维。"人民雄安网"由人民网承建，同时推出9种外语版本。

4. 新华社英文客户端正式发布

1月23日，新华社英文客户端（XinhuaNews）在京发布。这是我国主流媒体中第一款实现智能推荐的英文客户端。

5. 第41次《中国互联网络发展状况统计报告》发布

1月31日，中国互联网络信息中心（CNNIC）在京发布第41次《中国互联网络发展状况统计报告》。报告显示，截至2017年12月底，我国网民规模达7.72亿，普及率达到55.8%，超过全球平均水平4.1个百分点。全年共计新增网民4074万人，增长率为5.6%。手机网民规模达7.53亿，较2016年底增加5734万人。

2月

6. 国家网信办公布《微博客信息服务管理规定》

2月2日，国家互联网信息办公室公布《微博客信息服务管理规定》（以下简称《规定》）。《规定》共十八条，包括微博客服务提供者主体责任、真实身份信息认证、分级分类管理、辟谣机制、行业自律、社会监督及行政管理等条款。《规定》自3月20日起施行。

7. 广电总局整治网上低俗炒作视听节目

2月8日，广电总局通报，总局日前联合地方新闻出版广电局等单位，严肃整治网上近期出现的歪曲演绎红色经典、恶意拼接经典卡通形象散布血腥暴力、低俗炒作明星绯闻隐私和炫富享乐类视听节目。

8. 国家网信办依法查处严重违规网络直播平台和主播

2月13日，国家互联网信息办公室发布消息称，针对当前网络直播存在的低俗媚俗、斗富炫富、调侃恶搞、价值导向偏差等突出问题，根据有关部署，国家网信办近日对网络直播平台和网络主播进行专项清理整治，依法关停一批严重违规、影响恶劣的平台和主播。

3月

9.《深化党和国家机构改革方案》印发　传媒领域启动机构改革

中共中央印发了《深化党和国家机构改革方案》（以下简称《方案》），并发出通知，要求各地区各部门结合实际认真贯彻执行。3月21日，新华社刊发了《方案》全文，其中涉及传媒领域的机构改革内容如下：

优化中央网信办职责。《方案》第一部分"深化党中央机构改革"第四条及第十六条提到，中央网络安全和信息化领导小组将改为中央网络安全和信息化委员会，负责相关领域重大工作的顶层设计、总体布局、统筹协调、整体推进、督促落实。委员会的办事机构为中央网络安全和信息化委员会办公室。

优化中央网络安全和信息化委员会办公室职责。为维护国家网络空间安全和利益，将国家计算机网络与信息安全管理中心由工业和信息化部管理调整为由中央网络安全和信息化委员会办公室管理。

中宣部统一管理新闻出版及电影工作。《方案》第一部分"深化党中央机构改革"第十一条及第十二条提到，为加强党对新闻舆论工作的集中统一领导，加强对出版活动的管理，发展和繁荣中国特色社会主义出版事业，以及为更好发挥电影在宣传思想和文化娱乐方面的特殊重要作用，发展和繁荣电影事业，中央宣传部将统一管理新闻出版及电影工作，原国家新闻出版广电总局的新闻出版管理职责及电影管理职责划入中央宣传部。中央宣传部对外加挂国家新闻出版署（国家版权局）及国家电影局牌子。

调整后，中央宣传部关于新闻出版管理方面的主要职责是，贯彻落实党的宣传工作方针，拟订新闻出版业的管理政策并督促落实，管理新闻出版行政事务，统筹规划和指导协调新闻出版事业、产业发展，监督管理出版物内容和质量，监督管理印刷业，管理著作权，管理出版物进口等。

调整后，中央宣传部关于电影管理方面的主要职责是，管理电影行政事务，指导监管电影制片、发行、放映工作，组织对电影内容进行审查，指导协调全国性重大电影活动，承担对外合作制片、输入输出影片的国际合作交流等。

组建国家广播电视总局。《方案》第三部分"深化国务院机构改革"第三十五条提到，为加强党对新闻舆论工作的集中统一领导，加强对重要宣传阵地的管理，牢牢掌握意识形态工作领导权，充分发挥广播电视媒体作为党的喉舌作用，在国家新闻出版广电总局广播电视管理职责的基础上组建国家广播电视总局，作为国务院直属机构。不再保留国家新闻出版广电总局。

国家广播电视总局的主要职责是，贯彻党的宣传方针政策，拟订广播电视管理的政策措施并督促落实，统筹规划和指导协调广播电视事业、产业发展，推进广播电视领域的体制机制改革，监督管理、审查广播电视与网络视听节目内容和质量，负责广播电视节目的进口、收录和管理，协调推动广播电视领域走出去工作等。

撤销央视、央广、国际台建制，组建中央广播电视总台。《方案》第三部分"深化国务院机构改革"第三十六条提到，坚持正确舆论导向，高度重视传播手段建设和创新，提高新闻舆论传播力、引导力、影响力、公信力，是牢牢掌握意识形态工作领导权的重要抓手。为加强党对重要舆论阵地的集中建设和管理，增强广播电视媒体整体实力和竞争力，推动广播电视媒体、新兴媒体融合发展，加快国际传播能力建设，整合中央电视台（中国国际电视台）、中央人民广播电台、中国国际广播电台，组建中央广播电视总台，作为国务院直属事业单位，归口中央宣传部领导。

中央广播电视总台的主要职责是，宣传党的理论和路线方针政策，统筹组织重大宣传报道，组织广播电视创作生产，制作和播出广播电视精品，引导社会热点，加强和改进舆论监督，推动多媒体融合发展，加强国际传播能力建设，讲好中国故事等。

撤销中央电视台（中国国际电视台）、中央人民广播电台、中国国际广播电台建制。对内保留原呼号，对外统一呼号为"中国之声"。

4月

10. 2017年中国媒体融合传播指数报告发布

4月2日,人民网研究院发布2017年中国媒体融合传播指数报告。报告建构了媒体融合传播指数指标体系,对全国296份中央、省级、省会城市及计划单列市的主要报纸、301个中央及省级广播频率、37家拥有上星卫视的电视台的融合传播情况进行考察,分析2017年媒体融合传播的总体水平和特点。报告显示,2017年我国媒体融合传播渠道布局日趋完备,融合传播力水平大幅提升,但"一九"分化格局明显,亟待通过深度融合系统提升传播力。

11. 国家广播电视总局揭牌

4月16日,新组建的国家广播电视总局在京揭牌,根据关于国务院机构改革方案的说明,其主要职责包括推进广播电视领域的体制机制改革,监管、审查广播电视与网络视听节目内容和质量,负责广播电视节目的进口、收录和管理,协调推动广播电视领域走出去工作等。

12. 国家新闻出版署揭牌成立

根据《深化党和国家机构改革方案》,中央宣传部加挂国家新闻出版署(国家版权局)、国家电影局牌子,4月16日,中共中央政治局委员、中宣部部长黄坤明同志为国家新闻出版署(国家版权局)、国家电影局揭牌。

13. 全国网络安全和信息化工作会议在京召开

全国网络安全和信息化工作会议4月20日至21日在北京召开。中共中央总书记、国家主席、中央军委主席、中央网络安全和信息化委员会主任习近平出席会议并发表重要讲话。习近平强调,信息化为中华民族带来了千载难逢的机遇。我们必须敏锐抓住信息化发展的历史机遇,加强网上正面宣传,维护网络安全,推动信息领域核心技术突破,发挥信息化对经济社会发展的引领作用,加强网信领域军民融合,主动参与网络空间国际治理进程,自主创新推进网络强国建设,为决胜全面建成小康社会、夺取新时代中国特色社会主义伟大胜利、实现中华民族伟大复兴的中国梦做出新的贡献。

14. "中国报业协会成立30周年纪念大会"在京召开

4月26日,"中国报业协会成立30周年纪念大会"在北京召开。在会议召开前,中共中央政治局委员、中宣部部长黄坤明对中国报协的工作做出重要批示。来自中央及各省(市、自治区)350多家新闻单位及企业的近500名代表参加了会议。

5月

15. 人民网获中央主要新闻网站2017年度传播力榜第一

5月2日,由中央网信办《网络传播》杂志打造的"中央主要新闻网站2017年度传播力榜"近期发布,人民网在综合传播力及移动端传播力两项排名中均居首位,在PC端传播力排名中位居第二。人民网也是唯一一个在三项排名中均位列前三的网站。

16. 第二届AI+移动媒体大会在成都举行

5月4日,在封面新闻App上线两周年之际,由封面新闻和成都新经济发展研究院主办的"新青年新未来——第二届AI+移动媒体大会"在成都举行。封面新闻在会上正式发布了最新的4.0版本,覆盖视听读聊全场景,上线用户积分体系,打造媒体内容新生态。

17. 2018世界新媒体大会在北京举行

5月4日,以"新媒体、新经济、新未来"为主题的2018世界新媒体大会在北京举行。来自人民视频、一点资讯、央视财经频道、中国日报网、环球网、新浪网、腾讯新闻等单位的行业大咖及3000多名行业精英参加活动,畅谈新媒体未来。

18. 中国新闻奖首设媒体融合奖项

2018年5月,为发挥中国新闻奖对加快推进媒体融合发展的示范导向作用,中国新闻奖自今年起增设媒体融合奖项,设立6个评选项目,分别为短视频新闻、移动直播、新媒体创意互动、新媒体品牌栏目、新媒体报道界面和融合创新,共50个奖数。现已启动相关评选工作。

19. 国家网信办公布最新互联网新闻信息服务单位许可信息

5月14日,国家互联网信息办公室公布最新互联网新闻信息服务单位许可信息。《互联网新闻信息服务管理规定》实施以来,国家互联网信息办公室及各省、自治区、直辖市互联网信息办公室依法组织开展了许可审批相关工作。截至2018年4月30日,经各级网信部门审批的互联网新闻信息服务单位总计304家,具体服务形式包括:互联网站312个,应用程序233个,论坛77个,博客20个,微博客3个,公众账号911个,即时通信工具1个,网络直播7个,其他6个,共计1570个服务形式。

20. 全球传媒产业发展大会在澳门召开

5月21日,以"一带一路"与传媒创新合作发展为主题的"澳门全球传媒产业发展大会2018"在澳门揭幕,澳门特区行政长官崔世安、中央政府驻澳门联络办公室主任郑晓松、中央统战部副部长谭天星等出席开幕仪式并剪彩。本次大会由中国新闻社、澳门日报主办。

6月

21. 广电总局:2017年广播电视服务业总收入逾6000亿

广电总局6月4日公布了《2017年全国广播电视行业统计公报》。公报显示,2017年全国广播电视服务业总收入6070.21亿元,同比增长20.45%。去年全国广告收入持续保持增长,收入构成持续调整,电视广告收入继续下降,广播广告收入增幅较大。

22. 中宣部部长黄坤明:要求创新建设县级融媒体中心

6月11日至13日,中共中央政治局委员、中宣部部长黄坤明在河南调研时强调,要大力推进媒体融合发展,创新建设县级融媒体中心,把整体谋划与分类指导结合起来,把发挥自身优势与用好新技术结合起来,着眼教育引导群众、服务生产生活,完善信息供给结构,提高信息供给质量,切实提升主流舆论吸引力影响力。要创新和强化工作举措,加大对中华文化历史遗存的保护和传承力度,推动中华优秀传统文化焕发时代风采。

23. 人民日报社旗下移动新媒体聚合平台"人民号"正式启动

6月11日，人民日报社召开新闻发布会，宣布旗下移动新媒体聚合平台"人民号"正式启动，并发布人民号生产力工具平台"创作大脑"。"人民日报创作大脑"是由人民日报社新媒体中心联合百度、快手等多家国内领先企业共同推出的开放式媒体技术创新平台，包括智能写作、智媒引擎、语音转写、数据魔方、视频搜索五大工具模块。其中视频搜索是快手公司为"人民日报创作大脑"提供的多媒体内容搜索产品。

24. 人民日报社召开习近平新闻思想理论研讨会

在《人民日报》创刊70周年之际，人民日报社6月13日召开习近平新闻思想理论研讨会，深入学习研讨习近平新闻思想的科学内涵、理论品格、精神实质、重大意义，充分肯定《人民日报》在学习贯彻习近平新闻思想中的排头兵作用。与会者指出，《人民日报》是习近平新闻思想的坚定信仰者和实践者。党的十八大以来，《人民日报》深入学习贯彻习近平新闻思想，传播力、引导力、影响力、公信力不断提升，为党和国家各项事业发展营造良好思想舆论环境。党的十八大以来《人民日报》的发展成就，可以看作习近平新闻思想的实践成果。

25. 新华社发布"MAGIC"智能生产平台

继发布媒体大脑1.0后，6月13日，新华社向全球发布媒体大脑2.0——"MAGIC"智能生产平台。这次发布的"MAGIC"平台由新华社和阿里巴巴合资成立的媒体人工智能公司新华智云独立研发，其命名来源于"MGC"（机器生产内容）和"AI"的组合。"MAGIC"平台上线后，首次应用在俄罗斯足球世界杯报道中。

26. 习近平致信祝贺《人民日报》创刊70周年

6月15日，在《人民日报》创刊70周年之际，中共中央总书记、国家主席、中央军委主席习近平发来贺信，代表党中央表示热烈的祝贺，向报社全体新闻工作者和离退休同志致以诚挚的问候。

习近平在贺信中指出，《人民日报》是党中央机关报。70年来，在党中央坚强领导下，人民日报坚持政治家办报和党性原则，与党和人民同心同德，深入宣传党的理论和路线方针政策，热情报道人民的伟大实践，在革命、建设、改革各个历史时期发挥了十分重要的作用，创造了光荣历史。

习近平强调，当前，中国特色社会主义进入了新时代，全面建设社会主义现代化强国新征程已经开启。人民日报要深入学习贯彻新时代中国特色社会主义思想和党的十九大精神，忠实履行党的新闻舆论工作职责使命，坚持正确政治方向，弘扬优良传统，深化改革创新，加强队伍建设，改进宣传报道，讲好中国故事，构建全媒体传播格局，不断提升传播力、引导力、影响力、公信力，为实现"两个一百年"奋斗目标、实现中华民族伟大复兴的中国梦作出新的更大贡献。

6月15日上午，人民日报社举行庆祝创刊70周年大会。中共中央政治局委员、中宣部部长黄坤明出席大会并讲话。他说，要认真学习贯彻习近平总书记重要指示精神，坚持以习近平新时代中国特色社会主义思想为指导，增强"四个意识"，坚定"四个自信"，牢牢把握正确舆论导向，推动党的创新理论深入人心，壮大主流舆论，传播主流价值，做宣传新时代、记录新时代、讴歌新时代的排头兵。

27. 首家"广电＋报业"模式的融媒体中心99天建成

6月16日，延庆区融媒体中心正式揭牌成立。在人民日报媒体技术股份有限公司提供的技术支持下，延庆区融媒体中心成为国内首家"广电＋报业"模式的"中央厨房"，将打造集报纸、电视、广播和新媒体于一身的全媒体发展平台。在99天的时间里，基于人民日报"中央厨房"而打造的延庆融媒体指挥调度平台，实现了策、采、编、发全部在线上完成。

28.《中国新闻事业发展报告（2017年）》发布

6月19日，中国记协发布《中国新闻事业发展报告（2017年）》。该报告由中国记协会同国家广播电视总局、国家互联网信息办公室等部门联合编写，从"新闻从业环境""媒体转型与融合发展""权益保护、职业道德建设和新闻评奖""对外交流合作"等方面，全面反映中国新闻事业的新情况新发展。

29. 2018（第三届）全国党报网站高峰论坛召开

2018（第三届）全国党报网站高峰论坛6月20日在天津召开，论坛主题为"媒体融合：宣传新时代　拥抱新时代"。分设一个主论坛，两个分论坛，嘉宾将围绕推进深度融合、拥抱视听化等话题进行主旨发言和圆桌讨论。

30.《2018 中国传媒产业发展报告》发布　移动互联网市场占半壁江山

6 月 21 日,"第九届传媒发展论坛暨 2018 传媒蓝皮书发布会"在清华大学举行,会上发布了《2018 中国传媒产业发展报告》(以下简称《报告》)。《报告》指出,2017 年中国传媒产业总规模达 1.89 万亿人民币,较上年同比增长 16.6%,并有望在 2020 年突破 3 万亿。从传媒产业内部结构来看,2017 年移动互联网的市场份额接近一半,传统媒体市场仍持续整体衰落,总体规模仅占五分之一,其中报刊、图书等平面媒体的市场份额不到 6%。

31.《中国新媒体发展报告(2018)》发布

6 月 26 日,以"智能互联　数字中国"为主题的新媒体蓝皮书《中国新媒体发展报告(2018)》在京发布。本年度新媒体蓝皮书由中国社会科学院新闻与传播研究所和社会科学文献出版社共同推出,分为总报告、热点篇、调查篇、传播篇、产业篇等五个部分,汇聚国内 50 多位专家学者的研究成果。

32. 中宣部等 9 部门开展庆祝改革开放 40 周年主题宣传教育活动

中央宣传部、中央网信办、中央文明办、中央党史和文献研究院、教育部、文化和旅游部、全国总工会、共青团中央、全国妇联联合印发通知,决定在全国城乡广泛组织开展群众性主题宣传教育活动,为隆重庆祝改革开放 40 周年营造团结奋进的浓厚社会氛围。

33. 中国电信全网彩信增值业务下线　手机报时代终结

中国电信与第三方合作的全网彩信增值业务(不含彩信点对点业务)在 2018 年 6 月 30 日下线,其他还包括全网 WAP 增值业务、新闻早晚报、天翼快讯及天翼 VIP 专刊手机报合作业务。中国电信用户个人对个人彩信业务则继续存在运营。

7 月

34. 习近平致信祝贺《求是》暨《红旗》创刊 60 周年

中共中央总书记、国家主席、中央军委主席习近平 7 月 4 日致信祝贺党中央机关刊《求是》暨《红旗》创刊60周年，代表党中央向杂志社全体工作人员表示热烈祝贺。习近平在贺信中指出，《求是》杂志是党中央指导全党全国工作的重要思想理论阵地。习近平强调，希望同志们不断提高理论宣传水平，更好服务党和国家工作大局。

35.《中国互联网发展报告2018》发布

7月12日，中国互联网协会正式发布了《中国互联网发展报告2018》（以下简称《报告》）。《报告》显示，截至2017年底，中国网民规模达7.72亿人。普及率为55.8%，相比2016年新增网民4074万人。人均周上网时长为27个小时。其中，中国手机网民新增5734万人，规模达7.53亿。

36. 国家版权局启动专项行动　开展网络转载版权专项整治

7月16日，国家版权局、国家互联网信息办公室、工业和信息化部、公安部联合召开新闻通气会，通报启动打击网络侵权盗版"剑网2018"专项行动有关情况。此次专项行动自7月上旬开始，将利用4个多月的时间开展三项重点整治：一是开展网络转载版权专项整治；二是开展短视频版权专项整治；三是开展重点领域版权专项整治。

37. 中国首个"报刊传媒集团"挂牌　辽宁日报社整体改制而成

7月19日，辽宁报刊传媒集团（辽宁日报社）挂牌成立。辽宁省委常委、宣传部部长张福海与辽宁报刊传媒集团（辽宁日报社）党委书记、社长丁宗皓共同揭牌。同日，辽宁广播电视台、辽宁广播电视集团挂牌。

38. 总台发布4K超高清电视节目制播技术规范

《中央广播电视总台4K超高清电视节目制播技术规范（暂行）》面向全台发布。规范详细规定了4K超高清电视节目采集、制作、播出、存储、信号交换、节目生产流程等环节的技术规范和要求，适用于在中央广播电视总台频道播出和"央视专区"互动电视平台点播的4K超高清电视节目的生产。

39. 中国报业新闻纸市场信息交流会在甘肃召开

7月25日至26日，由中国报业协会主办，甘肃报业协会协办的中国报业2018年新闻纸市场信息交流会在张掖召开。中国报业协会理事长张建星出席会议并讲话。张建星表示，今年5月以来，新闻纸总体供不应求，价格两度上扬，党报的出版安全面临严峻形势。

40. 中国记协新媒体专业委员会成立　胡孝汉当选主任委员

7月27日，中国记协新媒体专业委员会在京成立。第一届150多名委员来自新闻宣传管理部门、新闻单位、新闻行业组织、高校新闻院系、新闻研究机构等。中国记协主席张研农主持会议。中宣部副部长蒋建国出席成立大会并讲话。中国记协党组书记、常务副主席胡孝汉当选第一届主任委员。

8月

41. "2018全国传统媒体融合发展研讨会"在云南昆明举行

8月8日，"2018全国传统媒体融合发展研讨会"暨"第二届主流媒体总编看昆明活动"在云南昆明举办，全国53家媒体机构负责人、代表及20余家中央驻滇及当地媒体记者与会。中国报业协会秘书长胡怀福在致辞中表示，纵观中国报业改革创新和融合发展的大潮，大致可以用"独家视角、创意驱动、中央厨房、电商红利、人工智能、版权保护、多元发展"这几个关键词浓缩中国报人在媒体融合转型发展大潮中的探索与努力。

42. 习近平出席全国宣传思想工作会议并发表重要讲话

全国宣传思想工作会议8月21日至22日在北京召开。中共中央总书记、国家主席、中央军委主席习近平出席会议并发表重要讲话。他强调，完成新形势下宣传思想工作的使命任务，必须以新时代中国特色社会主义思想和党的十九大精神为指导，增强"四个意识"、坚定"四个自信"，自觉承担起举旗帜、聚民心、育新人、兴文化、展形象的使命任务，坚持正确政治方向，在基础性、战略性工作上下功夫，在关键处、要害处下功夫，在工作质量和水平上下功夫，推动宣传思想工作不断强起来。

43. 北京广播电视台融媒体中心成立

8月27日，北京广播电视台融媒体中心成立仪式在北京电视台举行，北京市委常委、宣传部部长杜飞进出席活动并讲话。融媒体中心集中了电视台、广播电台、新媒体集团三方优势，整合新闻类节目资源，实现集中指挥，统筹调度，资源共享。整合传播渠道，把北京时间整合到北京广播电视台统一管理下运营，统一新媒体出口资源，做好内容的协同发布和用户的统一管理与运营。

44. 第三届党报评论融合发展论坛举行

8月30日，由人民日报社、内蒙古自治区党委宣传部合办的第三届党报评论融合发展论坛在内蒙古自治区锡林浩特市举办。本届论坛主题为"全媒体时代，以主流声音传播主流价值"，来自部分中央媒体、全国各省级党报、相关新媒体平台的代表共同探讨党报评论融合发展问题。

9月

45. "2018媒体融合发展论坛"在深圳举行

9月10日，由人民日报社联合深圳市委、深圳市人民政府、招商局集团共同主办的"构建全媒体传播格局——2018媒体融合发展论坛"在深圳举行。中央部委和各地宣传、网信部门的负责人，中央媒体和地方媒体代表，互联网企业人士，知名专家学者等近700名来宾与会深入交流和探讨。

中央广播电视总台央广副总编辑刘晓龙出席论坛并演讲。此前，原中央三台所属"两微一端"基本是"村村点火、户户冒烟"，账号众多，管理分散，发展水平很不平衡。刘晓龙表示，在中央批复的中央广播电视总台"三定"方案中，总台一共下设25个中心，其中新媒体中心就有3个（融合发展中心、新闻新媒体中心、视听新媒体中心），媒体融合发展之重，由此可见一斑。

46. 广电总局设立媒体融合发展司

9月11日，中国机构编制网在官网事项公告一栏发布广电总局职能配置、内设机构和人员编制规定。规定显示，广电总局是国务院直属机构，为正部级。广电总局设媒体融合发展司。协调推进三网融合，推进广播电视与新媒体新技术新业态创新融合发展。广电总局机关行政编制263名。设局长1名，副局长4名。

47. 中宣部媒体深度融合现场推进会在上海举行

9月19日，中宣部在上海召开媒体深度融合现场推进会，认真学习领会和贯彻落实习近平总书记在全国宣传思想工作会议上的重要讲话精神，研究借鉴解放日报·上观新闻整体转型的探索实践，交流各地各媒体的经验做法，推动媒体深度融合，真正实现"融为一体、合而为一"。中央有关部门、各省区市党委宣传部以及中央和地方主要媒体负责同志，部分高校新闻院系专家学者等170余人参观了解放日报采编平台，与一线编辑记者做了互动交流。

48. 卢新宁：融合要走出"报纸正规军"与"网络预备役"的误区

9月19日，中宣部在上海举行媒体深度融合现场推进会。人民日报社副总编辑卢新宁表示，加快融合步伐，要走出"报纸正规军"与"网络预备役"的误区，将专业人才向主阵地汇集，要摒除"报纸主业"和"网络副业"的偏见，将优质内容向主阵地汇集，要告别"报纸示范田"和"网络自留地"的旧习，将主流价值向主阵地汇集。

49. 县级融媒体中心建设全面启动

9月20日至21日，中宣部在浙江省湖州市长兴县召开县级融媒体中心建设现场推进会。会议深入贯彻落实习近平总书记在全国宣传思想工作会议上的重要讲话精神，总结交流各地经验做法，对在全国范围推进县级融媒体中心建设做出部署安排，要求2020年底基本实现在全国的全覆盖，2018年先行启动600个县级融媒体中心建设。

50. 2018年人民日报社媒体融合发展培训班在宁夏银川举行

9月26日，2018年人民日报社媒体融合发展培训班（华北、东北、西北）在宁夏银川召开。本次媒体融合发展培训班参加人员来自华北、东北、西北13个分社和人民日报、人民网、人民数字等总部单位，授课内容涉及视频直播技术、大数据、人工智能等在媒体端的应用和媒体发展趋势。

51. 习近平致信祝贺中央电视台建台暨新中国电视事业诞生60周年

9月26日，在中央电视台建台暨新中国电视事业诞生60周年之际，中共中央总书记、国家主席、中央军委主席习近平发来贺信。

习近平在贺信中表示，电视事业是党的新闻舆论工作的重要组成部分。习近平希望中央广播电视总台和全国广大电视工作者，统筹广播与电视、内宣和外宣、传统媒体和新兴媒体，加强国际传播能力建设，努力打造具有强大引领力、传播力、影响力的国际一流新型主流媒体。

52. 县级融媒体中心建设研讨会在人民日报社举行

9月28日，由人民日报媒体技术股份有限公司与人民网联合主办的县级融媒体中心建设研讨会在人民日报社举行。会上，人民网总裁叶蓁蓁表示，媒体融合首先是媒体机构的内部融合，将报、网、端、微等各种不同形态的渠道、资源、人才、内容等打通整合；其次是通过建设全国党媒信息公共平台，实现全国党媒在资源、渠道、技术、数据上的大融合；最后是媒体行业与其他行业深度融合，实现跨业融合，为社会带来新价值。

10月

53. 中央广播电视总台首个区域总部和地方总站正式揭牌亮相

10月8日，中央广播电视总台长三角总部和上海总站正式揭牌，这是总台组建后设立的首个区域总部和地方总站。中共中央政治局委员、上海市委书记李强和中宣部副部长、中央广播电视总台台长慎海雄共同为长三角总部揭牌。中宣部副部长、中央广播电视总台台长慎海雄和上海市委副书记、市长应勇共同为上海总站揭牌。

54. 天津滨海新区与人民网合作　设立文化产业股权投资基金

10月22日，由中共天津市委宣传部、天津市文化广播影视局、天津市滨海新区人民政府共同主办的第八届天津滨海文化创意展交会落幕。展会期间，滨海新区人民政府与人民网、渤海证券签署战略合作协议，共同发起设立文化产业股权投资基金，全面推进文化领域金融合作；区委宣传部与人民网签署全面合作协议，从共同推动文化产业发展、加强媒体宣传合作、促进文化事业繁荣、强化多层面交流等多个层面，大力助推繁荣宜居智慧新城建设。

55. 广电总局政府网站上线试运行

10月23日，广电总局发布公告，公告显示，根据党和国家机构改革方案，广电总局政府网站（www.nrta.gov.cn）上线试运行。

56. 2018"一带一路"媒体合作论坛在博鳌举行

由海南省委、省政府与人民日报社共同举办的2018"一带一路"媒体合作论坛，于10月30日在海南博鳌举行开幕式。论坛开幕当天，除了数位国内外重要嘉宾将发表主旨演讲外，还将围绕贸易、科技、文化举行三个分论坛。

57. 内蒙古：2018年底前将完成38个旗县融媒体中心建设

10月30日，由自治区党委宣传部主办，鄂尔多斯市委宣传部和东胜区委、政府承办的全区推进旗县融媒体建设培训班在鄂尔多斯市结束。会议明确了旗县融媒体中心建设进度，即在2018年底前完成38个旗县融媒体中心建设，2019年底前完成全部103个旗县融媒体中心的机构、编制、经费、人员、场地、管理和媒介平台资源等方面的有效整合。

58. 新京报、千龙网、北京晨报将合并整合

10月31日，在新京报新闻客户端上线发布仪式上，北京市委常委、宣传部部长杜飞进表示，将推进新京报、千龙网、北京晨报三家媒体深度整合工作。目前新京报社已经撤销新媒体部，推进全员转型到客户端。《北京晨报》纸质版将于2018年12月31日停刊。新京报社党委书记、社长宋甘澍表示，新京报新闻客户端"内容是新京报的，技术是今日头条的"。

11月

59. 习近平向第五届世界互联网大会致贺信

第五届世界互联网大会11月7日在浙江乌镇开幕。国家主席习近平致贺信。习近平强调，世界各国虽然国情不同、互联网发展阶段不同、面临的现实挑战不同，但推动数字经济发展的愿望相同、应对网络安全挑战的利益相同、加强网络空间治理的需求相同。

60. 天津日报社、天津广播电视台、今晚报社合并

2018年11月7日，天津海河传媒中心媒体资源推介暨广告招商说明会在天津梅地亚艺术中心三层会议厅隆重举行。这次会议是天津海河传媒中心在平台融合、资源融合、内容融合的基础上，首次实现了广告经营的融合。会议公布了中央批复同意的《天津市机构改革实施方案》，方案明确将天津日报社、天津广播电视台、今晚报社所属的频道频率、子报子刊、新媒体等所有资源整合建立成天津海河传媒中心。这场资源推介盛会作为海河传媒中心的第一场官方活动正式亮相。

61. 全球首个"AI合成主播"在新华社上岗

11月7日，新华社联合搜狗在第五届世界互联网大会上发布全球首个合成新闻主播——"AI合成主播"。据介绍，"AI合成主播"是通过提取真人主播新闻播报视频中的声音、唇形、表情动作等特征，运用语音、唇形、表情合成以及深度学习等技术联合建模训练而成。

62. 中央定调：县级融媒体中心建设要深化人事、薪酬等改革

11月14日，中共中央总书记、国家主席、中央军委主席、中央全面深化改革委员会主任习近平主持召开中央全面深化改革委员会第五次会议。其中一项重要内容，就是对县级融媒体中心建设工作提出了更加明确的要求。会议指出，组建县级融媒体中心，有利于整合县级媒体资源、巩固壮大主流思想舆论。要深化机构、人事、财政、薪酬等方面改革。

63. 第十三届中国传媒业年会在成都举行

11月16-17日，中国第十三届传媒业年会举办，主题为"努力实现由融媒体向智媒体的飞跃"。年会包括"迈向智媒体"主论坛，"历史的回声——媒体报道改革开放40年"圆桌论坛和"新时代 新融合"融合论坛，以及"报刊融合创新""广电融合创新""县级融媒体中心建设"三大分论坛，从多角度、多维度直面媒体转型。

64. 首届全国县级融媒体中心建设高峰论坛在京举行

11月20日，在国家互联网信息办公室网络评论工作局的指导下，由北京大学新媒体研究院主办的首届全国县级融媒体中心建设高峰论坛在英杰交流中心月光厅顺利举行。论坛主题为"融合创新、引导服务"，由新华社现场云作为技术支持，新浪微博作为媒体支持，光明网提供现场直播。来自政府、学界、业界的专家学者、从业人员会聚一堂，就县级融媒体中心建设问题发表演讲，开展交流研讨。包括新华社、人民日报、中央电视台等媒体机构的记者编辑在内，共计200余人参加本届论坛。

65. 聂辰席出席推进全国"智慧广电"建设现场会并讲话

11月22日，广电总局在贵阳召开推进全国"智慧广电"建设现场会，

安排部署推进全国"智慧广电"建设工作，交流建设工作经验，观摩贵州"智慧广电"建设推进情况。会上，中宣部副部长、国家广电总局党组书记、局长聂辰席表示，"智慧广电"建设的规划蓝图已经绘就，关键在于抓好落实。从广电总局到地方广电部门、行业单位，都要把这项工作摆上重要日程，主要负责同志承担主体责任、发挥"头雁效应"，强化责任担当，结合实际制订工作计划和实施方案，真抓实干、常抓不懈。

12月

66. 广电总局：加快推动人工智能同广播电视深度融合

12月4日，据"国家广播电视总局"微信号消息，国家广电总局局长聂辰席表示，要加快推动人工智能同广播电视深度融合，为广播电视高质量发展提供新动能。要深入研究把握以人工智能为代表的新一代信息技术，更好地把人工智能运用到打造智慧广电媒体、发展智慧广电网络、建设智慧广电生态、加强智慧广电监管等各方面。